KB220774

| 현대_그리스도인의_상처와_치유의_회복을_위한_지침서 |

상처+힐링 그리스도+만남

상처가 힐링되려면 그리스도를 만나라!

For the Wound to Heal & Encounters Jesus

이 선 화

Lee, Seon-Hwa D.Min.

러빙터치

For the Wound to Heal & Encounters Jesus

The guide to the recovery of the wounds and healing of modern Christians

Korean Version: First edition copyright

Jesus Loving Touch Press Printed in Korea
Korean Version Published March 5. 2021

Publisher-Pae, Soo-Young D.G.Miss., D.D.Theol.
Editorial and Publication-Jesus Loving Touch Press

Publication Registration
25100-2016-000073(2014.2.25)
17(#1709-203), Deongneung-ro 66-gil,
Dobong-gu, Seoul, Korea
010-3088-0191/ E-mail: pjesson02@naver.com

Requests for information should be addressed to:
Author Contact: Lee, Seon-Hwa D.Min.
010-7779-3799/ E-mail: 2663655@hanmail.net

헌 사

The Lord helped us
He named it Ebenezer

_삼상7:12_

"사무엘이 돌을 취하여
미스바와 센 사이에 세워 가로되
여호와께서 여기까지 우리를 도우셨다 하고
그 이름을 '에벤에셀'이라 하니라"

He knew of my inefficiency
So, I've finished this book.
It's writing up

무능한 저의 수고를 그가 아셨으며,
지혜를 주셔서 책이 완성되도록
이끌어 주신 하나님 아버지께
무한 영광을 올려드립니다

| 추천하는 글 |

일찍이 전 세계적으로 오늘의 현실처럼 도피할 수 없는 위기 속으로 몰고 간 역사나, 사건이 없었다. 코로나 19에 의한 팬데믹의 고통을 겪고 있지 않은 나라는 이 지상에 단 한 나라도 없다. 어차피 이 위기는 곧 잠잠해지리라 본다. 인류가 살아가는 이 땅 위엔 언제나 시끄럽고 난리를 쳤다. 그러나 이 난리가 물러간다고 해서 마냥 행복해진다는 보장은 그 어디에도 없다.

저자는 얼마 전 본인에게 교육받았던 박사학위 연구생으로서 꽤 학문의 열정이 강했던 분으로 생각된다. 본서는 내용에서 나오지만 내적 치유에 대한 관련된 실천적인 분야에 대한 글이다. 저자는 이 글을 작성하면서 많은 노력을 쏟았으며 그에 대한 지식과 자료도 상당하리란 짐작이 간다. 한국교회의 성도들이 믿음생활을 한다고 하지만 너도나도 할 것 없이 사회적으로 밀려오는 스트레스와 문제들로 휩싸여 있는 것이 사실이다.

본서는 바로 이러한 문제를 심각하게 다루며 그 치유와 회복하는데 다방면의 대책을 내놓고 있으며 치유사역에 있어서 현장을 중심하여 말하고 있다. 본서의 내용에서도 밝히고 있지만 저자는 이미 치유사역을 나름대로 성경의 기준을 세워서 감당해오고 있었다. 예수 그리스도께서 3년의 공생애 동안 만나는 사람마다 그의 전 인격적(Hole person)인 인간관을 목적한 치료를 감행하셨다. 본서도 이에 대한 반영을 많이 했다고 볼 수 있다.

그러므로 본서는 치유사역을 통해 하나님의 온전한 사람으로 변화하도록 주도하고 있다. 또 하나님 나라의 확장을 위한 목회적인 방법으로 건강한 하나님의 사람으로 거듭나게 하는 것이 중요한 요소라고 생각하는 저자의 견해와 본서를 기꺼이 추천하는 바이다.

전 총신대 총장/씨스토리운동본부 총재/한국칼빈주의연구원

원 장 정 성 구

| **Re**commendation |

한국사회가 건강한 사회인가? 좀더 들어가서 한국교회가 건강한 교회인가? 하는 문제를 찾아서 그에 대한 이슈를 던지면서 이 책이 만들어졌다는 것을 볼 수 있다. 이 세속사회는 세속성이 강하여 영적, 역동적으로 강한 그리스도인으로 성장하기 위해 부단한 노력을 기울여야 한다. 그에 부합되는 사역으로 많은 실천적인 사역방법이 있지만 성경에 기반하여 사람을 교육하기에 알맞은 목회사역으로서 치유사역을 다루고 있다.

한국교회와 그리스도인의 문제는 여러 가지로 발생하고 있지만 특히 세속사회가 내 품는 독소는 한국교회와 그리스도인에게 여러 가지 문제로 다가오고 있다고 본다. 이런 문제를 연구하고 처리하는데 이 책은 치유방법으로 대처하도록 실천적인 문제를 대안으로 제시하고 있다. 그래서 실패한 인성을 바로 세우려는 데서 이 책은 그 해답을 주려고 부단한 노력을 하고 있다.

바른 인간을 만드는 것은 성경에 근간한 치유사역이라는 호소를 저자는 말하고 있으며 이 책을 저술한 이선화 박사를 기쁘게 생각하며 추천하는 이유가 있다. 이 책은 성경적인 인성으로 변화된 성품은 세속성에서 벗어나 거룩성으로 살아가는 존재로서 온전한 하나님 백성이 되도록 이끌고 있다. 그 원천은 성경 말씀에서 비롯되므로, 행동으로 실천하고 사회에서 가정과 사회 그리고 국가의 단위를 이루는 그 일원으로 성공하기를 바란다.

영적 세계에서 말씀으로 훈련된 인격이 세상 현장에서도 동일하게 나타나야 하므로, 그에 대한 해답을 위해서 많은 자료와 함께 성경적인 교훈을 제시하여 온전한 그리스도인이 많이 배출될 것을 바라고 싶다.

전 합동신학대학원 원장/강변교회 원로목사/한국복음주의협의회
회 장 김 명 혁

| **책** 속으로 가는 글 |

2005년부터 기도원과 교회를 오가며 하나님 나라 확장을 위해 치유사역(부흥사역)을 해왔습니다. 그 현장에서 만난 그리스도인들은 영과 육이 나약한 상태의 상처(쓴뿌리)로 얼룩져 있었습니다. 그들을 만나면서 엿볼 수 있었던 것은, 그들이 고통 중에 아픈 눈물을 흘렸던 심령이었습니다. 그와 함께 이 세상을 살아감의 시간들이 얼마나 힘들었을까? 라는 안타까움으로 마음이 먹먹함에 한동안 어쩔 줄 몰랐습니다.

그렇다고 저자는 상처가 없었을까요? 크고 작은 상처도 있었지만 특히. 사역의 현장에서 받았던 상처를 묵과할 수 없는 그것은 작은 것이 아니라 깊다 할 수 있습니다. 만약 상처라는 단어를 저자 자신의 인생, 마디마디에 새겨 놓는다면, 아마 흰 종이 전면에 얼룩지게 칠했을 것이라 짐작합니다.

빛을 찾을 수 없는 암묵(暗默)한 그곳에서 혼자만 남겨진 듯한 그런 상황에 놓여진 그리스도인은 더욱 비참했을 겁니다. 그러나 상처(쓴뿌리)를 가득 안고 있는 지경에서 과연 누굴 만나느냐에 따라서 '얽매임이냐?'(entangled?), '풀려남이냐?'(released?)로 나뉠 수 있습니다. 바로 절망과 희망의 갈림길에서 고침 받고 회복을 선물하실 분은 과연 누구일까요? 그분은 우리의 구세주 예수 그리스도이십니다

그동안 길지 않는 시간, 자신의 사역현장에서 놀라우리만큼 많은 사람이 사람으로 인하여 받은 상처, 즉 가족이나 이웃으로 인해 크고 작은 상처를 안고 살아가고 있었음을 발견할 수 있었습니다.

그들은 거의 비슷하게 주변 환경(가정, 친족, 직장, 학교, 지인 등)에서 받은 상처를 지우지 못한 채 세월의 무심함 속에 방치되어 있었으며 그 상태가 안타까왔습니다.

더 안쓰러운 것은 그들은 그리스도인으로서 신앙인의 책임있는 걸음을 하면서 순간순간 품어져 나오는 분노, 혈기, 시기, 질투, 미움 등 도발적인 모습은 공동체를 혼미하게 하여 넘어지게 했습니다. 그런 순간을 목격했던 당사자에게는 마음이 무거우리만큼 아팠습니다. 한편 그러한 그들은 기도생활을 하거나 오히려 다른 사람보다 믿음의 열정이 더 한 것 같았으며, 교회생활도 충실한 편이었습니다.

깊은 내면 속에 잠재된 아픔의 상처들을 뽑아내지 못하고, 잊거나 지워 버릴 수 없어서 상실감은 더하고 과거 고통의 상처들은 시간이 흐를수록 깊어졌습니다, 그 증상은 아름다운 말로, 만족한 환경으로, 선망의 지위로, 최고 학벌로, 그리고 가족의 따스함으로도 회복될 수 없었습니다. 저자가 치유사역을 하면서 그들과 함께 생활하며 보고 느낀 것은, 예수 그리스도를 만나 영적인 '얽매임'과 '풀려남'의 치유와 회복이 없다면, 어떻게 상처가 아물 수 있겠는가? 질문이었습니다.

이제부터라도 우리의 생명권을 쥐고 계시는 예수 그리스도를 만나 상처 대신 기쁨을 안고 남은 생(生)을 살아간다면 이 책을 집필하는 동안 짓눌렸던 선한 부담감이 순간 사라져 버릴 것입니다.

2021. 2

글쓴이 이선화

| 목 차 |

| Contents |

| Table(목차) 리스트 |

제1부 서론

| 현대_그리스도인의_상처와_치유의_회복을_위한_지침서 |

상처 + 힐링 & 그리스도 + 만남

For the Wound to Heal & Encounters Jesus

| 내적 치유사역을 이끌기 위한 보편 과정

_피상담자의 고통(상처의 쓴뿌리)을 접한다.

_피상담자의 고통의 원인(행동, 습관, 감정 등)을 찾는다.

_피상담자의 고통을 자유롭게 표현하도록 서로 협력한다.

_피상담자에게 상처(쓴뿌리)를 준 사람(가해자)을 용서하게 한다.

_예수 그리스도께서 피상담자가 과거, 상처받은 사건 현장에 임재하여 피상담자가 상처받았던 그 순간을 소급하여 치유하도록 사역자와 팀원들은 합력(合力)기도 한다.

ㅡ(본문 중에서)

제 1 장

서론-심각한 영적 이슈

Introduction-a Serious Spiritual Issue

i. 들어가면서

본서는 인간이 가지고 있는 가장 심각한 영적 이슈(a Serious spiritual issue)1)를 다루기 위해 구성되었다. 누구나 세속사회를 살아가는 존재에게 가장 고질적인 병폐가 있다면, 그것은 '상처'(wound)라고 말하고 싶다. 상처를 알려면 쓴뿌리의 근원을 파헤쳐야 한다. 쓴뿌리는 상처를 낳고, 상처는 보편적인 사람들의 삶에 있어서 작은 문제에서 큰 문제로 확대되어 나타나고 있다. 하지만 웬만한 처방으로는 사람들에게 박힌 상처는 완쾌되기가 쉽지 않다. 그래서 치유사역을 할 수밖에 없고 그 영적 이슈를 들고 나오게 되었다. 내적치유에 대하여 신학적, 성경적, 조직신학적, 그리고 실천신학적인 차원에서 조명하고자 한다.

ii. 내적 치유에 대한 정의

내적 치유(內的 治癒, inner healing)의 정의는 정신, 영혼 등의 내면 세계의 치유와 회복을 가리킨다고 한다. 대개 지난날 외부(다른 인격체나 환경 등)로부터 받은 상처나 잘못된 경험으로 인한 두려움, 거부, 분노, 죄의식, 절망감, 피해의식 등의 내적인 문제를 가진 사람이 기독교 신앙을 돕는 하나님의 말씀을 통해(성령의 은혜로운 개입과 인도를 통해) 치유와 용서와 화해와 회복을 경험하는 것을 말한다.

이런 내적 치유는 예수 믿기 전의 거친 '옛 자아'(old self)가 예수 그리스도를 믿는 순간, 성령의 거듭남(born again of the Holy Spirit)이라는 신비로운 역사와 함께 '의인'(義人, righteous person)의 칭호를 얻는다. 동시에 중생(重生, justi- fication)의 은혜를 체험하고 회복되어 하나님의 거룩한 형상으로 만들어져가는 '성화'(聖化, sanctification)의[2] 거룩함의 삶의 길을 걸어간다. 그 순간부터 이어지는 성화는 한 과정으로 끝나는 것이 아닌, 계속되면서 일생을 이어가면서 점차적으로 온전한 그리스도인의 삶으로 완성되어져 간다(엡4:22-24). 마침내 그리스도인의 결말로서 '영화'(榮化, glorification)의 단계를 거치면서 홀연히 변화되어 영원한 천국으로 입성하게 됨을 말할 수 있다.

특히, 기독교에서 치유사역이란, 인간 내면(內面)의 문제를 성경적인 방법으로 온전해지도록 해결하는 것이며, 여기에 덤으로 외면(外面) 문제까지를 포괄하여 말하고 싶은 심정이다. 왜 성경적으로 인간의 내면 문제를 풀지 않으면 안 될까? 그것은 생명의 말씀 안에는 예수 그리스도가 계시기 때문이다. 그분은 인간의 내적 치유에서 진정한 해결방법을 가지고 계신다. 이 책에서 계속 언급하겠지만 치유사역에서 힐링 받는 근본적인 해결방법은 예수 그리스도를 만나는 것이다.

1. 협의적 의미의 내적 치유

성장시나 그 후에 삶의 현장에서 경험했던 거절감, 소외감, 열등감 등은 사람들 안에 깊은 뿌리를 내려서 계속해서 영향력을 주면서 고통을 제공한다. 이 뿌리의 근원을 찾아서 그것을 주님의 십자가 앞에 내려놓고 회개와 용서, 은총을 통해 건강한 마음으로 회복시키는 일을 말한다.

2. 광의적 의미의 내적 치유

삼위일체 하나님이 하시는 모든 일이 내적 치유이다(시147:1-3). 즉, 하나님의 형상으로 창조된 후 범죄하여 타락한 인간에게 하나님의 형상을 다시 회복하는 구원의 모든 역사가 내적 치유에 해당된다.
내적 치유를 필요로 하는 삶의 증상들은 다음과 같다. 대체적으로 대인관계의 어려움, 낮은 자존감, 부정적인 태도, 자기 연민과 우울증, 완벽주의와 지나친 자기 보호 본능, 하나님에 대한 불신앙, 지나친 자기 과시와 열등감, 영적인 침체와 비판적인 신앙생활 등이다.[3]

iii. 치유 전문 신학자의 내적치유 정의

내적치유 사역이나 손상된 감정을 치유하는 사역, 그리고 쓴뿌리를 제거하는 사역 등은 하나님의 말씀과 정통 기독교 사상에서 벗어나서는 절대 행해질 수 없는 중요한 사항이다. 그러므로 신학적으로 교리적으로 목회 실천신학적인 면을 간과하지 않고 정통 기독교 신학자와 목회자의 이론과 실천적인 면을 참고하면서 상처를 위한 치유 사역에 대하여 깊은 차원의 치유의 정의을 논하고 싶다.4)

1. David Seamands-데이빗 씨멘즈

A.성령의 능력으로 변화시킨다.

A.1 어떤 유형의 감정적, 영적인 문제들을 조명하여 진단한다. 영적 요소들은 영적으로 풀어나가기 위해 영적 능력을 발출하는 분은 삼위 하나님 중 한 분이신 성령이라고 하며 그 능력으로 인간의 상처와 쓴뿌리가 제거되고 인간 자체를 변화시키는 원동력이 된다고 씨멘즈는 강조한다.

A.2 성령의 능력에 집중하여 변화시키는 그리스도인의 상담, 기도의 한 유형이다. 이것은 내적 치유를 가장 핵심적으로 설명해주는 말이다. 이같이 성령의 능력은 변화를 시키는 주역이기에 내적 치유에서 가장 중요하게 역사하는 힘의 균형으로서의 요소라고 말하고 있다.

B. 예수 그리스도께서 개입하시는 치유 사역이다5)

B.1 '손상된 품성'(Damaged Character)을 '회복시키는 인격적 품성의 소유자이시다. 그분이 개입하실 때 어떤 손상되고 깨진 인격이라도 회복될 수밖에 없다고 말할 수 있다.

B.2 '인격의 함양'(Character building)을 바라며 예수 그리스도께서 간섭하시는 '품성의 도야'로 이해해야 한다.[6] 그리스도께서는 인간의 문제를 절대 간과(看過)하지 않으신다는 본성(本性)이 있으시다. 내적 치유사역에서 진정 예수 그리스도께서 개입하시지 않고 마음의 상처가 해결될 수 있는 방법이 또 어디에 있을까?를 생각하도록 해준다.

2. Colin Urquhart-콜린 우르크하르트[7]

콜린 우르크하르트의 치유사역 현장은 영국이다. 거기서 저자는 그리스도께서 우리에게 이루어 놓으신 치유사역에 관하여 현장에서 치유사역을 전개하면서 그에 관한 많은 연구결과를 내놓았다. 그중 '치유함을 받으라'(Receive Your Healing)는 현장 중심의 치유사역을 직접 사역한 연구물에 대한 요약으로 내적 치유사역의 개념을 소개하고 있다.

A. 완전을 향한 길로 나아가게 하는 사역이다

A.1 하나님께서 우리에 대한 목적은 '완전'(wholeness)이다. 우리는 하나님께서 세우신 목적의 완전으로 나아가기 위해서 그분과 함께 치유사역을 이끌며 최선을 다할 것이다.

A.2 하나님은 우리가 영적으로 건강하기를 원할 뿐 아니라 정신적으로 신체적으로 건강하기를 바란다.

A.3 인간의 정신적 신체적 건강은 영적인 행복에 크게 의존하게 되면서 감정적으로도 온전하게 하신다.

B. 구원이 필요한 사람을 고치는 사역이다

B.1 하나님의 본뜻은 잘못된 인간의 모든 것을 치유하시기를 원하심에 있으며 근본적으로 성품을 고치기 원하신다.8)

B.2 우리가 치유사역에서 피상담자에게 치유를 행할 때 믿음으로 고쳐지기를 바라고 계신다.

B.3 하나님의 본심은 그의 백성을 그가 원하시며, 바로 그 사람이 고쳐지기를 바라고 계신다. 이 본심은 창조부터 세상 끝날까지 변하지않고 영원하다고 말씀을 통해 약속하고 계신다.

C. 언약과 예언의 성취로서의 치유사역이다

하나님의 백성된 그리스도인은 하나님의 언약과 예언에 깊숙이 관련되어 있다. 어차피 우리의 구원과 믿음의 삶은 그의 언약과 예언의 말씀에서 비롯된다는 것을 누구도 부인할 수 없다.

C.1 구약 성경에 나타난 대로 예수 그리스도 사역에서 언약을 살필 수 있다.9) 이것은 내적 치유의 사역에서 언약(약속)은 상처로 인해 깊은 나락으로 추락되는 사람에게 위로의 언약은 절대적인 가치가 있으므로 도저히 회복이 불가능한 문제를 안고 있어도 결국은 약속을 성취하시는 주님의 간섭으로 치유를 통하여 회복된다고 말하고 있다.

C.2 구속의 언약은 십자가에서 성취되고 인간을 구원함으로 언약은 일차적으로 이루었다. 십자가의 고통과 성취는 이미 언약한 대로 그리스도인에게 이행되는 지울 수 없는 사건임에는 틀림없다. 언약의

성격은 십자가에서 출발하고 예수 그리스도께서 초림(初臨)하시고 십자가에서 죄를 짊어지고 부활하신 것을 믿음으로 얻게 되는 것이다.

C.3 성령의 조력(도우심)을 통한 그리스도인의 삶에서 그의 언약은 계속 이뤄지고 있다.[10] 내적 치유가 바로 이러한 과정 속에서 성령의 조력과 그 조력을 받아 삶을 이루는 그리스도인의 삶은 온전하게 형성되면서 건강한 삶으로 성장하는 것이라고 말한다.

C.4 예수 그리스도 구원의 은혜로 하나님의 백성 된 그리스도인은 치유사역을 받으며, 질병과 고통에서 보호하시고 언약 가운데서 구원을 완성해 가신다. 구원받은 백성은 분명히 하나님 백성이기에 천국에 거주해야 함에도 그 반대인 거친 광야 같은 세속사회에서 온갖 문제를 수반한 삶을 이루게 되는 가운데 그 문제해결을 받는 내적 치유를 통해 자유와 회복을 받는다고 강조하고 있다.

3. John & Pauls Sandford-존과 폴 스탠포드

A. 내면의 존재 변화를 목적으로 하는 사역이다.

이런 사역은 한 사람의 내면의 존재 변화를 목적으로 한다. 속사람에 대한 성경적 기준의 고유하고 건전한 품성을 회복시키는 치유사역이라고 언급하고 있다.

B. 외면(外面) 상의 존재의 변화까지를 목적으로 한다.

그리스도인에게 내면도 중요한 요소이지만 외면은 우리가 무시해서는 안될 중요한 요소이다. 하나님 백성 된 존재로서 세속성에 찌드는 정서를 나타낸다면 하나님의 영광에 이르지 못하고 오히려 그의 영광스러움을 우리 때문에 가려지는 손해를 보게 된다. 그러므로 외면으로부터 풍기는 정상적인 그리스도인으로서 감정과 정서적인 요소를 긍정적으로 보여줘야 한다.

4. Betty Tapscott-베티 탑스콧

〈Table-1〉 속 사람과 겉 사람의 상극(相剋)

'속 사람'(ἔσω ἄνθρωπον, 헤쏘 안드로폰)은 '인간의 영', '마음', '이성'과 '의지'가 활동하는 인격의 주체이며, '도덕적 자아'(a moral ego)를 말한다. 성경에서 가르키는 '속 사람'(Inner beong)은 육적인 겉사람과 대조되어 '중생한 자아'(The spiritual ego)를 가르킨다(롬7:22, 고후4:16).
'겉 사람'(ἔξω ἄνθρωπον, 헤크쏘 안드로폰)은 제한된 육체만 말하는 것이 아니라, 성경에서 말하는 '겉 사람'(Outer being)은 '육적인 본능', '욕구', '행위' 등이 포함되어있는 부패한 '육적 자아'(Fleshly ego)이며, 현 세대의 인간을 가르킨다.
'속 사람'은 하나님의 뜻을 찾으나 **'겉 사람'**은 그것을 방해하므로 도덕적 영적 상극(相剋)이 일어나게 된다(롬7:21-23, 고후4:16).[11]

A. 속사람(inner being)을 치유한다.

내적 치유는 속사람을 치유하도록 돕는 사역이다. 어떻게 돕는 것은 다음의 말씀이 그 방향과 내용, 그리고 질적인 면을 잘 말해주고 있다. 일종의 내적 치유의 길라잡이(길앞잡이) 역할을 하도록 제시하고 있는데 다음의 말씀이 이를 뒷받침하고 있다.

"그의 영광의 풍성함을 따라 그의 성령으로 말미암아 너희 속사람을 능력으로 강건하게 하시오며"(엡3:16).

좀더 쉬운 성경 버전으로 보면, "예수 그리스도께서 그의 영광스러운 풍성함 가운데, 너희의 내면에 깃든 영을 통하여 너희를 권능으로 강하게 하여 주시기를 빈다"(His glorious riches he may strengthen you with power through his Spirit in your inner being,-NIV)고 사도 바울은 에베소 성도에게 목회서신 성격으로 성령의 치유사역을 말하고 있다.

〈Table-2〉 속 사람의 능력으로 강건해지는 공동체 12)

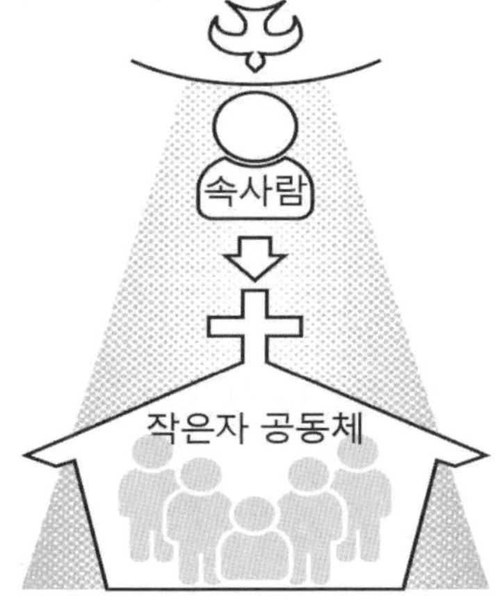

B. 내적치유는 영적 치유가 함께 이뤄져야 한다.

영적(靈的) 치유는 육적인 것의 반대되는 속성의 차원을 말한다. 하나님의 말씀을 근거하여 성령의 역사가 함께 병행되면서 치유사역이 이뤄져야 한다고 본다. 여기서 속사람의 영적인 치유는 오직 성령의 사역을 통해서 강건해진다. 속사람은 능력으로 강건해져야 할 절대적 필요성이 있으니 더욱 이 조건이 설득력을 갖추게 된다.

그러나 자력(自力)으로는 속사람이 능력으로 강건해질 수 없지만, 속사람의 능력의 향상은 믿음에 굳게 서도록 하며 강건한 그리스도인이 되어 하나님 앞에 영광된 삶을 살게 한다.[13] 이런 결과를 맺는 것을 바라시는 성령님께서 말씀을 근거로 우리를 돕고 계신다.

5. Mike Flynn and Doug Gregg-마이크 플린과 더그 그레그

A. 상처로 인하여 억압된 영혼을 해방되도록 돕는 사역이다.

내적 치유는 두려움과 낙심, 그리고 고통에서 자유를 얻게 하고 영적으로 밝고 환한 길을 가도록 돕는다. 본질적으로 모든 두려움과 얽매임에서 벗어나게 하는 것은 내적 치유 속에서 예수 그리스도께서 일하고 계시기 때문이다.[14]

B. 과거의 사건을 재조명하여 상처를 아물게 한다.

B.1 과거에 대한 새로운 시각을 갖는다.

구원받은 그리스도인은 하나님 백성이면서 천국에 거주하지 않고 세속적인 영향력이 가득한 곳에서 삶을 이어간다는 그 자체가 고통이며 갈등의 연속일 수가 있다. '거룩한 의인'(a holy righteous man)의 존재로서 삶이 순탄하지 못할 수 있고, 지나온 과거에 얼룩진 삶이 발생할 수 있는 가능성이 충분하다. 그러므로 치유사역에 있어서 피상담자는 과거에 겪었던 사건에 대해 새로운 시각을 갖게 해준다.

B.2 부정적 과거에 대한 영적인 시각을 갖는다.

피상담자가 부정적으로 바라보던 상대의 가장 상처받았던 그 현장을 소급하여 조명하여 증오심으로 가득 찬 그에게 영적 시각(視覺)을 갖게 한다. 이런 정서를 조성하려면 치유사역자와 팀원들이 구원의 말씀과 찬송으로 준비되어 피상담자를 위한 기도와 위로를 제공해야 한다. 피상담자를 선한 영향력으로 젖어들게 해야 한다.

B.3 변화되게 돕는다(감정적인 정서를 감성적인 정서로)

피상담자에게 과거의 부정적인 결과를 제거하고, 긍정적인 결과로 바꾸어 주기를 기도하며 돕는 사역이다. 즉, '감정적 정서에서 감성적 정서로'(sentimental mood to emotional mood) 전환하는 것을 말한다.

1) 감정은 어떤 일이나 현상, 사물에 대하여 느끼어 나타나는 심정과 기분이다. J.워드와 W. 분트는 "감각은 객관적이며, 감정은 주관적인 것"이라고 구별한다.[15] 피상담자 자신이 맞닥뜨렸던 상황은 그에게 부정적인 과거에 대한 감정적 정서만 제공할 뿐이었다.

2) 그러므로 부정적으로 바라보던 상태에서 새로운 영적 시각을 갖게 해 준다. 이것은 신선한 정서라고 말하는 '감성'(sensibility, 感性)을[16] 느끼도록 하는 것이다. 이것은 피상담자로 하여금 새로운 감성의 정서로 전환하도록 해주는 것이다. 이러한 조치가 피상담자를 변화로 이끄는 것이다.

B.4 보통 한 사건 이상의 과정이다.

그리스도인의 생각이 양파처럼 겹겹이 형성되어 있다. 양파의 껍질을 벗기듯 한 단계의 치유가 끝나면 다음 단계로 이어지게 하는 것이다. 이렇듯 과정을 매우 중시하는 것이다. 내적치유는 일련의 과정을 거치듯 각자 개인의 시간대에 따라 이뤄지게 한다.

B.5 내적 치유사역을 이끌기 위한 보편화된 과정이다.

1) 피상담자의 고통(상처의 쓴뿌리)을 접한다.

2) 피상담자의 고통의 원인(행동, 습관, 감정 등)을 찾는다.

3) 피상담자의 고통을 자유롭게 표현하도록 서로 협력한다.

4) 피상담자에게 상처(쓴뿌리)를 준 사람(가해자)을 용서하게 한다.

5) 예수 그리스도께서 피상담자가 과거, 상처받은 사건 현장에 임재하시어 피상담자가 상처받았던 그 순간을 소급하여 치유하시도록 사역자와 팀원들은 합력(合力)기도 한다.

B.6 기억에 대한 치유를 한다.

내적치유가 필요한 것은, 피상담자에게 기억을 통해 계속하여 상처를 가하기 때문에 그에 대한 쓴뿌리의 상처를 완전하게 치유하는 것을 말한다. 그렇지 않으면 피상담자는 많은 시간이 지났어도 여전히 감정적인 상처로 인해 부정적 영향을 받으며 고통을 당하게 된다.

B.7 용서를 적용하게 한다.

치유의 과정은 고백과 용서의 순서를 거쳐야 한다. '예수 그리스도의 의'(righteousness)를 위해 행하신 일들을 위해 내적으로 체험할 충분한 시간적 여유가 있어야 참된 효과를 얻어낼 수 있다. 예수님의 임재와 무한한 사랑을 경험하는 은혜는 단 몇 분 만에 얻을 수 있는 것이 절대 아니기 때문이다.

B.8 주권과 은혜의 수단이다.

예수 그리스도는 시간의 주인이시며 시간의 제한을 받지 않으므로 하나님의 약속하신 말씀대로 자신의 임재를 언제든지 치유가 필요한 현장에 임재하셔서 은혜로 채우신다.

B.9 원동력과 적용 방법이다.

내적치유의 원동력은 성경에 기초를 두고 있으며 적용 방법은 실제 사역현장에서 성령님으로부터 깨달음과 배움을 얻는다. 내적치유 사역을 하는 사람은 그 원동력을 알고 존중해야 한다.[17)]

6. 찰스 크라프트 Charles Kraft의 정의

이미 잘 알려진대로 찰스 크라프트의 저서, '사악한 영을 대적하라'[18)]의 치유사역에 대한 정의를 말해주고 있다.[19)] 정리하여 소개한다.

A. 전인적(全人的)치유 목표-성령의 능력으로 시행하는 사역

A.1 귀신들은 그리스도 영(靈) 안에 영원히 거할 수 없다.

> "너희는 믿지 않는 자와 멍에를 함께 메지 말라 의와 불법이 어찌 함께하며 빛과 어둠이 어찌 사귀며 그리스도와 벨리알이 어찌 조화되며 믿는 자와 믿지 않는 자가 어찌 상관하며 하나님의 성전과 우상이 어찌 일치가 되리요 우리는 살아 계신 하나님의 성전이라 …"(고후6:14-16).

그리스도인은 예수 그리스도를 믿었던 순간부터 성령님이 자신의 마음 안에 들어와 계시므로 하나님의 성전이라 했다. 하나님의 성전인 그리스도인의 마음에 우상이 함께 영주(永住)할 수 없다. 다만 아무 허락 없이 몰래 들어와 임시로 거하는 것이다. 영적인 원칙은 그리스도와 벨리알은 정반대의 속성으로서 선과 악이 함께 존재할 수 없다.

A.2 성령께서는 떠나지 않고 일하신다.

하나님의 영이시라고 하는 성령께서는 믿는 사람들이 구원받을 때 들어가서 영원히 떠나지 않는다고 한다.

> "내가 아버지께 구하겠으니 그가 또 다른 보혜사를 너희에게 주사 영원토록 너희와 함께 있게 하리니"(요14:16).

귀신은 성령과는 달리 절대로 의인 속에 당연한 듯이 들어가 있을 수 없고 또 영원히 거할 수도 없다. 그러므로 귀신들린 그리스도인들의 영 안에는 거할 수 없다는 결론을 짓는다.[20] 그 이유는 우리, 그리스도인의 영은 성령으로 채워져 있기 때문이라고 한다.

> "너희는 다시 무서워하는 종의 영을 받지 아니하고 양자의 영을 받았으므로 우리가 아빠 아버지라고 부르짖느니라 성령이 친히 우리의 영과 더불어 우리가 하나님의 자녀인 것을 증언하시나니"(롬8:15-16).

A.3 그리스도인들의 마음, 감정, 몸, 의지 등에 기거한다.

그리스도인들이 예수 그리스도와 함께 존재하도록 해주고 사탄의 공격에도 대처할 수 있게 만들어주는 부분이다. 그러나 귀신은 그리스도인의 마음, 감정, 몸, 의지 등에 거할 가능성이 있음을 깨닫는 것이 사탄의 세력인 귀신들을 경계하는 것이다.[21]

A.4 성령의 능력이 우리를 고치게 한다.

전인적(全人的) 치유를 목표하는 것은 바로 그리스도인들의 마음, 감정, 신체, 의지 등을 고친다. 이러한 치유를 목표로 하여 성령의 능력이 개입되게 하여 치유 사역을 행하게 된다.

> "나는 비천에 처할 줄도 알고 풍부에 처할 줄도 알아 모든 일 곧 배부름과 배고픔과 풍부와 궁핍에도 처할 줄 아는 일체의 비결을 배웠노라 내게 능력 주시는 자 안에서 내가 모든 것을 할 수 있느니라"(빌4:12-13).

우리의 능력과 방법 그리고 차원으로는 영물(靈物)인 사탄의 능력을 온전히 제압하지 못한다. 다만 우리는 성령의 능력에 사로잡혀 있어서 그 능력이 내게 임하고 그 능력과 함께하기 때문에 가능하다.[22]
다음 성령님을 요청하는 말씀을 주의 깊게 살펴서 치유사역의 효과적인 결과를 위해서 적용해야 할 것을 요구하고 있음을 깨달아야 겠다. 다음 도표(table)는 치유사역에서 사용할 말씀을 모은 목록표이며 성경 책 이름과 핵심을 각각 달아 놓았다. 유익하게 선용하여 치유사역에 필요한 순간에 지혜롭게 적용할 것을 권한다.

〈Table-3〉 성령님을 요청하는 말씀 목록
_마태복음 10:20 〈성령님께서 우리 안에서 말씀하시게 한다〉
_마태복음 28:19 〈성령님(삼위)의 이름으로 안수하도록 하신다〉
_사도행전 2:4 〈성령님의 충만하심을 따라 방언하게 하신다〉
_사도행전 8:29 〈성령님이 우리에게 나아가는 방향을 알려 주신다〉
_로마서 8:26-27 〈성령님께서 성도(우리)를 위해 간구해 주신다〉
_고린도전서 2:4 〈성령님이 우리에게 임재하여 그 능력으로 행하게 한다〉
_갈라디아서 5:25 〈성령님이 성령 안에서 거하며 사역하게 하신다〉

B. 감정적, 영적인 영역의 손상

인간의 대다수의 육체적인 질병이 신체적 영역의 결함과 함께 근본적으로 감정적, 영적인 영역의 손상과 긴밀하게 연결되어 있으므로 내적 치유는 이 부분에 집중해야 한다. 내적 치유는 목회사역 중 무엇보다도 신중하게 기도하고 영성 깊이 헤아려서 문제에 휘둘리지 않고 영적 영역의 손상 문제를 극복하면서 해결하는 것이어야 한다.

C. 상처의 뿌리-예수님의 능력

인간의 속사람에 대한 손상을 가져오는 그 뿌리는 일반적 학문이나 논리, 그리고 심리학으로도 얽히고 맺힌 것을 풀어낼 수 없다. 그러므로 여기엔 성경 말씀이 약속하신 대로 성령님의 능력이 작용되고 치유사역의 장소를 성령님의 능력이 지배하는 정서로 조성해야 한다. 그러면서 예수 그리스도의 손길의 은혜와 긍휼하심이 피상담자(내담자)의 상처를 아물게 하여 지상의 하나님 나라가 임하도록 촉구한다.

D. 잠재의식 속의 손상을 치유

치유에 임하는 사람들과 피상담자의 잠재의식[1] 속에 내재된(깔린) 원하지 않은 상처로 인한 손상들에 집중하여 기억을 치유한다. 이러므로 치유에 대한 사역이 그 필요성을 해소하여 우리 그리스도인을 온전하도록(become complete)하여 회복의 길로 인도하고 하나님의 백성으로 세우시는 성령의 손길을 새삼 기억하면서 성령을 보내신 예수 그리스도께 감사해야 할 것이다.

제 2 장

쓴뿌리에 대한 암묵

Implicit about Bitter Roots

i. 쓴뿌리 개념

1. 쓴뿌리의 정체

'쓴뿌리'(bitter root)라는 개념으로서,[24] 한국을 대표하는 주경 신학자 박윤선의 견해에 따르면, 상징적으로 '독초와 쑥'으로 사람을 고통스럽게 하고 멸망에 이르게 하는 깊이 내재 된 죄악이라고 그 개념을 말해주고 있다. 특히 이 쓴뿌리는 '기독교 신앙'과 '교회 공동체'를 부패하게 만드는 그릇되고 악한 교훈과 거짓 교리, 또는 그러한 것을 전파하는 자를 가리킨다(히12:15). 이는 '독초와 쑥의 뿌리'라는 신명기 29:18 말씀에서 유래한 표현이다[25]

"너희 중에 남자나 여자나 가족이나 지파나 오늘 그 마음이 우리 하나님 여호와를 떠나서 그 모든 민족의 신들에게 가서 섬길까 염려하며 독초와 쑥의 뿌리가 너희 중에 생겨서"(신29:18).

2. 쓴뿌리의 속성

'쓴뿌리'에는 분노(anger) 외에도 외로움(loneliness), 슬픔(sadness), 두려움(fear), 불안(anxiety), 좌절감(frustration), 혹은 낙심(depression), 죄책감(guilt), 수치심(shame), 낮은 자존감(low self-esteem) 등 다양한 속성이 있다. 주로 이러한 종류는 인간의 부정적인 면으로 나타나는 속성을 말해주고 있다.[26]

ii. 쓴뿌리에 대한 말씀의 치유

1. 쓴뿌리에 입은 상처, 어떻게 치유 받는가?

히틀러가 유대인 600만 명을 학살한 사건은 어릴 때 유대인으로부터 상처받아 히틀러의 마음 속에 자리 잡고 있었던 분노의 쓴뿌리 때문이었다고 말하는 것에서 이에 전적으로 공감(共感)하고 있다. 이처럼 쓴뿌리는 자신과 타인의 인생을 황폐화 시키고 불행하게 만드는 원흉(元兇)이라고 한다. 쓴뿌리에 대한 직접적 치유를 받지 않고는 누구도 행복한 인생을 살 수 없다. 다음은 쓴뿌리에 대한 경고의 말씀이다.

"너희는 하나님의 은혜에 이르지 못하는 자가 없도록 하고 또 쓴 뿌리가 나서 괴롭게 하여 많은 사람이 이로 말미암아 더럽게 되지 않게 하며"(히12:15).

〈Table-4〉 쓴뿌리의 원인에서 나타나는 부정적 감정(속성)27)

원인-감정 (속성)	부정적 (행위)	부정적으로 나타나는 증상
상처	학대함	거절(자신 존재), 버림받음, 신체적, 성적, 정서적
두려움	경계함	염려, 공포, 버림받음(무가치함), 집착(쓸모없는) 두려움의 대상(모든 상대 의심)
죄의식	수치심	부끄러움, 부적합함, 열등의식, 무가치함, 자신 거부, 부정적 자아상, 낙심, 후회, 혼란
분노	분노함	미움, 격노, 쓴 감정, 원한, 복수(용서 안함), 완고함, 저항, 비판의식, 분노(대상-하나님, 타인), 낙담, 자살 등
정욕	음탕함	음란, 외설, 물질 남용, 질투심, 소유욕(음욕)
결핍	고조됨	위의 결과들, 하나님과 타인을 신뢰 못하는 증상 더욱 고조됨(사랑, 용납, 친밀감, 확신의 결핍)

이미 쓴뿌리의 개념에서 밝히고 있다. 기독교 신앙과 교회 공동체를 패배하게 만드는 그릇되고 악하며 거짓된 가르침을 전하는 발람 같은 존재를 경계할 것을 요청한다. 발람은 한때, 의로운 일을 위한 자였지만 은혜와 반대되는 삶에서 죄로 전염되어 독초와 쑥 같은 쓴뿌리가 돋아나 기독교를 파괴하는 자가 되었다. 쓴뿌리는 누구에게나 돋아날 수 있는 가능성이 있어서 반드시 이를 경계하고 믿음에서 멀어지지 않도록 자신을 성찰하여 의로움에 거하도록 해야 한다.

최근, 한국사회의 극단적 선택에 의해 소중하고 이 세상 무엇으로도 바꿀 수 없는 자신의 고귀한 목숨을 순간에 나락으로 내팽개치는 '자살의 정서'(suicidal sentiment)가 전염병처럼 기승을 부리고 있다. 소위 유명 정치인, 각계각층의 지도급 인사들도 이 대열에 합류하는 그릇된 모순이 좀처럼 사그라질 기미가 보이지 않고 오히려 상승세를 타고 있을 정도이다. 이 결과, 한국사회에 큰 충격을 주었는데, 대부분 자살의 원인이나 동기가 사람들로부터 받게 될 '수치심'과 '두려움'이 그를 죽음으로 몰고 간다는 것도 간과할 수 없는 일이다.

현재 한국사회에서 자살자의 하루 일반적 통계는 50여 명의 기록을 계속 지금까지 15년 이상 유지하고 있다.[28] 수많은 자살자는 남이 알지 못하는 마음속 쓴뿌리-외로움, 슬픔, 절망, 두려움, 수치심, 죄책감, 무가치감(valueless) 등의 문제를 해결하지 못하고 죽음을 택하여 안타깝고 비극적인 종말을 고하고 있다. 그래서 쓴뿌리의 치유는 건강하고 성숙하고 행복한 삶을 위해 누구에게나 반드시 필요하며, 생명을 살리는 하나님의 말씀으로 가능하다.

또 이 치유사역은 한국교회 공동체와 기독교 선교단체 등 파라오처지 운동을 하는 NGO 단체들이 지향해야 할 프로젝트가 아닌가 싶다.

2. 쓴뿌리를 치유 받지 못한 삶이 많다

인생을 살아가면서 상처를 입지 않고 사는 사람은 없지만, 상처를 치유 받고 건강하게 사는 사람들도 있고, 상처를 치유 받지 못하고 끝내 불행하게 사는 사람들도 많다. 이 세상에는 상처를 치유 받고 사는 사람보다, 치유 받지 못하고 사는 사람이 훨씬 더 많다는 사실에 동의하는가? 중요한 것은 '나는 치유 받고 살고 있는가?' 나에게 분명히 쓴뿌리가 있는데 아직 치유 받지 못했다면 열 일을 제쳐두고라도 쓴뿌리의 치유를 위해 노력해야 한다. 쓴뿌리의 치유 없이 우리가 바라는 건강하고 행복한 삶은 존재하지 않는다.

3. 쓴 뿌리는 주로 학대의 토양 때문에 발생

어린 시절 또는 힘없는 존재로 있을 때, 어른이나 힘 있는 자, 상대에 의해 언어적 학대(verbal abuse), 신체적 학대(physical abuse), 정서적 학대(emotional abuse), 성적 학대(sexual abuse), 종교적 학대(religious abuse), 부당한 대우(a raw deal), 억울한 일(unfair business) 등의 토양(환경) 가운데서 사는 사람들은 예외 없이 상처의 쓴뿌리가 생길 수밖에 없다. 이러한 환경의 결과로 쓴뿌리가 생기고, 경우와 상황에 따라 외로움, 분노, 수치심, 두려움, 절망, 무가치감, 죄책감 등이 인생의 밑바닥 정서로 자리 잡게 된다. 그리고 이러한 쓴뿌리의 결과로 자살, 중독, 살인, 우울증, 폭력 등 온갖 끔찍한 삶의 모습들이 나타나게 된다.

자신과 자신의 가정에 존재하는 학대의 토양은 무엇이며 그 결과로 나타나는 쓴뿌리는 무엇인지를 먼저 밝히 알아야 한다. 그래야 그 다음 단계인 치유로 넘어갈 수 있다. 진단의 과정을 거치지 못한 치유에는 회복이 없다는 사실을 알아야 한다. 믿는 가정도 예외가 아닌 것이 믿는 가정이라고 저절로 학대의 토양이 없어지거나 쓴뿌리가 치유되는 것은 아니기 때문이다. 어떤 학대의 토양인지를 밝히고 그것 때문에 생긴 상처의 쓴뿌리가 무엇인지 간파할 때 토양을 바꾸고 쓴뿌리에 대하여 구체적인 치유를 향해 나아갈 수 있다.

A. 쓴뿌리에 잠식된 성격에 따라 성령의 세례를 받음

누구든지 예수를 구주라 시인하면 하나님의 백성인 그리스도인(신자)이 된다. 신분적으로 일반인(자연인)에서 특별한 존재의 신분으로 바뀌는 그리스도인이 된다. 이때 순간적으로 성자 하나님이신 예수 그리스도를 믿어서 성령의 세례를 받는다. 동시에 의롭다 함의 칭의를 받는다. 이후로 사람마다 개인의 성품(성격)에 따라서 성령 충만이 이뤄질 수도 있고 아닐 수도 있다. 혹은 미지근하고 느리게 가는 경우도 있지만, 성화는 성령의 충만함 속에서 일생 동안 자유롭게 이루어진다.[29]

그리고 구세주를 입으로 시인하는 믿음이 있어야 치유할 수 있다. 예수 그리스도께서 나(자신) 대신 형벌을 받은 대속의 은총을 베푸셨다는 사실을 인정하고 받아들여야 한다. 구세주 되신 예수 그리스도를 진정으로 믿고 시인하여 치유를 받아서 온전한 그리스도인이 되기를 원한다(요1;12).[30] 즉 영적인 믿음으로 온전하게 되는 것은, 내적인 성격의 변화까지 의미한다고 이해하면서 성령 충만으로 성격이 변화되는 것은 동일한 의미로 받아들여야 한다.

B. 철저한 회개-그릇된 성품에 대한

하나님은 지나간 것은 다 제하여 주신다. 우리가 회개하면 이전 것은 하나님께서 전혀 기억하지 않는다(고후5:17)고 약속하셨다. 하나님은 우리에게 심령으로부터 우러나오는 진정한 회개를 원하고 계신다(요일1:9). 치유사역에서 피상담자의 회개, 그것 하나만 깨끗하게 잘 해결되면 회복을 통해 자유를 얻는 것은 시간문제라고 볼 수 있다.

C. 의로움의 성품(성격)으로 행함

행함이 없는 믿음은 죽은 믿음이라고 했다(약2:17,26). 사죄, 배상, 삶의 변화 등 모든 삶에 있어서 예수 그리스도를 닮아가는 영적 성품(성격)이 되어야 한다. 삶 속에서 그리스도를 닮아가는 삶이 생활 속에서 나타나고 그의 의를 추구할 때,[31] 치유의 역사가 일어나게 된다.

> "그런즉 너희는 먼저 그의 나라와 그의 의를 구하라 그리하면 이 모든 것을 너희에게 더하시리라"(마6:33).

D. 예수 그리스도의 권세로 저주를 물리침

예수 그리스도의 이름과 예수 그리스도의 권세로 가계에 흐르는 혈통의 저주를 물리쳐야 한다. 악의 세력인 우상숭배, 정신 질환, 중독 증세 등을 예수 그리스도의 이름과 그의 권세로 치유할 수 있다.[32] 이때, 하나님의 말씀과 기도와 성령님의 도우심으로 마귀를 대적하여 승리하는 삶을 살아야 한다. 예수 그리스도는 마귀를 대적할 것을 명령하셨다(마8:16, 약4:7-10). 마귀는 타협의 대상이나 흥정거리가 아니다. 단호하게 망설임 없이 일벌백계(一罰百戒)로 물리쳐야 한다.

4. 쓴뿌리(내적 장애)로 인한 상처의 영향

A. 영적으로 미치는 영향

그리스도인에게 간혹 신앙생활의 의미를 모르고 믿음에 대하여 회의

적이며 "내가 지금 무엇을 하고 있나?"하는 절망감, 회의감이 찾아오는 때가 있다. 이럴 때 하나님의 존재를 의심하게 된다. 그 부정적인 감정이 점차 커지면서 하나님을 불신(不信)하게 되며 신앙생활의 흥미를 상실하여 영적으로 방황하는 때가 있다.

이 증상은 영적 침체로 인하여 기도할 수가 없으며 믿음이 떨어지고 감정과 현실에 의하여 신앙이 '좌지우지'하게 된다. 심지어 말씀에 대하여 불신하게 되며 죄에 대하여 감각이 무디어지고 신앙적으로 거부감이 찾아오고 저항감 불순종 등으로 신앙의 무력감에 빠진다.

B. 자신과의 관계 심리적 신체적인 결함

부정적인 감정의 속성, 자기비하, 무가치성, 거부 증세, 증오와 저주, 혐오, 미움, 불안, 두려움, 좌절감, 열등감, 우울증, 자기 애착, 이기주의, 독선, 배타심, 의존감 등 여러 가지 문제 등으로 인하여 낙심하여 신앙적으로 퇴보하게 된다. 심지어 하나님 곁을 떠나 믿음을 저버리는 사람도 있게 된다. 이같은 모든 문제는 그분을 만나면서 내적인 치유로 해결되어야 한다. 아무리 건강한 그리스도인이라도 심리적이고 부정적 감정이 신체적인 결함으로 발전하게 되면 걷잡을 수 없는 신앙의 파탄지경(破綻地境)에 이를 수 있음을 경계해야 한다.

C. 타인과의 관계 사회적인 문제

그리스도인으로서 일반적으로 사회에서 성공의 상징인 지식, 교육, 재력, 권력, 명예를 얻지 못하거나 혹 얻었으나 그 모든 지위를 잃어버

우리가 만든 주일학교 교재는 성경적 세계관의 틀과 문화를 도구로 합니다.

왜 '성경적 세계관의 틀'인가?

진리가 하나의 견해로 전락한 시대에, 진리의 관점에서 세상의 견해를 분별하기 위해서

◇ 성경적 세계관의 틀은 성경적 시각으로 우리의 삶을 보게 만드는 원리입니다.
◇ 이 교재는 성경적 세계관의 틀로 현상을 보는 시각을 길러줍니다.

왜 '문화를 도구'로 하는가?

어린이, 청소년, 청년들의 삶에 가장 큰 영향을 끼치는 것이 문화이기 때문에

◇ 문화를 도구로 하는 이유는 우리의 자녀들이 문화 현상 속에 젖어 살고, 그 문화의 기초가 되는 사상(이론)을 자신도 모르게 이미 받아들이고 있기 때문입니다.
◇ 공부하는 학생들의 삶의 현장으로 들어갑니다(이원론 극복).

✦ 다른 세대가 아닌 다음 세대 양육

자기 생각에 옳은 대로 하는 포스트모던적인 사고의 틀을 벗어나, 하나님의 말씀에 기초해서 생각하고 행동하는 성경적 세계관(창조, 타락, 구속)의 틀로 시대를 읽고 살아가는 "믿음의 다음 세대"를 세울 구체적인 지침서!

✦ 가정에서 실질적인 쉐마 교육 가능

각 부서별(유년, 초등, 중등, 고등)의 눈높이에 맞게 집필하면서 모든 부서가 "동일한 주제의 다른 본문"으로 공부하도록 함으로써, 가정에서 부모와 자녀가 함께 성경에 대한 유대인들의 학습법인 하브루타식의 토론이 가능!

✦ 원하는 주제에 따라서 권별로 주제별 성경공부 가능

성경말씀, 조직신학, 예수님의 생애, 제자도 등등

✦ 3년 교육 주기로 성경과 교리에 대한 기본적인 이해가 가능하도록 구성(삶이 있는 신앙)

– 1년차 : 성경말씀의 관점으로 본 창조 / 타락 / 구속
– 2년차 : 구속사의 관점으로 본 창조 / 타락 / 구속
– 3년차 : 하나님 나라의 관점으로 본 창조 / 타락 / 구속

"토론식 공과는 교사용과 학생용이 동일합니다!" (교사 자료는 "삶이있는신앙" 홈페이지에 있습니다)

부지불식간(不知不識間)에 대중문화와 또래문화에 오염된 어린이들의 생각을 공과교육을 통해서 성경적 세계관으로 전환시킨다. 이를 위해 현실 세계를 분명하게 직시함과 동시에 그 현실을 믿음(성경적 세계관)으로 바라보며, 말씀의 빛을 따라 살아가도록 지도한다(이원론 극복).

쉐 마 분명한 성경적 원리의 전달을 위해서 본문 주해를 비롯한 성경의 핵심 원리를 제공한다(씨앗심기, 열매맺기, 외울말씀).

문 화 지금까지 단순하게 성경적 지식 제공을 중심으로 한 주일학교 교육의 결과 중 하나가 신앙과 삶의 분리, 즉 주일의 삶과 월요일에서 토요일의 삶이 다른 이원론(二元論)이다. 우리 교재는 학생들의 삶 속에서 일어나는 문화를 토론의 주제로 삼아서 신앙과 삶의 하나 됨(일상성의 영성)을 적극적으로 시도한다(터다지기, 꽃피우기, HOT 토론).

세계관 오늘날 자기중심적인 시대정신에 노출된 학생들의 생각과 삶의 방식을 성경적 세계관을 토대로 바라보게 함으로써, 자신을 돌아보고 삶에 적용하는 것을 돕는다.

학생들이 공과의 내용을 잘 이해하고, 공과 공부 시간을 풍성하게 하기 위해서, 부서 사역자가 매주 '동일한 주제의 다른 본문'으로 설교를 한 후에 공과를 진행한다.

권별	부서별	공과 제목	비고
시리즈 1권 (입문서)	유 · 초등부 공용	성경적으로 세계관을 세우기	신간 교재 발행!
	중 · 고등부 공용	성경적 세계관 세우기	
시리즈 2권	유년부	예수님 손잡고 말씀나라 여행	주기별 기존 공과 1년차-1/2분기
	초등부	예수님 걸음따라 말씀대로 살기	
	중등부	말씀과 톡(Talk)	
	고등부	말씀 팔로우	
시리즈 3권	유년부	예수님과 함께하는 제자나라 여행	주기별 기존 공과 1년차-3/4분기
	초등부	제자 STORY	
	중등부	나는 예수님 라인(Line)	
	고등부	Follow Me	
시리즈 4권	유년부	구속 어드벤처	주기별 기존 공과 2년차-1/2분기
	초등부	응답하라 9191	
	중등부	성경 속 구속 Lineup	
	고등부	하나님의 Saving Road	
시리즈 5권	유년부	하나님 백성 만들기	주기별 기존 공과 2년차-3/4분기
	초등부	신나고 놀라운 구원의 약속	
	중등부	THE BIG CHOICE	
	고등부	희망 로드 Road for Hope	
시리즈 6권	유년부		2024년 12월 발행 예정!
	초등부		
	중등부		
	고등부		

- 『삶이있는신앙시리즈』는 "입문서"인 1권을 먼저 공부하고 "성경적 세계관"을 정립합니다.
- 토론식 공과는 순서와 상관없이 관심있는 교재를 선택하여 6개월씩 성경공부를 할 수 있습니다.

렸을 경우, 주변인과의 관계에서 불화의 원인으로 작용하기 쉽다. 이러한 문제 등의 결과는 반사회적이며 적대적이고 시기, 질투, 분노, 피해의식, 의심과 불쾌감 등이 조성된다. 그리고 주변에서 발생되는 일에 쉽게 상처받거나 상처를 주며 열등의식(inferiority complex), 자격지심(inferiority complex), 자학(self-discipline) 등의 정신적인 분열 증세가 나타나는 경우도 많이 있다.

사람들은 일반적으로 상처를 받게 되면 심적인 고통을 함께 받게 된다. 외적인 요소에 신경을 쓰고 관심도 두지만 자신의 감정처리를 잘하지 못할 때가 있으며, 성격, 인격, 인간관계에 대해서도 분명한 처세(處世)를 하지 못하는 경우가 많이 있음을 보게 된다. 설사 자신이 이러한 문제 등을 잘 알고 있어도 전문적인 지식을 가지고 있는 사역자와 긴밀한 협조하에 쓴뿌리에 대한 치유사역을 해야 한다. 그렇지 않으면 더욱 어려운 관계에 빠질 수 있다.

> "여호와여 내가 수척하였사오니 내게 은혜를 베푸소서 여호와여 나의 뼈가 떨리오니 나를 고치소서"(시6:2).

상처를 빨리 치유할수록 좋으며 오랫동안 방치하면 정신적 질환으로 확대되어 악화될 수 있다. 내적 치유의 중요성을 인식하고 상처받은 영혼을 치유하는 데 최선을 다해야 하며, 그 의식의 밑바닥에 있는 쓴뿌리로 인한 상처들을 기억하고 심령의 아픔을 하루 속히 제거하여 승리하는 삶을 살아가야 한다. 행복하고 건강한 삶을 영위하려면 내적인 상처들이 치유되고 변화되어야 한다.

5. 쓴뿌리(내적 장애)로 인한 감정적 질병

A. 열등감

'열등감'이라는 주제는 삶의 수준이 점점 높아지면서 우리를 더 심하게 괴롭히는 주제이다. 소유가 거의 없는 사람은 결핍에 대해서도 거의 느끼지 못한다. 오히려 소유가 많은 사람이 결핍에 대해서도 민감한 법이다. 물론 열등감이 단순히 배부른 고민이라고 말하는 것은 아니다. 다만 세상이 발전하면서 더 심각해지는 문제가 열등감이다.[33) 열등감의 극복을 위하여 불필요한 자존심을 버리고 십자가에서 자신을 부인하고 건강한 자존감을 찾아서 하나님이 주신 가치관을 회복하는 것이 중요하다. 그리고 자아 중심적 자만심을 버리고 하나님의 자녀로서 자부심을 가지고 열등감을 극복하여 건강한 자아를 찾는다.

B. 질투

질투의 감정은 사랑의 한 형태로서 사랑하고 있는 상대가 자기 이외의 인물을 사랑하고 있을 때 일어나는 대인(對人) 감정 같은 것을 말한다. 그러나 사랑의 상대가 자기에게 무관심하고 공존(共存) 관계가 없을 경우는 질투가 되지 않는다. 동기적으로는 직접적 성적(性的) 동기를 가진 성적 질투와 일반적으로 사회적 친밀관계의 방해에 동기가 있는 비사회적 질투로 분류할 수 있다.

또 다른 비슷한 형태의 질투의 감정은 재산, 명예, 지위를 대상으로 하는 경우에 심리학적으로는 극히 유사하지만, 동기가 다르므로 이를 선망(羨望)이라고 할 수 있다.[34] 남을 부러워하는 감정에서 발생하는 그것이 격렬한 증오를 일으킬 때는 적의(敵意)라는 감정의 형태로 발전한다. 그래서 질투를 극복하려면 겸손하게 생각하고 다른 사람과 비교의식을 버려야 한다. 그러나 하나님께서 주시는 것으로 만족한 삶을 살아가는 사람에게는 질투가 없다. 오히려 없는 상태에서도 남보다 더 보이려고 할 때 질투심이 유발(誘發)될 수 있으며, 오직 주어진 여건 속에서 만족한 삶을 이룰 때 질투가 사라진다.

C. 의심

의심이 생기면 의도적인 거부감이 생기고 상대에 대한 배려는 사라지고 그에 대한 무지(無知)함으로 자신의 지성을 중요시하는 경향이 있다. 상대에 대한 의심을 갖기 시작하면 불신감과 불순종이 나타나게 된다. 불신감, 불순종하는 마음을 없이 하려면 의심하는 마음을 버려야 한다. 의심하는 마음을 갖게 되면 마치, 사단이 시험하려고 찾아올 수 있다. 사울 왕이 다윗에 대한 의심을 갖는 사례를 들 수 있다. 또 상대에 대한 신뢰나 믿음이 없는 상태이거나 신뢰가 소멸될 때에 의심이 찾아오게 된다(눅1:18-20, 마14:31). 마지막으로 영적으로 흔들릴 때 의심이 생기게 마련이다(약1:5-8).

> "뱀이 여자에게 이르되 너희가 결코 죽지 아니하리라 너희가 그 것을 먹는 날에는 너희 눈이 밝아져 하나님과 같이 되어 선악을 알 줄 하나님이 아심이니라"(창3:4,5).

태초에 창조의 기사에서 말씀으로 밝힌 인류 최초의 범죄와 비극의

씨앗이 의심이라는 증상에서부터 시작되었음을 알리고 있다.

D. 죄책감[35)]

죄책감으로 인하여 영혼이 병들 때가 있다. 죄책감은 정서적 태도의 하나로서, 자기의 행위나 사고(思考)에 잘못이 있다고 느끼는 심리상태를 말한다. 일반적으로 도덕적 규범이나 사회의 가치관에 실제로 혹은 허구적으로 위배 된다는 생각에서 정서적 갈등을 동반한다. 적정한 수준의 죄책감은 아동의 건전한 정서발달에 필요하지만 엄격한 가정 분위기, 부모의 지나친 지배적 성향 등에 의한 과도한 허구적 죄책감은 아동의 건전한 정서발달을 저해(沮害)하는 것을 말하고 있다.

예수 그리스도의 이름으로 회개하고 대속의 은총과 보혈의 능력에 의존하여야 한다. 회개하는 길만이 자유하고 죄책감에서 해방되어야 한다. 죄책감으로 믿음이 스스로 무너지는 경우가 많이 있기 때문이다.

E. 분노

분노를 좋은 쪽으로 표출해야 한다. 분노를 억누를 수 있다면 그렇게 하는 것이 좋다. 그러나 그때마다 하나님께 분노를 고백해야 한다. 대부분 사람은 자신의 내면으로부터 발생하는 분노를 컨트롤하지 못하는 경우가 많다. 그러므로 그 분노의 일부분이라도 잘 다스리기 위하여 하나님 앞에서 자신의 무모(無謀)함을 질책하면서 회개하는 마음으로 용서를 구하는 것이 재차 분노가 발생하는 것을 막을 수 있다. 분노로 인하여 심적인 타격을 받고 혈기가 오르게 되고 신체적인 부작

용이 나타나므로 최대한 극기(over come)하는 마음으로 분노를 극복하도록 기도해야 한다.36)

F. 적대감

무엇인가 빼앗기고 잃어버렸을 때, 열등의식을 느낄 때, 또는 어떤 방식으로 방해를 받게 될 때, 적대의식이 뿌리를 내리게 되면서 쓴뿌리가 형성된다(히12:15).

> "분을 내어도 죄를 짓지 말며 해가 지도록 분을 품지 말라"
> (엡4:26).

주님께서는 당신의 말씀으로 우리에게 권면하고 있다. 주변인과 원수 맺는 것이 사랑의 본성에 얼마나 타격을 입히는 점이라는 것을 생각해야 한다. 혹시 이런 마음, 적대감이 내면에서부터 일어나면 그 부정적인 요소를 기도하며 말씀으로 걸러내야 한다. 본질적으로 사랑하는 마음이 일어나도록 기도하면서 적대감을 절대 삼가야 하겠다.37)

G. 감정 표현

솔직한 감정 표현이 있어야 할 것이다. 감정을 숨기지 말아야 하며 상대방을 배려하는 마음 안에서 솔직할 필요가 있다. 상대를 무시하거나 인격에 손상을 주는 행위는 해서는 안 되며 상대의 마음을 헤아릴 수 있어야 한다. 사리에 맞는 온전한 표현을 해야 하며, 억압된 감정이 표출되지 않도록 감추는 것이 대인관계가 원활하지 않으면 인간

관계가 파괴될 위험성이 았다. 그러므로 자신의 감정을 억제하여 마귀의 희생물이 되지 않도록 해야 한다.[38]

H. 자기 표현

자기표현(Self-expression)을 적절히 하는 사람은 모든 삶에 자신감이 있는 사람이다. 자신의 생각을 명확히 전달할 줄을 알아야 하고, 의사표현에 두려움이 없어야 하며, 자신의 감정을 적절히 조절할 수 있어야 한다. 상대방이 내 말을 듣고 공감대가 형성되면 그것처럼 바람직한 일이 어디 있겠는가?

제 3 장

그리스도인의 관계성

The Relationship of Christians

i. 그리스도인으로서 올바른 관계

그리스도인으로서 세상을 살아가다 보면, 평생 동안 관계를 맺고 있는가 하면, 잠깐 스쳐 지나가는 관계가 있다. 본질상 경쟁 관계나 세워주는 관계도 있다. 친밀한 우정관계, 가변인(可變人), 지인(知人) 사이도 있다. 치유사역을 위해 상대해야 하는 대상의 인격(인성)을 살펴보려면 기본적 관계부터 확인해야 한다.

1. 하나님과의 관계

하나님께로부터 거리감이 들면 그분을 자꾸 피하려는 경향이 생긴다. 더 멀리 달아나고 그만큼 거리감이 커진다. 하나님이

다시 나를 받아주지 않는다는 불안감이 커져도 쉽게 그분을 가까이 못하게 된다. 이런 관계는 일반적으로 사람을 회피하는 방법과 동일하게 그분을 대하게 된다. 갈등을 대면하지 않고 피하는 것과 마찬가지이다.

A. 계명-하나님과 이웃(절대성과 의무사항)[39)]

"대답하여 이르되 네 마음을 다하며 목숨을 다하며 힘을 다하며 뜻을 다하여 주 너의 하나님을 사랑하고 또한 네 이웃을 네 자신 같이 사랑하라 하였나이다"(눅10:27).

예수 그리스도께서 중요한 계명을 말씀하시며 그 계명은 구체적으로 4가지이며, 이 모두는 계명을 지키는데 하나도 간과할 수 없는 중요한 요소(要素)들이다. 이 계명은 그리스도인이 반드시 지켜야 하고 대상은 하나님과 이웃이다. 하나님은 절대적으로 섬기고 이웃은 상대적으로 섬기라고 하지 않는다. 하나님, 이웃을 동일한 선상(線上)에서 섬기고 차등(差等)을 둬서는 안된다고 요구하신다.

또 계명의 성격으로 봐서 '네 몸처럼 사랑하라'이다. 사람은 누구나 자신의 몸은 함부로 취급하지 않는다. 극소수를 제외하고 거의 다 제 몸을 신줏단지[40)]를 모시듯 귀하고 제일(第一)로 여긴다. 그러나 그리스도인은 이웃에 대한 사랑은 예외 없이 하나님 섬기듯 하는 것이어야 한다. 이는 그리스도인으로서 지켜야 할 의무사항으로 간주하여 지켜도 좋고 지키지 않아도 되는 선택사항도 아니다. 이 결과는 하나님과 이웃의 관계를 성실하게 지키고 유지하는 결과를 얻게 된다.

B. 사랑의 본질-“주 너의 하나님을 사랑하라!”

> “너는 마음(人性)을 다하고, 성품(性品,목숨)을 다하고 힘(情性)을 다하여 네 하나님 여호와를 사랑하라”(신6:5).

신약에서 예수 그리스도의 계명은 구약의 말씀, “이스라엘아 들으라”(שָׁמַע, 쉐마-듣다)는[41] 하나님의 계명은 구약 말씀의 근원에서 교훈과 의미를 캐낼 수 있다. 여기서 ‘사랑’은 “하나님과 그를 섬기는 자들을 연합하도록 맺어주는 참 종교의 근원”[42] 이라고 한다. 우선 ‘기독교는 사랑의 종교’라는 선언이 이 해석, 참 종교의 근원을 성립시키고 있다. 이것은 두 개체간의 연합된 상태에서 사랑을 말할 때, ‘조건적’(conditional)이라는 상태를 생각할 수도 없이 무조건적(unconditional)이라는 것을 말하고 있다.

또 ‘마음’은 인성(Personality)을, ‘성품’은 목숨(life)을 그리고, ‘힘’은 정성(sincerity)을 포함한 것이다. 이것은 무슨 의미인가? 첫째, 온 인격적으로 모든 자신의 조건을 다 동원하여 하나님 사람을 요구하는 것이며, 둘째, 하나밖에 없는 목숨을 걸고라도 하나님 사랑을 요구하며, 셋째, 인간의 모든 정성을 다해 최선(The best of one's ability)을 다해 하나님을 사랑하라는 계명이며 요구조건의 성격임을 살펴본다.

이로써 “주 너의 하나님을 사랑하라!”를 통해서 얻게 되는 절대 변치 않는 사랑의 본질로 상호 간의 연합된 관계를 찾을 수 있다. 마침내 이 연합됨은 그리스도와의 연합, 성도 간의 연합, 교회와의 공동체와의 연합으로 사랑의 본질 속에 거하게 되는 것이다.

C. 하나님과의 관계-3가지[43]

C.1 마음(לֵבָב, 레바브)

인간의 지적, 감정적, 의지적(知情意) 기능이 포괄된 내적성향의 총체적 표현이며 종교가 깃드는 자리라고 볼 수 있다.[44] 사람의 마음을 통해 하나님의 행위나 언약을 기억하며 하나님의 뜻을 분별한다.

C.2 성품(גמשׁ, 네페쉬)

호흡, 생물의 뜻을 지니고 있다. 그리고 좀 더 외적으로 드러나는 성향을 말하며, 생명의 뜻을 표현하는 의미로 말할 수 있다.

C.3 힘(סאד, 메오드)

본래 의미는 '열렬함', '심함'의 뜻을 지니며, 마음과 성품보다 좀 더 외적 개념으로 육체적 정신적 에너지의 총체적인 것을 말한다.[45]
하나님을 사랑하는 세 가지 덕목은 한 인간의 인격을 증언법적으로 표현한 말이다. 하나님을 사랑하되 전 인격적으로 온전히 하나님만을 사랑하라는 뜻이다. 하나님께서 우리를 택하시고 우리는 그의 백성이 되었다면 두 주인을 섬길 수 없다. 주님을 "나의 주 나의 하나님"으로 고백하는 것이 하나님을 사랑하는 길이다.

D. 그 외의 관계-하나님을 사랑하는 길, 남은 1가지

그러나 구약의 하나님 사랑은 신약에 이르러 한 단계 더욱 성숙한 교훈으로 와 닿게 된다. 누가복음 10장 27절에서는 **마음, 목숨**(성품), **힘**을 더하여 한 가지는 **뜻**을 다하라고 했다.
하나님을 사랑하는 남은 한 가지 **뜻**은 **덕성**으로서 그 외의 관계를 말하고 있다. 예수님의 가르침에서 관계는 중심 주제이다. 우리의 형제, 자매, 부모와 그리고 이웃간의 관계를 형성해야 한다.

D.1 덕성(Goodness)

구약에서 말하던 교훈은 품성 계발을 주문하는 덕목으로서 수천 년 전 말씀이지만, 오늘을 사는 현대 그리스도인으로서 우리에게 매우 필요하다. 그러나 그리스도인의 권위로서 신자의 권세는 '**품성으로서 덕성**'을 말한다.46)

D.2 이 네 가지 속성

이것은 21세기의 세속사회에서 생존을 이어가는 하나님의 공동체에 소속한 우리에게 절실하게 필요한 것이다. 그래서 주님께서 불확실한 미래를 더욱 진지하고 역동적인 그리스도인의 삶으로 살아가기를 권면하시는 부탁이다.

그리스도인으로서 믿음에 가까운 의로운 성품을 추구하지 않으면 하나님과의 동행이 어려워진다. 자신이 의도적으로 성품개발에 힘쓰지 않는다면 하나님이 멀고 무관심해 보인다. 그럴 때 놀라서는 안된다. 당연한 결과이기 때문에 그렇다. 반대로 하나님께서는 우리에 대하여 절대 무관심하지 않으신다. 자신에 의하여 그분이 무관해 보일 뿐이다. 절대 멀지도 않다. 자신이 멀다고 생각할 뿐이다. 자신의 고통과 관계없는 분이라고 한다, 자신의 고통을 안고 덜어주시려고 애를 쓰시는 분이다.

하나님과의 관계에서 우리의 우선순위, 중요한 가치관, 목표 등이 그

분과 어긋나 있으면 그 관계는 심상치 않은 관계로 고통받게 된다. 우리를 향한 하나님의 관심은 우리가 예수 그리스도와 같아지게 하는 분이므로 때로는 고통과, 환난이 우리를 연단하게 섭리할 때도 있는 것이다. 하나님이 우리 안에 일하시도록 그분에게 초점을 맞추고 뜻을 같이하면 그분의 임재와 능력이 당신을 감쌀 것이다.
우리는 이로써 내적 치유를 통한 현대 그리스도인의 품성으로 그리스도인의 권위를 사용하여 자신의 삶의 현장에서 실천하며 살아야 할 것이라고 엄숙히 깨닫는다.

2. 자신과의 관계

A. 죄책감은 자기 선함에 부합하지 못할 때 오는 부산물

성품의 부재는 사람에 따라 자아(ego)에 다양하게 영향을 미칠 수 있다. 성품을 타협하면 대부분 사람은 모종의 죄책감을 느낀다. 죄책감이란 단순히 자기 선함의 기준에 부합하지 못할 때 오는 부산물이다. 마치 한 몸 안의 두 사람처럼 한쪽 절반이 다른 한쪽 절반을 실망시킨 기분이다. 결과는 낮은 자존감이 생긴다. 스스로 자신의 기분을 정해 놓지 않아도 하나님의 기준이 우리 마음에 적혀 있다(롬2:14-16). 그분의 기준에 부합하지 못할 때, 아는 만큼의 패배감을 느낀다.

우리는 늘상 자신의 성품의 결손 된 결과를 대하며 성찰해야 할 것이다. 우리가 갖는 갈등은 대개 나 자신의 어리석은 선택 때문에 생긴다. 내가 자초한 문제임을 알 때, 자존감은 더욱 곤두박질친다. 원수란 원래 포용하기 어려운 것인데 내가 자신에게 실망시키고 원수처럼 행하고 있는 그 자체를 탓하고 낮은 자존감으로 형성하게 된다.

자신에게 불만인 사람은 늘 주변 사람들에게 불만 거리를 찾아낸다. 대체로 남편, 아내, 자녀 등 가까운 구성원들이 주요 표적이 된다. 자신의 성품 상태에 가장 불만일 때 다른 사람들의 흠 잡기에 가장 빠르다. 자신에 대한 불만을 주변 사람들을 대하는 태도로 표출하는 것이 인간의 본능이다.

B. 반 죄책감은 자신의 양심에 거리낌 없이 행함

반면 내 성품의 기능을 잘 돌려주면 양심에 부끄럼이 없다. 일신상에 어떤 대가가 따르더라도 하나님의 옳고 그름의 절대 기준을 존중했음을 알기에 우리는 어떤 고생이 다가와도 그 안에서 쉴 수 있다. 마치 요란한 폭포가 쏟아지는 안 쪽에서 부지런히 일했던 한 마리의 새가 평안을 구가하면서 쉬는 것과 같다. 떳떳하게 할 바를 했다는 것은 성품을 양심에 거리낌 없이 잘 사용했음을 말한다. 죄책감과 패배감 대신 승리자와 정복자의 기분은 양질의 성품을 사용하면서 얻는다.

3. 다른 사람과의 관계

A. 자기 중심적 생각은 타인과 다를 수 있음

모든 삶과의 관계에서 타협과 적당한 거래가 절대적인 가치인 조직사회에서 살아간다. 세상에 악이 가득 찬 기운(氣韻) 가운데 나 자신만큼은 남들과 다르게 살 수는 없다. 일터에서, 사생활 공간에서, 그리고 조직생활 가운데 나는 무언가 주변 사람들과 다르다는 기대감으로 살아간다. 서로 같이 어울리면서도 나만이 다를 수 있다는 생각, 난잡하고 안전하지 못한 공간 속에서 나만큼은 괜찮으리라는 생각을 갖는다. 왜 이런 생각이 자신을 지배하는 것일까? 이러한 기대의 밑바닥엔 자기중심적인 생각이 깔려 있기 때문이다.

B. 옳은 성품이란 이웃을 나 자신처럼 사랑하는 것

사람의 성품이란 하나님의 옳고 그름의 기준에 따를 뿐 아니라 다른 사람들에 대한 기대를 하나님께 맡긴다는 것이다. 우리는 다른 사람에게서 성품에 대한 인정을 못 받는다면 그에 대한 희생이나 헌신의 대가를 치를 마음이 없다. 그러나 진실한 것은, 옳은 성품이란 설령 보답이 없어서 주변인에게 인정을 받지 못해도 이웃을 나 자신처럼 사랑하는 것이다. 다른 사람들이 오해하거나 잘못 인식하여 자신을 옳지 않은 성품을 가진 인격자로 오해를 받아도 오히려 진정한 성품을 겸비한 자로 드러낼 기회로 이용하는 것이 다른 사람들과의 진정한 관계를 갖는다.

다른 사람들이 내게 잘못할 때, 하나님이 공의를 행하실 것을 진정 믿는 사람은 복수심에 정서적인 에너지를 쏟지 않는다. 부족한 자신에게 그 필요를 채워줄 하나님을 바라보는 사람은 가까운 사람이 자신을 거절해도 실망하지 않는다. 어떤 대가를 지불해서라도 하나님이 지시하신 길을 가려는 의지가 있는 사람은 심각한 오해가 쌓여서 힘들어도 진실된 성품으로 보상을 바라며 그 길을 마다하지 않는다. 친구이든 지인이든 옛 동료든 그에 따른 모든 관계에서 마땅히 온전한 성품을 보이면서 지불할 때 마땅한 대가를 얻게 된다. 위에서 소개한 성령의 9가지 열매는 자신의 삶을 먼저 추구하는 것이 아닌, 타인을 자신처럼 사랑하고 그 삶을 위하는 것에서 분출(噴出)하는 덕목이다.

〈Table-5〉47) 이웃을 위한 옳은 성품 겸비하는 교훈

주제	리스트
사랑	지위 고하를 떠나 예수 그리스도께 하듯 사랑으로 대한다
희락	물질, 건강, 관계가 안 좋아도 내적으로 오는 기쁨이 있어 늘 즐겁다
화평	주변 동료와 가족간 갈등이 발생하면 속히 풀고 화평한 관계를 유지하며 아낌 없는 축복을 주고 받는다
인내	매사에 오래참기(인내)를 잘하고 합력하여 선을 이룬다
자비	상대방이 누구든지 관계없이 예수님을 대하듯 한다
양선	신분지위를 초월하여 예수님께 하듯 착하고 선하게 한다
충성	하찮고 보잘 것 없는 일도 충성되고 신실하게 처리한다
온유	신분지위를 초월하여 예수님께 하듯 온유하게 대한다
절제	자신의 약점을 간파하고 절제를 하면서 선을 넘지 않는다

4. 공동체 관계

A. 공동체의 성패는 집단적 덕목에 좌우됨

A.1 서로 관계된 영역에서 자신의 성품 드러남

우리의 성품은 가정, 직장, 교회, 기타 모두에 관여된 영역의 역동적인 움직임 속에 드러나는 것이다. 공동체의 성패는 그 단체의 집단적인 덕목(德目)에 좌우된다고 본다. 공동체의 올바른 기능을 다하려면

공동체 내의 개인들이 올바른 성품의 인격적인 모습을 보여주어야 한다. 경건한 성품을 지니고 있다는 것이 아니라 그 옳은 성품의 지배를 받으면서 자동 반사적으로 매사를 처신해 나간다. 옳은 성품의 지배를 받는 공동체가 되기 위해서….

A.2 하나님의 종속된 성품 지배를 받음

공동체에서 하나님의 종속된 성품의 지배를 받는 구조가 있어야 한다. 자녀가 집안 규율에 순종하지 못하면 부모가 개입하여 통제한다. 시민이 사회질서에 위반하는 행동을 하면 법 집행관이 끼어들어 통제한다. 국가가 정치적으로 경제적으로 안정을 유지하지 못하면 내부 쿠데타나 다른 적대적 국가의 점령국이 되어버린다. 그러므로 공동체의 관계에서 성공과 실패의 원인은 개인 구성원의 성품의 역할이 중요하다고 본다.

A.3 가정, 교회에 대한 존중 결여, 성품 결손 문제로…

모든 분열된 가정이나 분열된 교회의 핵심엔 성품 결손이 그 원인이 되는 것을 본다. 대중적이거나 그 이상의 모임에는 갈등과 마찰이 따라오는데, 이 원인 역시 개개의 성품의 결손 문제로 따라오는 것이다. 개인이 서로에 대한 존중, 개인이 가정과 교회에 대한 존중의 자세가 결여될 때 반드시 성품 결손이 원인으로 나타난다. 덕, 정직, 존중, 배려, 공정성을 바탕으로 하는 성품을 중시해야 한다.

B. 공동체의 평안을 찾으려고 안간힘 쏟음

B.1 성품의 결손을 줄이기 위해 고통을 즐김

개인적 사심을 배제하고 공동체 유익을 위한 옳은 길을 가려는 희생을 서로가 치루려고 노력할 때 공동체의 관계는 온전하고 평안을 찾게 된다. 내 방법과 내 의지로 안 될 때도 문제가 나를 지치게 하고 탈진에 빠질 때, 우리는 성품으로 희생하고 헌신하는 길을 찾아야 한다. 성품의 결손을 줄이기 위해 고통당하며 연단을 즐겨야 한다. 위기는 곧 기회라는 말이 무색하도록 갈등의 늪에 헤매지 말고 반드시 헤어 나와서 옳은 성품, 건강한 성품으로 승리하고 정복하는 일들이 있어야 할 것이다.

B.2 혹독한 인생 싸이클 속에서 양분 공급받음

그리스도인은 자연 속의 나무처럼, 인생의 삶의 선상에서 거센 풍파를 만난다. 폭풍이 올 때 한쪽이 부러지거나 넘어져도 강해져야 한다. 여기서 단지 차이를 보이는 것은 폭풍의 강도가 아니라, 그리스도인은 성품의 깊이를 파악해야 한다. 결과는 우리 속 사람의 성품의 상태에 달려 있다. 거목(巨木)처럼 우리도 혹독한 인생 사이클 속에서 능히 우리를 지탱해 주고 양분을 공급해줄 장치가 필요하다. 그러기 위해 성품으로 견디고 공급해주는 강건한 은혜로 버틸 줄 알아야 한다.

C. 속사람을 지탱해 주는 양분 공급 장치

C.1 외적인 성품 발산의 덕목

경건한 성품은 그리스도인의 속 사람을 지탱해주고 양분을 공급해 주는 장치다. 그 성품을 견지하며 삶을 이룰 때, 그리스도인은 삶의 폭풍을 견뎌내는 정도가 아니라 형통할 수 있다. 경건한 성품이 나타내는 가시적(可視的), 외적(外的) 유익은 공동체에 선한 영향력을 끼친다.

나아가서 개인을 넘어서 공동체 관계를 은혜롭게 형성해 준다.

C.2 내적인 성품 발산의 덕목

그런 외적 유익 외에 성품은 내적인 면에서도 두 가지로 우리 삶에 말할 수 없는 가치를 더해 준다.

하나는 영적인 친밀함(spiritual intimacy)이고,

다른 하나는 정신적 역동성(mental dynamism)이다.

두 가지 다 성경 여러 곳에서 나오지만 가장 잘 압축된 곳은 시편 15편의 짧은 시에서 성품의 사람이 잘 묘사되어 있다.

> "여호와여 주의 장막에 머무를 자 누구오며 주의 성산에 사는 자 누구오니이까 정직하게 행하며 공의를 실천하며 그의 마음에 진실을 말하며 그의 혀로 남을 허물하지 아니하고 그의 이웃에게 악을 행하지 아니하며 그의 이웃을 비방하지 아니하며 그의 눈은 망령된 자를 멸시하며 여호와를 두려워하는 자들을 존대하며 그의 마음에 서원한 것은 해로울지라도 변하지 아니하며 이자를 받으려고 돈을 꾸어 주지 아니하며 뇌물을 받고 무죄한 자를 해하지 아니하는 자이니 이런 일을 행하는 자는 영원히 흔들리지 아니하리이다(시15:1-5).

ii. 상처 치유 사역자의 의미

1. 100% = 100% 내가 하고 120% 결실 거둠

치유자가 사역에 임하는 다짐의 공식을 도표와 함께 생각해 본다

100%는 나 자신이 할 수 있는 맥시멈(maximum)이다. 인간이 아무리 애를 써도 최대한 이룰 수 있는 데는 한계가 있다. 다수의 사람이 한계를 넘지 못한다. 극히 소수의 사람만이 이루게 되는 수치이다. 그러나 하나님께서는 내가 그 소수 중 100을 이루는 당사자가 된다 해도 120을 덤으로 채우는 분이다.

〈Table-6〉 공식: 100+20 = 무한계 힘(Limitless Power)

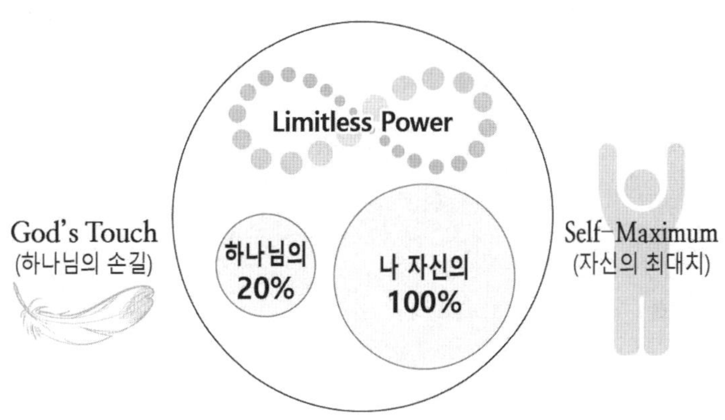

'100'과 '20'이라는 수치는 차이가 5배나 된다. 그 '20'이라는 '양'(God's the amount)이 없어서 '100'(이미 쏟은 베스트 측정치)을 이루고서도 그 성공을 지키지 못해 절단나거나 붕괴되는 케이스가 많다. 여기에 주목해야 한다고 본다.

우리는 상처와 치유사역에서 '사역 전문가'(professionalist minister)라는 이름으로 교회 공동체에서 인정받고 세워진 사람들이다. 그러나 이 일을 하는데는 결점(缺點)이 따르고, 또 한계에 이를 수 있다. 따라서 내가 100이라는 최선을 다해서 세운 후에, 20을 하나님이 채워주시면 그 성공이나 전문성은 무한계의 힘으로 나타나게 되고, 견고하여 흔들림 없이 장수(forever)할 것으로 사료된다.

2. 상처 치유 사역에 왕도(王道)가 없음

분명한 것은 천국에나 있을 '하나님의 왕국'을 지상에 세워서 확장한다는 것은 인간의 힘으로 가당키나 한 일인가? 지상의 교회 공동체는 인간 본연의 존재로서 왕도(Royal road)가 있을 수 없고, 오직 하나님만 완전하게 세울 수 있다는 확고한 믿음이다. 우리는 이 믿음으로 그 분을 믿고 의지함으로 상처 치유 사역의 선봉(先鋒)에서 그 사역을 충실하게 담당해 나갈 수 있다.

3. 하나님의 숫자, '1'(하나)과 그 진실

영적인 수(數)의 개념으로서 10+10은 하나다. 20이 아니다. 100더하기 100도 그렇고, 1000더하기 1000도 마찬가지이다. 오직 하나다. 여기서 '1'(하나)라는 수는 하나님께 속하는 신비스러움을 말하고 있다(Here this is the number that '1'(one) is mysterious that belongs to God).

인간 수의 개념은 하나 더하기 하나는 둘이다. 백 더하기 백은 이백이며, 천 더하기 천은 이천이다. 이것이 인간의 숫자의 개념이다. 그러나 하나님의 숫자의 개념은 아무리 많은 숫자들을 합해도 '하나' 밖에 안 된다(Therefore God's number is '1'-one). 이것이 하나님의 비밀스러운 묘수이다(This is God's mysterious).

최저의 양으로 최대의 풍성함을 생산하는 하나님이시다. 10을 가지고

12 이상을 제한 없이 만드시고, 100을 가지고 120 이상, 더 많은 수를 제한 없이 만드시는 분이다. 무제한적 힘은 인간의 왕도를 초월하여 기적을 일으키고 그 기적을 치유 사역자와 공동체에 선물(膳物)하기를 원하는 분이 하나님이시다. 사역자는 그 합당한 자격으로 그분 일을 맡아서 그의 나라를 확장을 꾀하고 영광을 돌려야 하겠다.[48)]

iii. 치유사역자의 자격 기준

치유사역자의 조건 중 자격에 대한 기준을 신중하게 다뤄야 할 것 같아서 도표(table)을 작성하고 그에 대한 해설을 달아 놓는다. 치유사역은 매우 독특하고도 영적인 문제를 다루며 신중하게 대처해야 한다. "영혼이 잘돼야 육체적 문제들이 강건하다"(요31:2)고 한 말씀처럼, 즉, 영혼의 문제는 그리스도인의 모든 문제이기도 하다.

이에 대한 자격을 객관적으로 말한 곳이 없지만, 그렇다고 주관적으로 말할 수도 없다. 다만 성경적 근거를 들어 교회 공동체 지도자(리더)의 수준으로 이해하면서 그 기준문제를 다루면 좋을 것 같다.

1. 영적인 조건

A. 하나님에 대하여

치유 사역자의 영적(靈的)인 자격은 특별하고도 객관성 있는 자세가 필요하다. 먼저 영적으로 근신해야 한다. 또 의로움에 익숙해야 하며 거룩한 정서(Holy sense)를 지니고 있어야 하며 거룩한 사역을 넉넉하게 이끌 수 있어야 한다.

B. 교회에 대하여

신앙의 경험이 다양하고 그에 대한 지식이 익숙하며 영적 분위기에 밝아야 한다. 교회 공동체에서 지도자에게 리더십은 절대 불가결한 요소이다. 특히 치유사역에서 지도력이란 영적 능력도 중요하지만 잘 가르쳐야 하고 양무리(성도)에게 본이 될 것을 요구하고 있다, 그리고 피상담자의 고통을 함께 짊어짐의 역할을 잘해야 할 것이다.

C. 사명에 대하여

사명 앞에서 망설임 없이 솔선수범하는 자이며, 주의 일에 자원하는 자이며, 모든 일에 하나님의 뜻에 우선하는 자라야 한다.

〈Table-7〉[1] 치유 사역자의 자격 기준

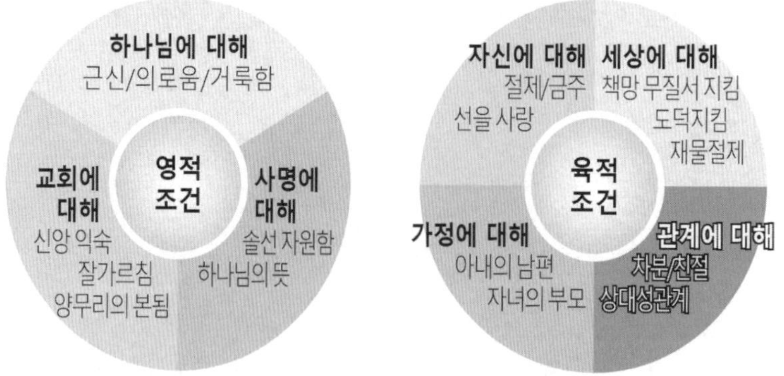

2. 육적인 조건

D. 자신에 대하여

보통 리더십은 자신에 대한 덕목을 강조한다. 그러나 영적 리더로서 사역자(지도자)는 절제하며, 금주는 당연하며, 선한 영향력을 강하게 내보이는 자로서 높은 자존감으로 자신을 사랑하는 덕성의 소유하는 자로서 치유사역에서 피상담자의 자존감도 인정하는 사역자여야 한다.

E. 가정에 대하여

영적인 치유사역자는 문제없는 가정의 가장(家長)이면서 한 아내의 남편이자, 자녀의 부모로서 결격사유가 없어야 한다.

F. 관계에 대하여

특별히 치유 사역자는 주변인과 교회 공동체 성도와의 관계에서 차분하고 친절하며 상대성 관계를 무난하게 유지하는 자이어야 한다.

G. 세상에 대하여

책망, 무질서 가운데도 절도있게 질서를 지키며 관리하는 자, 도덕적으로, 경제관념(재물)에서 절제와 슬기를 보이는 자이어야 한다.

제2부 치유 원리

| 현대_그리스도인의_상처와_치유의_회복을_위한_지침서 |

상처 + 힐링 & 그리스도 + 만남

For the Wound to Heal & Encounters Jesus

부정적 자아상은 죄책감이 개입된 결과

죄책감은 수치심과 동일하게 자아상(自我像, self-image)과 연결되어있는 감정적 정서로 드러날 수 있다. 타인으로부터 인정과 존중을 받는 경우에 긍정적인 자아상이 형성될 수 있다. 그러나 여기에 죄책감이 개입되면 수치심이 유발되면서 부정적인 자아상을 갖게 된다.

-(본문 중에서)

제 4 장

수치심, 죄책감, 죄책의 정체 -첫번째

Shame, Guilt Complex, Identity of Guilt-1

ⅰ. 정의-수치심과 죄책감

1. 수치심(A Sense of shame)의 정의-부끄러운 정서 [49]

수치심은 '몹시 부끄러운 마음을 갖는 감정적 정서이다'.[50] 또 수치심에 대하여 정신분석 용어사전에 의하면, '거부되고, 조롱당하고, 원하지 않는 모습이 노출되고, 그래서 다른 사람으로부터 존중받지 못하는 고통스런 정서'라고 정의하고 있다.[51]

수치심은 그 외에도 다른 감정에서 나타나는데, 당혹감(embarrassment), 굴욕감(a sense of humiliation), 치욕(모욕, shame), 불명예(disgraceful), 수줍음(shyness) 등 넓은 범위의 정동(正動)을 모

두 포함하는 정서로서, 여러 학자에 의해 다양한 상황에서 경험될 수 있는 일련의 '수치심 정서군'(shame family of emotion)으로 간주되고 있다.52)

2. 용어 유래

융 학파의 분석가, 자코디(M. Jacoby, 1991)에 의하면, 수치심은 인도-게르만어 kam/kem에서 유래된 단어로, '숨기다'-to cover라는 뜻을 가지고 있다고 설명하고 있다.53)

3. 자아상과 연결

자신이 누구인가에 대하여 부정적이고 나쁘게 대하는 감정을 말하는 것이다. 그 '누구인가'라는 대상은 자신에 대한 것을 의미한다. 그러므로 수치심은 자신에 대한 자아상과 연결되어 있다. 그래서 수치심은 자신을 마비시키는 구속적인 감정으로 작용한다. 수치심은 당신 자신이 드러나는 것을 허용하지 않는다. 수치심은 타인이 자신을 좋아하지 않거나 수용하지 않을까 하는 두려움 때문에 자신의 본 모습을 숨기게 만드는 힘겨운 감정이다.

심리학자 퓨빌(María José Pubill)에 따르면, 수치심을 가진 사람은 타인이 자신의 약점을 발견할지 모른다는 지속적인 두려움 속에서 살아간다. 이때, 인격체로서의 자기 자신이 어떤 형태로 드러나도 그 결과가 자아를 통해서 나타는 어떤 것이 된다. 수많은 불편한 감정을 경험한 후 수치심은 자신도 모르게 발전하게 된다. 즉, 주위 사람들이 그 사람으로 하여금 자신이 비정상적인 것처럼 느끼게 만들 수도 있다. 결국, 타인 앞에서 불완전하게 보이는 것을 피하려고 한다. 자신이 못마땅하게 여겨지고 거절 받았던 경험으로 인해 큰 두려움이 발생하는 것은 물론이며, 상처받는 것을 피하기 위해 자신을 보호하려는 행동으로 드러남을 말한다.

ii. 죄책감(Guilty Complex)

1. 죄책감의 정의

A. 자신이 비도덕적 행동으로 지각될 때 유발됨

죄책감(罪責感)은 생물체로서 이성을 가진 존재가 스스로가 저지른 잘못에 대하여 책임을 느끼는 감정을 의미한다. 여기에서의 잘못은 개개인의 양심에 의해 결정된다. 죄책감은 수치심과는 다르며, 수치심을 느끼지 못하도록 바라는 행동을 달성할 능력이 없어서 유발되는 데 반해, 죄책감은 자신의 행동이 잘못되었거나 비도덕적인 것으로 지각(知覺)되었을 때 유발 된다.[54]

B. 저지른 잘못에 대하여 책임을 느끼는 마음

죄책감은 '저지른 잘못에 대하여 책임을 느끼는 마음'으로 정의하고 있으면서,[55] 또 죄책감은 수치심과 마찬가지로 일군의 정동(情動)을 가리키는데, 외적(外的) 혹은 내적(內的)인 복수에 대한 공포, 후회, 뉘우침, 속죄감 등을 포함한다.[56]

“아담에게 이르시되 네가 네 아내의 말을 듣고 내가 네게 먹지 말라 한 나무의 열매를 먹었은즉 땅은 너로 말미암아 저주를 받고 너는 네 평생에 수고하여야 그 소산을 먹으리라”(창3:17).

아담이 하와와 함께 선악과를 범하고 거기서 오는 죄책감을 시작하는 말씀이다. 이들이 하나님의 계명을 어기고 찾아오게 되는 저주와 공포, 후회 등을 통한 죄책감을 갖게 되는 시작을 알려주고 있다.

C. 외부, 내부로부터 오는 보복의 공포 등 복합정서를 말함

C.1 타인에게 손상 준 만큼 보복당하는 불안과 공포

정신분석 용어사전에서, ‘죄책감’을 말할 때, 외부와 내부로부터 오는 보복에 대한 공포, 후회, 회한 그리고 참회를 포함한 복합 정서. 죄책감의 핵심에는 일종의 불안이 있다. 이 불안에는 “만약 내가 누군가를 다치게 하면, 결국 나도 다칠 거야”라는 생각이 포함된다.

성적(性的) 및 공격적 행동 또는 소망에 대한 외부적이거나 내부적인 보복이 있을 것이라는 공포 외에도, 개인은 자신이 이미 다른 사람을 다치게 했고 그에 따른 벌을 받을 것이라는 우울한 신념을 갖는 것을 말한다. 여기서 한편, 자신이 정신적이거나 육체적인 고통을 받는 대가로 용서와 수용과 사랑을 받을 수 있다는 희망이 따르기도 한다.

C.2 불안, 우울이 내적과정 거쳐 양심의 초자아로 변형됨

죄책감이 갖고 있는 불안과 우울은 차츰 복잡한 일련의 내적과정을 거쳐 양심이라는 초자아 기능으로 변형된다. 양심의 기능 중 하나는

개인의 소망과 행동을 해야 할 것과 해서는 안되는 기준에 따라 측정하는 것을 말한다. 양심은 이외에도 자기 평가, 자기 비판 그리고 다양한 형태의 자기 처벌 기능을 포함한다.

C.3 자아가 죄책감 공격성을 갖게 하며 속죄로 향하게 함
이런 기능들은 후회와 자기 징벌을 통해서 속죄와 용서에 대한 희망을 갖는데 사용되기도 하고, 공격성을 자기 자신에게로 향하게 하는데 사용되기도 한다. 이처럼 공격성을 자신에게로 돌리는 것은 죄책감이 사용하는 방어의 일부이며, 동시에 자아가 죄책감을 다루는 방법 중의 하나이다.57)

2. 용어 유래

'죄책감'(guilt)의 다른 영어 단어 'schuld'는 'should-law'에 의해 지배되고 있다. 'should'는 중세시대에 사용된 영어단어, scholden, shulde, scholde, schulde에서 유래되었다. 그리고 이 뜻은 '나는 해야 한다'(I've got to do it)라는 의미를 담고 있다.58)

3. 부정적 자아상은 죄책감이 개입된 결과

죄책감은 수치심과 동일하게 자아상(自我像, self-image)과 연결되어있는 감정적 정서로 드러날 수 있다. 타인으로부터 인정과 존중을 받는 경우에 긍정적인 자아상이 형성될 수 있다. 그러나 여기에 죄책감이 개입되면 수치심이 유발되면서 부정적인 자아상을 갖게 된다.59)

iii. 경향–수치심과 죄책감 그리고 불안감

1. 수치심과 죄책감의 정서

수치심의 정서로서 외적인 사회 규범(規範)을 어긴 결과로서 나타나는 감정적 정서라고 설명할 수 있다. 그리고 죄책감은 내면화(內面化)된 규범을 범한 결과로서 나타나는 감정적 정서를 말한다. 여기서 감정적 결과는 불안감을 함께 동반하게 되면서 절제되지 않으면 극심한 감정에 휘말리게 되면서 자신의 삶을 주체할 수 없는 상태에 이르고 극단적 선택(자살)까지 하게 된다.

| 수치심-외적인 사회 규범을 어긴 결과로 나타나는 정서
| 죄책감-내적인 내면화 규범을 어긴 결과로 나타나는 정서
| 불안감-내면에서 죄책감과 동반자 역할로서 감정으로 나타나는 감정

2. 자의식적 정서(심리학적)

최근의 심리학적 접근에서 수치심은 죄책감과 함께 자의식적(自意識的) 정서로 간주되면서,[60] 대인관계에서 바람직한 행동을 유도하는 기능이 있는 한편, 다양한 심리적 장애에서 중요한 역할을 한다는 인식이 급증하고 있다.

> "내가 기억하기만 하여도 불안하고 두려움이 내 몸을 잡는구나" (욥21:6).

ⅳ. 속성-수치심과 죄책감

수치심과 죄책감은 서로 연합하는 속성이 있다. 수치심과 죄책감은 서로 분명히 구분될 수 있는 것은 아니다. 그러므로 이 둘의 속성은 함께 다룰 수 있는 잇점이 있다. 많은 부분 중복되고 동시에 활성화되고 있다. 수치심과 죄책감을 보다 분명히 하고 각각의 핵심을 이해하는 것은 인간에 대한 이해 및 심리치료 활동과 나아가서 영적 치유 사역에서도 큰 도움이 된다.[61)]

1. 속성

수치심과 죄책감이라는 감적정인 정서를 한 묶음으로 취급하는 경향이 있다. 결국, 이것은 어떤 과정을 거치면서 결과물이라고 여길 수 있다는 것을 중요하게 생각해야 한다. 죄책감은 수치심은 발생적인 뜻은 다를 수 있다. 하지만 본원적으로 들어가 보면, 하나의 경향이 진하게 흐르고 있다.

A. '죄책'(罪責, guilty)

'죄책'(罪責)이라는 단어는 '죄책감'(guilty Complex)의 동일한 의미로 사용하고 있다. 이 용어는 두 영역인 수치심과 죄책감을 다 포괄하는 경향이 있다. 종종 '죄책'이라는 말을 할 때, 사실은 수치심을 의미할 때가 있다. 전문적으로 불릴 때도 이 두 용어는 동일한 의미를 포함하고 뜻이 하나 이상으로 사용되는 경우가 많다. 이것은 학문적으로나 현장에서 사역에서 사용될 때도 아무런 문제를 야기(惹起)하지 않는다.

B. 수치심-전체적인 자기(자신)의 문제[62]

B.1 죄책감 보다는 수치심이 더 큰 문제다

자신에게는 수치심의 감정이 더 자주 격하게 일어나는 문제가 작용되는 경향이 있다. 그렇다고 죄책감과는 상관이 없다는 말이 아니다. 두 가지 중에 수치심에는 자신의 감정이 더 민감하게 다가오고 있음을 말하고 있다.

B.2 수치심은 전체 문제의 중심으로 드러난다

수치심이 자신에게서 발생되는 경향과 격심(激心)하게 일어나는 감정적 반응을 결코 간과할 수 없다. 이에 수치심에서 발생하는 요동치는 경험이고, 죄책감은 자기 일부가 문제 시 되는 경험이라고 할 수 있다. 따라서 수치심이 죄책감 보다는 자신에게 문제를 더 많이 발생시킨다고 볼 수 있다.

B.3 죄책감은 자신의 부정적 사건에 초점이 맞춰진다

수치심이 자기의 결함에 초점이 맞춰지는 반면, 죄책감은 자신에게 책임이 있는 부정적 사건에 초점이 맞춰진다. 똑같은 말이라도

| 수치심-'**내가**' 그런 끔찍한 일을 저질렀다는 것이고,

| 죄책감-내가 그런 끔찍한 일을 '**저질렀다**'는 논리로 본다.

B.4 수치심-수동적/죄책감-능동적

수치심의 자기(자신)는 수동적이거나 무기력한 반면, 죄책감의 자기는 능동적이므로 수정하려는 정서에 있어서 훨씬 적극적이다. 수치심에

서는 관찰하는 자신과 관찰당하는 자신이 갈라지므로 자기(자신) 통합성이 상실된다고 본다. 그에 반해서, 죄책감에서는 자기(자신)에 대한 평가가 좀더 거리를 두고 일어나므로 자기 통합성은 온전하게 유지될 수 있게 된다.

C. 행위의 문제-'죄책'/존재의 문제-'수치심'

사람들을 도울 때 단순하게 행위의 문제-'죄책'만을 다루지 말고, 존재의 문제-'수치심'을 꼭 다루도록 하는 것이 좋다. 그러나 이 둘중 어떤 것이 문제인지 알기 위하여 두 가지의 감정적인 속성에 대하여 신중하게 살피고 분석하는 일이 본 과목을 연구하는데 도움될 것으로 사료 된다. '죄책'은 행위의 문제라고 하면서 결론부로만 인식될 수 있다. '수치심'은 존재의 문제로서, 바로 이 존재의 문제로부터 행위의 문제가 형성되기 때문에 수치심과 죄책은 동병상련(同病相憐)[63]의 성격상 따로 분리하여 생각할 수가 없다.

2. 죄책감의 종류

죄책감의 종류를 크게 대별(大別)하면 '정당한 죄책감'과 '부당한 죄책감'이 있다고 할 수 있다. 죄책감을 지니고 있다는 것은 어떤 존재이든지 그 자신의 삶을 비참하게 만드는 파괴적이며, 억압하는 영향력으로 휘말려 부정적인 상태로 빠질 수 있다. 이 현상이 우리 주변 상황에서 빈번하게 발생하는 것이 죄책감에 의해 컨트럴 받는 증거라고 할 수 있다. 부당한 죄책감은 그리스도인이 시달림을 받게 하며, 정당한 죄책감은 그리스도인을 새로운 방향으로 향하게 한다.

A. 정당한 죄책감

A.1 지켜야 할 것을 지키지 않았을 때

정당한 죄책감은 우리가 공중의 법을 어겼거나 양심의 명령을 따르지 않았을 때에 일어나게 되는 정서이다. 그에 따라서 우리가 나타내는 행동의 심각성의 정도에 따라서 양심의 가책인 '후회'를 한다.[64)]

A.2 책임질 수 없는 결과에 대한 열등감

자신에게 주어진 어떤 결과에 대하여 자신이 잘못을 범하지 않았어도 그에 대한 죄책감을 갖는데 이것이 또한 정당한 죄책감이라고 할 수 있다. 예를 들어 머리칼이 빨갛거나, 너무 말랐거나 너무 뚱뚱하거나, 혹은 특정 민족에 속한다거나 특정 집안 출신이라는 것 등 자기가 책임질 수 없는 사항임에도 이에 열등감을 가지고 부끄러워 할 수 있다. 따라서 수치심은 항상 자신의 존재가 평가절하되는 것에 의하여 발생하며, 자존감의 상실을 동반한다.[65)]

B. 부당한 죄책감

"부당한 죄책감은 행동의 심각성의 정도에 따라 일어난다."[66)] 성경에서 부당한 죄책감의 뚜렷한 실례를 기록한 부분을 소개한다.

> "가인이 여호와께 아뢰되 내 죄벌이 지기가 너무 무거우니이다 주께서 오늘 이 지면에서 나를 쫓아내시온즉 내가 주의 낯을 뵈옵지 못하리니 내가 땅에서 피하며 유리하는 자가 될지라 무릇 나를 만나는 자마다 나를 죽이겠나이다"(창4:13-14).

B.1 사랑하는 사람으로부터 사랑이나 존경받지 못하는 경우

한국사회에서 발생되는 '왕따'(어떤 그룹에서 모두에게 따돌림 당하는 것)는 사회적으로 큰 문제로 떠오르고 있다. 일반적으로 소외, 외면 따돌림 등은 본인에게는 심각한 문제로 다가선다, 그런데 서로에게 관심의 대상이며 사랑을 나누는 상대에게 외면, 무시를 당하는 경우는 더욱 왕따 보다 더 심각한 문제를 야기(惹起) 시킬 수 있다.

B.2 능력 부족, 노화, 질병으로 인한 능력상실 등의 경우

인생의 과정에서 형편(모양)이 없어지는 경우는 노년을 보내는 시기이다. 이때는 육체적으로 여러 기관이 무기력해지는 때이다. 누구나 예외 없이 중년의 시기에서 노년의 시기는 자신의 외면(外面) 조건 등, 까지도 실망하게 된다. 이에 대하여 나타나는 신체적, 심리적으로 다양하게 다가오는 사실과 현상에 대하여 부끄러워할 수 있다.

B.3 공통적으로는 노출준비가 되지 않았는데 노출될 경우

사람에게 공적인 시간과 사적인 시간에서 행동하는 양식이 구분되어 있다. 개인적인 시간을 보내거나 편한 휴식시간에는 복장 자체가 매우 자유로와 진다. 그러나 공적인 시간은 복장, 말과 행동은 정형화(formally) 모드로 바뀐다. 이런 경우는 신체적이나 심리적, 감정적이나 마찬가지 이다. 그러나 전혀 예상하지 못했을 때, 자신이 남에게 보이고 싶지 않은 모습이나 형편이 노출되었을 경우의 심리적 상태와 같다는 것을 말한다.

B.4 부당한 죄책감의 공통점은 사람은 어떤 상황이든지 자신이 "낮은 위치에 놓여져 있다고 느끼는 경우"라고 한다. 여기서 개인적

경계가 지켜지지 않았을 때 수치심 혹은 수치심으로 인한 분노로 발전하여 발생하는 경우가 많다.

C. 죄책감이 주는 지속적, 부정적인 영향력

상담심리학을 연구하는 학자들에 의하면, 죄책감은 크게 동기부여를 하면서 짧은 시간 동안 지속 되며, 일반적으로 강한 부정적인 반응이 뒤따라 오게 되어있다. 죄를 범하므로 죄가 죄를 계속하여 낳는 형태를 말하면서, 초범(初犯)이 재범(再犯), 그리고 삼범(三犯)으로 증가하는 경우가 이를 입증해 주고 있다. 죄책감이 가져다주는 심리학적인 영향력은 결코 작다고 볼 수 없다. 내적 치유사역에서 수치심과 죄책감, 그리고 불안감의 근원이라 할 수 있는 상처(쓴뿌리)를 제거하는 데 최선을 다해야 하겠다.

다음 박스에 소개된 글은 어느 그리스도인이 죄책감과 함께 여러 증상으로 나타나는 고독의 표현에서 돌파구를 찾으려는 외침이다.

〈Table-8〉

고독의 표현

Expression of Isolation

현대인들은 죄책감에서 오는 고독과 불안으로부터 해방되기 위해 알콜 중독, 약물 남용, 육체 학대, 자살, 좌절, 섹스 등을 통해 고독과 불안, 허무주의에서 더 자유롭고 관대하게 변화하려는 경향이 두드러지고 있다.

약물과용의 한 예를 들어 본다. 미국에서 '행복을 삼켜요!'-Swallow the happiness!라는 광고로 20년 전에 시판된, 우울증 치료제 [Prozal], 한 가지 약품이 3년 동안 4억불 매상을 기록했다고 한다. 이를 보면, 미국인들이 얼마나 불안 속에서 초조하게 살아가고 있나를 생각하게 한다.

다른 하나는 현대 젊은이에게 영향을 주는 소위 [6무 주의]가 무책임, 무의미, 무관심, 무정함, 무법함, 무력함이라고 말한다. 요즘 젊은 세대에게서 찾을 수 있는 속성, 이것은 점점 그 농도를 더하고 있다고 봐야 한다.

철학자 야스퍼스는 '인간의 한계상황'(Boundary Situation of Human)은 '허무'-nihility라고 했다. 그 상황의 내용은 죽음, 고민, 싸움, 죄 등인데, 인간은 이런 일을 만나면 벽을 느낄 만큼 절망한다. 현대인들이 과거 어느 때보다 허무감(虛無感)에 엄습 당하며 살고 있다는 증거가 아니고 무엇일까?

인간은 '불안의 열차를 타고 절망의 터널을 지나서 죽음의 종착역에 이르는 실존'인 것 같다. 고독과 불안, 그리고 허무주의의 파고가 해일 처럼 밀려오는 상황이라도, 현대를 살아가는 그리스도인은 '믿음의 열차를 타고 소망의 터널을 지나서 영생의 종착역에 이르는 실존'임을 자신 있게 보여주는 일이 중요하다.

제 5 장

수치심, 죄책감, 죄책의 정체 -두번째

Shame, Guilt Complex, Identity of Guilt-2

3. 성경과 죄책감

A. 죄책감에 대한 성경의 정의

A.1 성경이 말하는 '죄책감'

성경이 말하고 있는 죄책감이란 사람이 이미 죄를 범한 상태에서 갖는 감정적인 정서로 정의하고 있다.

> "그러므로 너의 이 악함을 회개하고 주께 기도하라 혹 마음에 품은 것을 사하여 주시리라 내가 보니 너는 악독이 가득하며 불의에 매인 바 되었도다(행8:22-23).

A.2 사람이 죄를 범한 후에 갖게 되는 죄책감

사람이 죄를 범한 후에 갖는 정서로서 '죄를 범하는 감정'(feeling of guilt)이라고 한다. 죄악이 심령을 피곤하게 하며 마음까지 불안하게 하는 죄책감을 잘 표현하고 있는 말씀이다.

> 4.내 죄악이 내 머리에 넘쳐서 무거운 짐 같으니 감당할 수 없나이다
> 8.내가 피곤하고 심히 상하였으매 마음이 불안하여 신음하나이다(시38편).

B. 죄책과 죄책감

B.1 성경은 '죄책'과 '죄책감'을 동일하게 보지 않는다

신앙생활 중 '죄책'과 '죄책감'을 혼동하기 쉽다. 죄책감이 바로 죄책이라고 하는 것은, 예수 그리스도께서 십자가에서 우리 죄를 대속해 주셨음에 대한 믿음마저도 흔들리게 하는 결과를 초래하게 된다. 자신의 연약함 또는 사단의 유혹을 통해서 죄에 대하여 넘어지거나 자신의 불경건한 마음과 생각의 죄책감을 넘어서 죄책까지 흔들리게 한다.

B.2 죄책과 죄책감의 균형으로 고통을 면해야 한다

'죄책'이라는 감정이 생길 때, 믿음으로 주님의 대속함에 의지하고 진심으로 받아들여야 한다. '죄책감'이 들 때는 죄로부터 돌아서고자 하는 생각과 마음으로 주님의 언약과 속성을 묵상해야 한다. 이러한 두 원리를 혼동할 경우 죄책감이 들 때마다 죄책에 대한 것마저도 흔들리면서 참된 신앙의 열매를 맺을 수가 없게 된다.

이 두 정서가 균형있게 잘 이루어지지 않는다면 고통 속에서 살아갈 수밖에 없다. 그럼에도 불구하고 계속적으로 자신이 구원받았는지 안 받았는지에 회의적인 자리에 머물러 있다면 본인만 힘들어진다. 이런 경우는 절대 자신의 신앙에 유익이 되지 못한다.[67]

B.3 죄책감에 둔감(鈍感)하거나 민감(敏感)하지 말아야 한다

죄책이 있는데도 죄책감을 느끼지 못하는 경우가 많다. 그러나 병적(病的)일 정도로 과도한 죄책감을 갖는 경우도 있으므로 이 증세에 시달린 사람의 증언으로 볼 때, 죄책감에 둔감해서도 안 될 것이며, 또 민감해서도 안 될 것이다. 죄책감과 죄책을 자세하게 구분하고 그에 대한 지식을 확보하여 두 가지 정서를 신중하게 다뤄야 한다.

C. 성경은 감정적 차원으로 책망하지 않음

C.1 성경은 죄책감을 말할 때 감정적 차원에서 책망하지 않는다.

C.2 성경은 인류가 하나님 선하신 뜻을 위해 지음을 받았다고 한다.

첫째, 사람이 하나님의 말씀을 준행하는 것은 영적 차원으로 가능하다. 아니, 육적 차원에서 이해 조차 못한다.

둘째, 성경은 사람의 육적인 조건, 즉 감정적으로 다루지 않는다.

D. 비기독교 상담의 죄책감의 견해

D.1 성경은 죄책감에 대하여 정죄하지 않는다. 사람들에게 죄책감을 느끼게 함으로써 동기를 부여해야 한다고 암시하는 곳이 전혀 없다는 것이다.

D.2 직접적인 죄책감의 지적은 목회자나 교회 지도자, 설교자는 사람들이 변화하기를 원하여 사용하는 방법이다.

D.3 비기독교 상담 전문가들은 이와 같은 술책에 비판적이었다.

D.4 기독교가 부당한 죄책감을 불러일으킨다는 논쟁을 해왔다.[68]

E. 죄책에 대한 고발-성경적 실례

그러나 사도행전의 초기 몇 장에서 제자들-'베드로, 스데반 등'이 유대교 지도자들을 고발하는 방법으로 말한 바 있다.

E.1 초대교회 스데반 집사가 대제사장과 군중 앞에서 설교
하나님께서 이스라엘을 긍휼히 여기시고 그 앞에 메시야 예수를 보냈지만 그들이 율법의 할례의 조건을 내세워 하나님 독생자 예수를 구였으므로 그에 대한 회개를 촉구하면서 이스라엘 특권층의 죄책을 꼭 집어 말씀을 들어서 고발한 케이스이다.

> "목이 곧고 마음과 귀에 할례를 받지 못한 사람들아 너희도 너희 조상과 같이 항상 성령을 거스르는도다 너희 조상들이 선지자들 중의 누구를 박해하지 아니하였느냐 의인이 오시리라 예고한 자들을 그들이 죽였고 이제 너희는 그 의인을 잡아 준 자요 살인한 자가 되나니 너희는 천사가 전한 율법을 받고도 지키지 아니하였도다 하니라(행7:51-53).

E.2 사마리아에서 회개(죄책)를 촉구한 베드로의 설교
이미 베드로는 이스라엘의 기득권층 앞에서 하나님 말씀을 들어서 그

들에게 마음속에 내재 된 죄악(죄책)에 대한 회개를 촉구했다. 다음 소개되는 설교는 이방인 앞에서 마음의 죄책을 지적하면서 속히 뉘우칠 것을 촉구하는 설교이다.

> "하나님 앞에서 네 마음이 바르지 못하니 이 도에는 네가 관계도 없고 분깃 될 것도 없느니라 그러므로 너의 이 악함을 회개하고 주께 기도하라 혹 마음에 품은 것을 사하여 주시리라 내가 보니 너는 악독이 가득하며 불의에 매인 바 되었도다"(행8:21-23).

1) 이 수단이 죄책을 통해 회개하는 동기부여가 될 수 있다.
2) 현대 기독교에서 발견하거나 널리 퍼진 방법은 아니다.

F. 죄책은 슬픔을 동반함

그리스도인에게 회개에 이르게 하는, 하나님께로 부터 오는 슬픔-'죄책'과 인간으로부터 와서 사망에 이르게 하는 것을 대조하고 있다. 죄책은 그대로의 모습 자체에서 살펴보더라도 거기엔 반드시 슬픔을 동반하고 있음을 볼 수 있다. 죄책과 함께 동반한 슬픔은 결국 사망에 이르는 최대 극단적 절망을 가져다주고 만다.

G. 하나님의 뜻-죄책을 씻은 후 얻는 구원

그러므로 하나님의 뜻은 죄책 가운데 그 죄책을 방치하고 간과하는 것이 아닌, 반드시 죄책은 말씀에 비추어 근거하는 것처럼 괴로워하고 고통을 겪은 다음 구원에 닿도록 하는 것이 죄책을 씻는 최선의 방법이다. 왜냐하면 소개된 말씀대로 어떤 후회나 걱정을 불식시키는 구원의 본원적인 기쁨을 가져다주기 때문이다.

> "하나님의 뜻대로 하는 근심은 후회할 것이 없는 구원에 이르게 하는 회개를 이루는 것이요 세상 근심은 사망을 이루는 것이니라"(고후7:10).

4. 죄책과 수치의 갈등의 진면목

대부분 사람이 기분이 좋거나 짜릿하게 느끼는 감정에 비하여 한편, 죄책과 수치를 느끼고 살아가는 갈등에 노출되어 산다. 어쩌면 이 상태가 현대사회를 살아가는 우리 군상에 대한 '인간의 진면목'(Man's the true facial)이라는 실체를 보여주고 있다.

A. 행복한 조건 속에 편안치 않은 권리

우리 그리스도인에게 행복하게 느끼고 편안할 권리가 없다면 그것을 좋게 느끼지 않는 것이 마땅하다. 죄책과 수치의 갈등에 시달리는 참 모습이 아닌가 하는 것이다. 왜 그러한 자태가 드러나게 될까? 그 원인은 우연(偶然)이 아니라 필연(必然)일 수밖에 없다. 그 결과를 하나님께서 좋아하실 리가 없다.

B. 죄책과 수치의 갈등에서 좋은 감정을 느낄 수 없나?

죄책과 수치의 갈등에 시달리는 사람들은 자신에 대하여 좋은 감정을 느낄 자격이 없다고 스스로 생각한다. 그러나 실제 그런 삶을 살도록

조물주(造物主), 하나님께서 그렇게 허락하신 것이 아니다. 오직 사람들이 그런 갈등의 수렁에서 힘들어하는 것은 자신의 범한 본질적인 죄로 그런 갈등에 휘말리게 되었다. 자신에 의하여 저질러진 결과는 자신의 힘으로 해결 불가능함을 깨닫고 하나님께 돌아와야 산다.

C. 사람의 외면과 내면을 똑같이 표출하고 살고 있는가?

사람들은 외면(外面)으로는 즐거움과 행복한 표정을 짓지만, 실제 내면(內面)으로는 비참함(miserable)을 부정할 수 없다. 누군들 행복하고 즐거운 삶을 원하지 않겠는가? 허나 현실은 절대 그렇게 호락호락하게 우리 그리스도인들의 삶을 형통하도록 나 두질 않는다. 일찍이 어떤 시인이 고백했다. "삶이 그대를 속일지라도 노여워하거나 슬퍼하지 말라!" 이 세상의 인간에게 주어진 삶은 인간에게 속이고 고통을 가중시키는 삶으로 묘사하며 그 삶에 모두 속고 살면서 불행하거나 고통에 찌들어 산다. 그렇다고 이런 슬픔을 표출하면서 산다는 것이 용이(容易)하지 않다는 말이다.

D. 실수로 잠시 얻는 좋은 감정에 현혹되지 말라.

이들은 어쩌다가 실수로 자신에 대하여 좋은 느낌을 갖게 되면 무의식적으로 그 상황을 수정하기 위해 어떤 나쁜 짓이나 해로운 짓을 하기도 한다. 의도적인 상황을 만들어 거기서 얻는 감정이 혹시 좋은 것이라도 그것은 바람직하지 않다는 것이다. 왜냐하면, 한때 좋은 감정을 얻을 수 있거나 기분 좋은 일을 겪게 되지만, 다른 한때는 매우 좋지 않거나 해로운 것을 얻을 수 있다는 것을 알아야 한다.

5. 모든 일에 대한 죄책과 수치심

많은 사람이 자신이 하는 거의 모든 일에 대하여 죄책과 수치의 갈등에 시달리는 삶을 산다면, 그러한 삶이나 시간 속에서 아무리 선한 일, 좋은 일을 행하고 난 후라도 진정한 행복의 감정과는 거리가 멀고 참 기쁨과는 상관없다는 것을 알 수 있다.

A. 상황을 완벽하게 조성해도 얽매일 수밖에 없음

사람은 죄책과 수치심에서 얽매이지 않기 위해서 자신에게 닥쳐오는 상황을 완벽하게 하려고 대단한 노력을 가한다. 그러나 죄책과 수치심에 벗어나 자신을 늘 즐겁게 해주거나 완전히 만족할 수준에 결코 이를 수 없다는 것을 알게 된다. 이 지상 어디에 존재하는 그리스도인에게도 완전하고 영원한 만족은 없는 것은, 원래 이 세상은 불완전하여 완전을 향해 가고 있기 때문이다. 천국이 도래하기까지 불완전성은 여전히 우리 그리스도인을 불안하고 초조하게 할 수밖에 없다.

B. 갈등을 털어내려고 몸부림쳐도 불가능

사람은 종종 죄책과 수치심의 갈등에서 자유롭게 되려고 노력하지만, 실상은 그런 노력을 하는 이유는 그 일을 통해서 마음에 갈등을 털어내려는 몸부림이라는 것을 알 수 있다. 아무리 선하게 살려고 해도 죄성이 강한 세속사회 속에서 과연 죄책과 수치심에서 얽매이지 않고 자유로운 신분으로 존재할 수 있는가이다. 그러므로 지금 주어진 현재의 상황과 삶이 어떠하더라도 거기에 순응하면서 살 수밖에 없다.

C. 그리스도인의 고귀함이 무가치함

사람이 근본적인 존재 가치를 생각하는 것은 본능적이면서 매우 고귀한 일이다. 자신이 존재가치의 고귀함을 증명하려고 출생에 대하여 축복이라는 점을 증명하고 필사적으로 노력해야 한다. 이점에 대하여 사탄은 우리의 존재 가치에 대하여 무가치하다고 유혹하여 자신의 고귀한 존재에 대하여 무가치하게 여기게 한다. 이런 경우 죄책으로 무가치함으로 전락하게 된다.

6. 죄책-수치심에 붙잡힘

죄책과 수치심에 붙들린 사람들은 자신은 용서받을 자격이 없다고 생각한다. 심지어 하나님의 용서조차도 부정하게 되면서 자신의 내면의 불합리성(irrationality)으로 빠져들게 된다. 자기 비애나 자신의 존재감이 부정되고 낮은 자존감으로 발전 될 확률이 높다.

A. 용서를 받아들이도록 설득하기 어려움

죄책-수치심에 붙잡힌 경우, 용서를 받거나 용서를 실천하기가 어려워진다. 이럴 때 치유사역 인도자가 용서를 외면하는 무척 어려운 내담자(치유 대상자)를 대하면서 사역이 혼돈으로 빠질 우려가 있다. 상담자(사역 인도자)는 용서의 속성을 사역 전에 충분하게 기도하면서 성경적, 교리적, 실천적인 다각도의 분야로 준비하여 성령님께서 베푸시는 능력과 함께 대비해야 할 것이다. 그리스도인이 죄책과 수치심에 벗어나는 일까지 성령님, 그분의 힘과 함께 가능함을 보여주는 일이다.

"나에게 능력을 주시는 분 안에서, 나는 모든 것을 할 수 있습니다"(빌4:13; 새번역)

B. 죄책-수치심에 붙잡히면 정죄에서 탈출 어려움

이런 잘못된 정서의 수렁에 빠져들면 자신이 하나님과 모든 다른 사람들로부터 정죄를 받았다는 느낌을 가지고 살게 된다. 감히 자신과 같은 부정한 존재가 용서라는 사죄의 은총과 긍휼을 믿지 않거나 거부하는 일까지 나타나게 된다. 이런 경우 정죄라는 고리를 자신에게 스스로 덧씌우게 되므로 비참한 존재라는 비탄 속에서 진정한 하나님의 백성의 축복을 외면하면서 살게 되므로 이런 사례에서 속히 탈출하도록 성경적으로 하나님의 용서, 사죄의 은총, 그리고 영광의 면류관 등 그리스도인의 기본적인 축복의 여정을 치유할 필요가 있다.

v. 죄책-수치심의 원인과 결과[69)]

죄책과 수치의 원인을 도표화하여 꾸며본 결과를 제시한다.

A. 원인

A.1 치유사역에서 피상담자의 과거에 학습된 장소나 관계된 상황 등, 특히 어린 시절에 습득된 습관에서 그 원인을 찾을 수 있다.

A.2 타인에게서 혹은 자신에게 대한 기대를 하는데 비현실적인 기대감을 갖는데서 오는 어긋남으로 나타난다. 이때 피상담자는 실의에 빠져 심한 허탈감, 등 어려움을 겪게 된다.

〈Table-9〉 죄책과 수침심의 원인

원인-죄책과 수치심		결과-죄책과 수치심	
습관	어린 시절에 습득된 습관에서	**방어**	상처에 손상된 감정-방어적 반응
기대감	비현실적 기대감의 어긋남에서	**정죄**	상처에 손상된 자신-정죄 반응
열등감	상대성 빈곤, 열등감에서	**소외감**	상처에 손상된 타인-소외 반응
경험	불편한 정서, 사회적 경험에서	**건강**	상처에 손상된 육체-간강에 영향
양심	불완전한 양심의 발전에서	**용서**	상처에 손상된 마음-회개, 용서

A.3 상대나 주변을 비교하는 데서 빈곤 상태에 빠지게 되는 것을 말할 수 있다. 심한 비교의식 등에서 오는 이런 감정으로 열등감에서 그 원인을 찾을 수 있다.

A.4 '인간은 사회적 동물'이라는 말이 있다. 피상담자가 어디에 있든지 사회적인 집단 속에서 존재 가치가 있듯이, 무인도에 살지 않는 한, '홀로'라는 말은 성립되지 않는다. 그의 모든 경험에서 찾는다.

A.5 양심 문제에 있어서 온전하냐 온전치 못하냐에 따른다면, 피상담자의 불완전한 양심, 그 상태에서 확장되고 발전되면서 나타나는 감정과 정서의 상태에서 그 원인을 찾을 수 있다.

B. 결과

B.1 피상담자가 상처에 손상되면 그 영혼의 상태가 방어적으로 바뀐다. 예를 들면, 정상적인 상태가 아니라서 마음이 위축되거나 또 피해의식에 사로잡히게 되고 이에 대한 반응으로서 분노를 나타낸다.

B.2 상처에 손상된 자신에게 정죄라는 감정의식에 쏠리게 되고 이에 대한 반응은 피상담자 자신은 심각하게 위축되면서 죄의식의 반응

을 날카롭게 드러내게 된다.

B.3 피상담자가 상처에 손상되면 그의 정서가 타인으로부터 소외를 당하는 감정을 느끼면서 피해의식을 자주 접하게 된다. 이 감정을 자신을 소외시키거나 피상담자가 상대를 소외 시킨다고 본다.

B.4 피상담자가 상처에 손상된 육체적 반응은 그의 건강까지 심각한 영향을 주게 되면서 허약한 체질로 바뀌고 있다.

B.5 상처에 손상된 상태에서의 온전한 정서로 변화하려면 피상담자 자신에게 피해를 안겼던 상대를 용서하고 회개를 촉구하는 것이다.

C. 예수 그리스도의 위로를 기다림

> "… 여호와께서 내게 기름을 부으사 가난한 자에게 아름다운 소식을 전하게 하려 하심이라 나를 보내사 마음이 상한 자를 고치며 포로된 자에게 자유를, 갇힌 자에게 놓임을 선포하며 여호와의 은혜의 해와 우리 하나님의 보복의 날을 선포하여 모든 슬픈 자를 위로하되"(사61:1-2).

제 6 장

치유 사역과 사탄의 발생 -첫번째

The beginning of Sin and Healing Ministry-1

ⅰ. 죄의 시작

* 70)

1. 죄의 발생-마귀의 기원 암시

성경은 죄의 발생을 분명하게 기록하여 증거하고 있다. 그와 함께 정확하게 밝히는 곳(성경 구절)은 투며아지 않지만 '죄의 발생'이 마귀의 기원을 암시해 주고 있다는 것을 부인할 수 없다. 하나님께서 창조사역 중에 한가지씩 부분적으로 마무리하시면서 그 창조물을 보시고 "하나님이 보시기에 좋았더라"(창1:4)고 하셨다. 피조물의 조상이 되는 아담과 하와는 하나님의 창조물로서 최고점을 이루었다.[71] 인간을 지으셨던 창조주 하나님은 창조의 결과를 보시고 만족해 하셨다(창1:26-31). 그런 흡족한 분위기에서 하나님이 죄를 결코 원하지 않았으나 죄와 함께 어느 사이 마귀(사탄)는 창조물의 핵심을 차지했다. 최초의 죄(original Sin)는 피조물의 주역(主役)이라는 인간에 의하여 저질러졌다.

2. 마귀(사탄)의 계략

인간은 뱀에게 유혹을 받았고 선악과(the Tree of Knowledge)[72]를 따 먹음으로 돌이킬 수 없는 죄를 발생시키고 말았다. 그에 따라서 인간은 마귀(사탄)[73]의 계략에 빠져들었으며, 이로 인하여 세상은 사탄의 개입이 시작되면서 혼란의 미궁으로 빨려들기 시작했다. 죄의 발생은 본격적으로 사탄의 권세가 세상에 득세(得勢)하게끔 마당을 배설해주는 결과를 만들고 말았다. 이 풀리지 않는 저주의 참상(慘狀)이[74] 인간으로 시작하고 사탄이 이에 적극 개입하여 연출되었다. 이 결과는 마귀의 계략으로 꾸며졌고 에덴동산의 현장에서 실천되어 거기서 추방된 인간 시조(始祖) 아담과 하와가 세상 가운데 노출되어 살게 되었다.

3. 치유를 위한 목적

상처 입은 영혼을 치유하여 회복시켜주는 일을 위해 본 글을 작성하는 동기가 되었다. 치유를 위한 목적을 두고 추진하는 일이 본서의 목적도 된다. 사탄의 모든 것에 대하여 밝히고 본 사역을 통해서 사탄의 권세에 매여 있는 영혼을 하나님 창조의 영혼으로 회복시키는 필요한 과정을 영적 차원에서 해결해 나갈 것을 다짐해 본다.

ⅱ. 귀신의 기원에 대하여

1. 성경의 증거

귀신의 기원에 대하여 침묵하고 있는 서구 신학계에서 귀신의 기원에 대하여 확실한 입장을 하지 않는 경향이 있다. 이유는 성경에서 사탄의 기원에 관한 기록이 없다는 것을 말한다.[75] 그러므로 확실하게 '귀신론'에 대해 말하는 것은 좀 애매한 감이 없지 않다. 그러나 성경은 귀신의 실체에 대하여 분명하게 말하고 있으며 기원에 대하여 암시적으로 증거하고 있다. 필자도 이에 동의하고 싶은 생각이다.

2. 신학적인 입장

세계 어느 교단과 교회에서도 '귀신론'에 관하여 정통적인 신학적 입장을 제시하는 것을 지양(止揚)하기 보다는 성경에 암시적으로 증언하는 것을 들어 밝히고 있는 실정이다.[76] 귀신의 기원과 관련하여 신학적인 여러 주장이 있다. 그런데 이를 대별해 보면, 우선 '귀신의 존재를 아예 부인'하는 학설과 '귀신의 존재를 인정'하는 학설이 있는데, 그 중에는 '타락한 천사라는 주장'과 '인간의 영에 관련된 주장'을 한다.

3. 귀신의 존재를 부인하는 입장

성경에는 귀신에 대한 기사가 많다. '귀신 들림', '정신 병자', '중병에 시달림' 등 많은 기사 중 이에 대한 신학적 입장을 취해야 한다.

A. 신화설(The Mythical Theory)

사람들에게 귀신이 들렸다는 것은 세계 속에 그리고 좁게 표현하면 지상에 악이 만연되어 있다는 분명한 증거라 할 수 있다. 그러나 예수 그리스도에 의해 귀신들이 쫓겨났다는 것은 예수 그리스도의 교훈과 생애를 통하여 악을 이기셨다는 것을 적절히 표현한 것이다.[77)]

> "… 이는 가난한 자에게 복음을 전하게 하시려고 내게 기름을 부으시고 나를 보내사 포로 된 자에게 자유를, 눈 먼 자에게 다시 보게 함을 전파하며 눌린 자를 자유롭게 하고"(눅4:18).

이 주장은 성경의 사실을 부인하고 성경을 상징적인 비유로 이해하여 하나의 문학 작품화 해버리는 결과에 이르게 된다. 그러나 성경 말씀은 분명하게 증거한다. 주님의 생애 속에서 나타난 기적과 삶은 하나의 전설이나 이야기 거리로 평가 절하될 수 없는 엄중한 구속의 사건들이기에 사탄은 이런 생명의 시간들을 은폐하려고 하는 시도를 우리는 절대 간과해선 안 될 것이다.

B. 조정설(The Accommodation Theory)

예수님이 공생애 사역을 할 당시 사람들의 무지와 미신적인 경향에 맞추어서 사상을 조정하여 말씀했다는 것이다. 귀신들렸다는 기록이 실제로 발생한 일인지 아닌지의 관계없이, 단순히 그 당시의 일반적인 문화 풍습에 맞춰 청중들의 수준에서 알아듣도록 말했다는 주장이다.[78)] 역시 이 주장은 성경 자체의 권위를 문화유산의 수준으로 전락

시키는 일이기 때문에 성경 그 자체의 진리와 권위를 추락시킨다.79)

C. 환상설(The Hallucination Theory)

귀신들린 현상을 환상이라는 가설로 설명한다. 이것은 병들고 정신착란에 빠진 환자가 감정적으로 극단적인 격앙 상태나 정신적으로 극단적인 흥분 상태에 몰입되어 있을 때, 환자 자신이 어떤 힘이 센 다른 존재에 사로잡혀 지배당하는 현상을 가상적으로 여기며 심리적인 망상으로 보는 것이다.80)

환상설이 사실이라면, 귀신들린 사람이 그렇게도 이성을 상실한 상태에서 같은 순간에 어떻게 예수님의 신성과 하나님의 아들 됨을, 유대나라에서 가장 경건하고 개화된 사람들보다 훨씬 먼저, 고백할 수 있느냐고 반문한다.81)

4. 타락한 천사라는 입장(The Fallen Angel Theory)

이미 언급한 바와 같이 성경은 귀신의 실체에 대하여 분명하게 말하고 있지만 귀신의 기원에 대하여 침묵하고 있다. 하지만, 성경에 나오는 암시적인 구절들을 통해 연역적으로 추론해 볼 때 귀신은 타락한 천사라는 것이다.82)

A. 귀신에 대한 이해-메릴 F. 엉거

하나님을 거역한 천사들은 육체 없는 영으로서 지상으로 던져졌으며,

지금도 타락한 천사들이 귀신들로서 활동하고 있다.

A.1 타락한 천사의 증거

엉거는 타락한 천사가 귀신들이라는 것을 증명하기 위해 다음 말씀을 인용하여 사탄의 명칭들을 거론한다.[83)]

-마태복음 25장 41절-"마귀'(용과 동일한 사단)으로서 귀신(demons)의 왕 바알세불'을 말한다.

-요한계시록 12장 7절-'용과 그의 사자들'이 바로 귀신들이라고 한다.

-마태복음 12장24절-'귀신 왕 바알세불'이 사탄과 동일하다는 주장이다.

이들은 곧 사단의 지배 아래 하늘을 자유로이 떠돌아다닌다는 것이다. 이러한 귀신론에 대한 이론이 서구 신학의 핵심적 이론의 바탕 중 하나가 된다.

A.2 귀신은 영체이다(spiritual beings)

귀신들은 살과 뼈가 없는 영체(spiritual beings)(눅 24:39)이며 영적인 인격체(spirit personalities)이기 때문에 귀신들을 타락한 천사로 본다. 귀신들은 영으로서 사람의 몸, 감정, 의지에 들어와서 몸을 조종하여, 때때로 몸을 통해 말을 하고 감정적으로 행동한다고 한다. 이런 경우의 사람을 '귀신 들린 사람'(demon- possessed 혹은 demonized)이라고 부르고 있다.[84)]

A.3 악한 영향으로 사로잡음

"공중의 권세 잡은 자들" 즉 귀신들이 경건치 못한 자들 속에 들어와서 힘을 더해 주는 것은, 마치 성령께서 하나님의 백성들에게 생명을 불어넣어 주는 것과 같은 이치라는 것이다. 성령이 구원의 길을 선택한 사람들 속에 들어가서 그 마음을 소유하고 선한 영향을 주는 것이다. 이처럼 사단과 귀신들도 이 악한 자들의 노예가 되어있는 몸속에 들어가서 마음을 악한 영향으로 사로잡는다.

A.4 사단의 활동 영역

사단의 거처와 그들의 작전 근거지로는 지옥이 아니라 하늘들(heavenlies)이라고 한다. 이 하늘 영역에는 그리스도가 "모든 통치와 권세와 능력과 주권" 위에 좌정하신 셋째 하늘은 포함되지 않는다(엡 1:21, 고후12:2).

A.5 두 계층의 천사

타락한 천사들은 두 계층으로 분류되고 있다.

-자유스럽게 활동하는 귀신들이 있고

-묶여 있는 귀신들이 있다. 귀신들은, 이들 자유로이 왕래하는 하늘 영역에 있는 귀신들의 무리와 감금되어 있는 타락한 천사들을 말한다. 귀신들이 감금된 곳은 무저갱이다(눅8:31; 계9:2,11).[85)]

A.6 무저갱의 실체

메릴 F. 엉거에 의하면, 이 무저갱은 너무나 타락하고 지독하게 유해하여 지상에 배회하도록 허락되지 않은 악령들이 감금되어있는 일시적인 감옥이라는 것이다. 만일 사단의 천사들과 귀신들이 동일한 존재들이 아니라고 한다면, 귀신들의 기원에 대하여 성경의 어디에서도 분명히 계시된 곳이 없다는 것이다.
감금된 악령들은 "하나님이 범죄한 천사들을 용서하지 아니하시고 지옥(tartarus)에 던져 어두운 구덩이에 두어 심판 때까지 지키게 하셨으며 지옥에 투옥되어 있다고 한다(벧후2:4).[86]

B. 타락한 천사가 귀신[87]

바알세불을 "귀신의 왕"(마12:24)이라고 한 것을 보면, "마귀와 그 사자들"이나 "용과 그의 사자들"이라는 표현에서 "그의 사자들"은 귀신을 지칭하는 것이 틀림없다고 주장한다.[88]
디카슨은, 타락한 천사가 귀신임이 명확한 이유를 다음같이 말한다.

B.1 사단과의 관계의 유사성

사단과 귀신들의 관계는 사단과 그의 사자들의 관계와 유사하다는 것이다. "마귀와 그 사자들"(마25:41), "용과 그의 사자들"(계12:7), "귀신의 왕 바알세불"(마12:24) 등의 평행하는 표현들을 볼 때 귀신들은 타락한 천사라고 한다.

B.2 존재의 본질의 유사성

귀신들과 타락한 천사들은 유사한 본질(本質)을 갖고 있다는 것이다. 천사들이 '영들'이라고 불려지는데(히1:14), 귀신들도 '영들'이라고 불려지고 있다(마8:16; 눅10'17, 20). 다른 곳에서는 귀신은 '더러운 영'(눅11:19-26), '악한 영"(눅8:2)이라 기록되고 있는 것은, 이 '악령 '이란 명칭은 사단의 한 명칭인 '악한 자'(요17:15; 요일5:18)와 맞는다는 것을 말하고 있다.

B.3 활동의 유사성

귀신들과 타락한 천사들은 유사한 활동을 수행한다는 것이다. 귀신들이 사람 속에 들어가서 지배하려는 것처럼(마17:14-18; 눅11:14-15), 사단과 같은 악한 천사들도 유사한 활동을 한다(눅22:3; 요13:27). 악한 천사들이 사단의 지도 아래 하나님과 인간에 대항하여 싸우는데(계9:13-15; 12:7-17), 귀신들과 마찬가지라고 말한다(막9:17-26; 계9:1-11). 에베소서 6:10-12과 로마서 8: 38-39에 열거된 사단의 조력자들의 종류와 지위를 보면 성도들을 반대하여 역사하는 천사들을 귀신들 속에 포함시키는 것 같다.

B.4 정체의 동일성의 충분함

사단의 천사들과 귀신들의 모든 언급은 병행하고 있으며, 그리고 이들 천사들과 귀신들을 구별할 만한 충분한 이유가 없다. 이 둘이 동일하지 않다고 가정해도 성경에서 귀신의 근원을 찾을 곳이 없기때문에 귀신은 사단의 지배를 받는 타락한 천사라는 것이다. 위의 이유들이 타락한 천사들이 귀신들이라는 충분한 증거가 된다.

C. 사단의 왕국에서 4가지 계급[89)]

에드 머피 박사는[90)] 귀신들은 인간을 속박하고 억압하는 타락한 천사들이라고 한다. 그는 귀신들, 악령들, 그리고 타락한 천사들은 모두 같은 존재라고 한다. 감금되어있는 귀신들과 감금되지 않는 귀신들로 분류하고 있다.

이들 사단의 왕국에서는 권세(힘)에 따라(엡6:12; 마12:24-45; 막5:2-9) 4가지 계급(level)으로 나뉘어 지고 있다.

C.1 첫째는 사단의 악한 목적을 자유로이 수행하는 악령들이다

이들은 하늘들(heavenlies)에 거하지만(엡3:10; 6:12), 지상에서도 자유로이 역사하면서 인간을 괴롭히며 그리고 인간의 몸속에도 거하면서 괴롭힌다(마12:43-45).

C.2 둘째는 현재 무저갱에 갇혀 있는 반역한 천사들이다

이들은 미래의 어느 시기에 석방되어 지상에서 혼란을 야기시킬 것이다(계9:2-12). 사단과 모든 감금되지 않은 귀신들은 예수가 지상에서 통치하시는 천년왕국 시대에 무저갱 속에 던져진다(계20:1이하).

C.3 셋째는 사악하고 끔찍한 타락한 천사들이다

너무나 사악하고 끔찍스럽게 악하여 하늘에서나 지상에서 존재하도록 허용되지 않는 타락한 천사들이다. 이들은 무저갱이 아닌 지옥에 영원히 결박되어 있다(벧후2:4; 유1:6). '탈타루스'(tartarus)란 희랍어는 '지옥'이라 잘못 번역되었다. '탈타루스'는 셰올(sheol)도, 죽음의 나라(Hades)도, 지옥(hell)도 아니고 특별한 죄를 지은 천사들이 감금되어 있는 '어두운 구덩이'(pits of darkness)라고 성경에 기록되어 있다.

C.4 넷째는 지구 안에 묶여있는 악한 천사들이다

우리가 거주하는 이 땅 위에 존재하는 악한 영들이다. 그들 중 네 악령은 큰 강 유브라데스에 결박되어 있다. 그들이 풀려날 때, 그들은 인류를 파괴하는 악령의 군대를 이끌 것이다(계9:13-21).

"여섯째 천사가 나팔을 불매 내가 들으니 하나님 앞 금 제단 네 뿔에서 한 음성이 나서 나팔 가진 여섯째 천사에게 말하기를 큰

강 유브라데에 결박한 네 천사를 놓아 주라 하매 네 천사가 놓였으니 그들은 그 년 월 일 시에 이르러 사람 삼분의 일을 죽이기로 준비된 자들이더라"(계9:13-15).

첫째, 귀신들의 문화조정설(cultural accommodation)
귀신들의 활동이 흥미를 불러일으키는 것은 에드 머피 박사와 알프레드 에더쉐임(Alfred Edersheim) 박사가 주장하는 귀신들의 문화조정설이다. 이들의 학설이란, 곧 귀신들린 사람의 육체 가운데는 인간과 귀신의 두 인격이 혼합되어 있는데, 귀신들은 귀신들린 사람의 문화를 수용하여 조정한다는 것이다. 예를 들어, 1세기의 유대인이 귀신이 들리면 그 당시 유대인들의 흉내를 낸다고 한다. 말하자면, 귀신들은 문화적인 차원에서 유대인처럼 말하고 행동하게 됨을 말한다.[91)]

둘째, 귀신들의 문화조정설 적용
한국 사람들이 귀신이 들리면 귀신들은 한국 사람들의 문화적인 풍습을 습득하여 말하고 행동한다는 것이다. 한국의 풍습은 유교적이고 샤머니즘적이기 때문에 제사를 지낼 때 죽은 자의 영이 찾아온다는 것을 믿고 있는데, 귀신들이 한국의 문화적인 풍습을 배워 마치 죽은 자의 영이 찾아온 것처럼 말하고 행동하게 된다. 그래서 귀신들은 죽은 불신자들의 이름을 말하고 그의 문화적인 습성을 흉내 낸다고 주장하고 있다.

D. 귀신의 정체는 타락한 천사이다

게리 킨나만 목사[92)]의 'Angels Dark and Light'[93)]에 의하면 귀신은

타락한 천사라는 것이다. 그는 3가지 이유를 제시하고 있다. 킨나만도 엉거와 디카슨의 이론은 반복하고 있다.

D.1 “마귀와 그 사자들”(마 25:41)이란 표현과 “귀신의 왕 바알세불”(마12:24)이란 표현을 비교해 보면, ‘마귀’ ‘바알세불’을 상호 바꾸어 사용할 수 있고, 그리고 ‘그의 사자들’과 ‘귀신’이란 말을 서로 바꾸어 사용할 수 있다고 한다.

D.2 위의 천사들과 귀신들은 같은 성품을 지니고 있는데, 양자를 모두 ‘영들’이라고 부른다.

D.3 귀신들과 악령들은 똑같이 하나님을 대적하기 위하여 사단과 함께 어떤 무서운 역사를 하려 한다는 것이다(베니 힌, 조우 비임 등).[94)]

제 7 장

치유 사역과 사탄의 발생 -두번째

The beginning of Sin and Healing Ministry-2

3. 아담 이전 영혼설(Spirits of a Pre-Adamic Race Theory)

A. 재 창조설의 갭 이론

A.1 루시퍼 반역 때 함께 반역함

이 이론은 소위 재창조설(restitutionalism)의 갭 이론(gap theory)에 기초를 두고 있다. 이 이론에 따르면, 지금의 세상이 창조되기 전의 세상은 루시퍼의 통치하에 있었는 데, 루시퍼가 하나님께 반역하여 타락할 때, 이 세상에 있는 존재들도 하나님에 대하여 반역했다고 한다. 이를 근거로 말한다면, 세속성(secularity)은 본질이 거룩하신 하나님께 언제나 반(反)하는 속성으로 성(聖)스러움을 속(俗) 스러움으로 행하고 있다.

A.2 세상에서 활동하는 귀신들

그 사람들이 하나님의 심판을 받아 육신이 해체되어 버렸는데, 이들의 영이 오늘날 세상에서 활동하는 귀신들이라는 주장이다.[95]

귀신들이 사람들의 몸에 들어가 사로잡으려는 이유는 그들은 육신이 해체된 영들이기 때문이라고 한다. 귀신들이 돼지 떼 속으로 들어가려는 것도 육체를 입게 되기를 간절히 소원하는 증거라고 성경은 기록하고 있다(눅 8:32).

B. 비판 학설

B.1 아담 이전 어떤 인종도 살지 않음

메릴 F. 엉거 박사는, 성경 어느 곳에도 아담 이전에 어떤 인종이 살았다는 말은 전혀 없다는 것을 지적하고 있다.[96] 성경은 사람이 한번 죽으면 다시 이 세상에 들어오지 못하고 최후 심판을 기다려야 한다. 즉 아브라함의 품에 있는 나사로나 음부에 들어간 부자는 그 곳에 머무는 것이라 말한다(눅 16:26).[97]

B.2 죽어서 세상 떠난 영혼은 이 세상에 다시 올 수 없음

프레드 디카슨 박사는 이 설은 추측에 불과하다고 말하면서, 불신자가 일단 죽으면 다시 이 세상에 돌아오지 못하고 결박되어 최후 심판을 기다려야 한다(눅16:26; 히9:22).[98] 그러므로 아담 이전 이미 살고 있던 인종의 주장은 성경에 위배된다고 지적한다.[99] 성경은 한번 죽는 것은 하나님의 정해진 이치이며, 그 후에는 필연적으로 그에 따른 심판이 따라오고 그에 의하여 영원히 지옥에 거하게 된다고 한다.

4. 타락한 천사와 여자의 후손설

(Spirits of Monstrous Offspring of Angels and Women Offspring Theory)

A. 홍수 전 발생 된 후손

이 주장은 노아 홍수전에 타락한 천사들과 여자들이 동거하여 생긴 자손들이 하나님의 심판으로 멸망하고, 그 영들이 지상에 귀신들로 남아 있다는 것을 말해주고 있다.[100]

A.1 '반 천사' '반 인간'의 거인인 네피림

> "하나님의 아들들이 사람의 딸들의 아름다움을 보고, 자기들의 좋아하는 모든 여자로 아내를 삼는지라"(창6:2).

여기서 "하나님의 아들들"을 천사로 해석하고, "사람의 딸들"을 노아 홍수 이전의 여자들로 해석하여, 천사들이 땅의 여인들과 관계하여 생긴 '반 천사'(half angel), '반 인간'(half human)의 거인인 네피림이란 존재가 귀신의 조상이 되었다는 설을 말해준다.

이 학설을 주장하는 사람들은, 천사들이 인간 남자가 되어 여자와 결혼하여 혼혈족을 생산한 결과 가족의 아버지가 되었다고 한다.

A.2 노아 홍수로 파멸 후 영물이 됨

지상에 홍수가 발발하자 이 괴물들은 파멸되었지만, 그들의 영은 귀신(영물)이 되어 오늘날에도 사람의 몸에 들어가서 계속 음란한 행동을 하려고 한다는 설이 있다.

B. 비판 학설

B.1 예수 그리스도의 구원 역사를 부정함

리처드 데한은, 이 이론은 타락한 천사들이 여자들과 결혼하여 '튀기' 후손들을 생산했다는 말이어서 결과적으로 예수 그리스도 구원의 역사를 부정하게 된다. 왜냐하면 예수 그리스도는 인간을 구원하기 위하여 오셨지 천사들이나 반 인간-반 천사인 혼혈 자손들을 구원하시기 위해 오신 것이 아니기 때문이다.[101)]

B.2 영체(靈體)는 육신이 없기에 생산능력이 없음

메릴 F. 엉거는, 하늘에 있는 천사들은 장가도 아니 가고 시집도 아니 가기 때문에(마22:30; 막12:25; 눅1:5) 천사는 생산능력이 없다는 예를 들어 반박하고 있다.[102)]

B.3 타락한 성품의 후예는 천사의 아들들로 볼 수 없음

두 학자는 "셋과 가인의 후손들이 결합하는 것은 문제를 너무 단순화하기 때문에 신학적으로 문제점이 많다"고 하면서 5가지 문제를 제기한다.[103)]

1) 셋은 아담의 "형상"과 같은 타락한 성품을 지니고 이 땅에 태어났다(창 5:3).

2) 구약성경의 다른 곳에서도 "하나님의 아들들"이란 천사를 언급하는 말이지 결코 사람을 언급하는 말은 아니다(욥1:6, 2:1, 38:7).

3) 같은 뿌리의 조상에서 온 이 두 가문(家門)의 결합이 거인들과 같은 특이한 후손을 생산할 수 없다.

4) 예수 그리스도께서도 천국에서는 사람들이 결혼하며 생육한다고 하지 않았으며, 땅에서는 분명히 결혼하며 생육한다고 말했다.

5) 만일 "하나님의 아들들"이 천사들이기 때문에 '큰 날의 심판까지 영원히 결박된 천사들의 죄'를 지적하고 있다(유1:6-7).

5. 악한 자들의 혼령설(The Spirits of the Wicked Theory)

A. 귀신은 사악한 사람의 사후 혼령

1) 지상에서 사람들에게 고통을 준다

귀신이란 사악한 사람의 사후(死後) 혼령이란 이론이다. 그들은 지상에서 활동하며 산 자들의 몸에 들어가거나 고통을 줄 수 있다.

B. 그의 사자들이 타락한 천사

귀신은 '타락한 천사'라 주장하는 학설에 핵심적으로 인용하는 "마귀와 그의 사자들"과 '용과 그의 사자들'의 '그의 사자들'이 타락한 천사들을 가르킨다.

C. 이 학설

19세기의 알렉산더 캠벨(Alexander Campbell), 그리고 최근의 윌리엄 바이저(William C. Viser), 조우 비임(Joe Beam) 등 많은 학자가 지지하고 있다. 한국에서는 귀신론의 논란을 불러일으킨 김기동(성락교회, 귀신론 수립자)목사가 이 학설과 동일한 입장을 취하고 있다. 그러나 이 학설과 반대 입장을 취하고 있는 학자도 많다.[104]

iii. 결 론

이상 살펴본 바와 같이, 귀신의 기원에 대하여 두 가지로 분류하여 각 견해 마다 가능한 확실한 관련 성경구절과 학자들의 주장을 편집하여 엮어 보았다. 귀신의 존재 자체를 부인하는 주장은 신화설과 조정설 그리고 환상설 등 이었다. 이 주장들은 본질적인 기독교 진리와 상반되거나 억지 주장들이 대개였다고 볼 수 있다.

1. 귀신의 존재를 인정하는 주장

A. 첫째, 타락한 천사설

귀신의 존재를 인정하는 '타락한 천사설'의 주장의 핵심은 메릴 F. 엉거 박사의 견해처럼 '마귀와 그 사자들', '용과 그 사자들' '귀신의 왕 바알세불'의 표현의 의미는 '타락한 천사들'로서 이들이 바로 귀신들이라는 것이다.[105)]

A.1 타락한 천사가 '마귀-귀신'이란 학설

이 학설에 의하면, 이들 타락한 천사들은 자유스럽게 왕래하며 하늘(공중) 영역에 거주하는 타락한 천사들이 있다. 한편, 무저갱에 감금되어 있는 지독하게 타락한 천사들이 있다고 한다.

A.2 감금되지 아니한 타락한 천사들이 귀신

사단과 그의 사자들의 거처와 작전 근거지는 지옥이 아니라 하늘들(공중, heavenlies)이다. 귀신과 타락한 천사는 동일 실체이기 때문에 그들이 활동하는 영역의 근거지로서 하늘(공중)에 거하면서 지상에서도(인간의 몸에 들어오는 것을 포함하여) 동시에 그들 나름대로의 일(역사)을 한다.

A.3 귀신은 타락한 천사란 학설

요약컨대 귀신은 타락한 천사라는 학설을 주장하는 사람들은 귀신들(타락한 천사들)은 죽은 자들의 혼령으로 가장하여 나타났다. 귀신(악령)은 그 전에 들어가 있던 사람의 흉내를 내는 경우도 있다. 귀신은 그 지방 문화를 "학습"하여(문화조정설) 죽은 자의 영(靈)처럼 모방한다, 또 신접한 여인이 사무엘을 불러올릴 수 있는 것처럼 일할 수 있다.

-소위 "친근한 영"(familiar spirits)은 죽은 친척이나 가족들의 모양, 습관, 생활을 모방한다,

-악령의 역할 근거지는 하늘들로서 땅으로 왕래한다는 것 등을 예로서 사용하고 있다.

B. 사악한 인간의 사후 영

사악한 인간의 사후의 영이라는 2가지 학설로 구분된다. 그리고 인간의 사후 영이라는 학설은 3가지 학설을 주장한. '아담 이전 영혼설'과 '타락한 천사와 여자의 후손설' 그리고 '사악한 자들의 혼령설'이다.
그 반면에, 이 학설에 반대 입장을 취하는 사람들은 타락한 천사들(공중의 권세 잡은 자들)이 거하는 곳은 하늘들(공중, heavenlies)이지만, 귀신이 활동 근거지로 삼는 곳은 지상이다. 그 반면에, 귀신의 실체와 타락한 천사들의 실체가 다르다고 하는 사람들은 타락한 천사들은 하늘들을 근거지로 삼고 있지만, 귀신들은 땅을 근거지로 삼고 있다고 성경은 증거하고 있다.

B.1 귀신은 사악한 자의 사후의 영이라는 3가지 서로 다른 주장

-아담 이전에 루시퍼의 타락으로 함께 타락한 종족으로서 하나님의 심판을 받아 육신이 해체된 귀신의 영이라는 설.

-타락한 천사와 여자의 후손 사이에서 태어난 '반 천사'-'반 인간'으로 노아 홍수 때 멸망 당한 존재라는 설.

-사악한 인간(불신자)의 사후(死後)의 영이라는 추측하는 설.

B.2 귀신론은 신중해야 한다

서구 신학의 귀신론은 그 어느 학설을 주장하든지 신학적으로나 성경적으로나 절대적 만족을 주는 학설은 어려울 뿐아니라 한 가지 학설을 고집 하는 것도 무리가 있음을 보여주고 있다.

B.3 최근 서구 신학 동향-실천적 측면[106]

최근의 서구사회에서의 신학의 동향은 귀신의 기원에 대한 연구보다 '축귀'(逐鬼)와[107] '치유사역'에 더 관심을 가지고 연구하고 있다. 이에 대한 타당한 이유로서 인류 구원의 목적을 이루기 위해 예수 그리스도께서 실행한 3가지의 구속 사역을 살펴보면 이해할 수 있다.

1) 예수 그리스도께서는 항상 제자들과 예수를 따르는 무리들과 함께 있게 거하시기를 원하셨다. 그리고 그들을 가르치고(teach) 치유하고(heal) 양육하신(nurture) 것이다.

"예수께서 다시 바닷가에 나가시매 큰 무리가 나왔거늘 예수께서 그들을 가르치시니라"(막2:13).

"…사람들이 귀신 들린 자를 많이 데리고 예수께 오거늘 예수께

서 말씀으로 귀신들을 쫓아내고 병든 자들을 다 고치시니(마8:16).

“가까이 가서 기름과 포도주를 그 상처에 붓고 싸매고 자기 짐승에 태워 주막으로 데리고 가서 돌보아 주니라”(눅10:34).

2) 예수 그리스도께서 제자를 보내사 전도하게 하셨다.

“이에 열둘을 세우셨으니 이는 자기와 함께 있게 하시고 또 보내사 전도도 하며”(막3:14).

3) 귀신을 내어 쫓는 권세를 갖게 하셨다-축귀 사역의 중요성을 말하고 있다.

“예수께서 그의 열두 제자를 부르사 더러운 귀신을 쫓아내며 모든 병과 모든 약한 것을 고치는 권능을 주시니라”(마10:1).

제 8 장

축사사역을 위한 실제적 제안 -첫번째

A Practical Proposal for the Exorcise Ministry-1

i. 귀신을 축출하는 사역

귀신들린 자들을 다른 말로 표현하면, 귀신의 세력에게 자신을 허용하는 것을 말한다. 귀신 축사 사역(Demon, the exorcise ministry)이 필요한 이유는, 거룩함의 공간이 추잡하게 채워지고, 은혜로움을 대신하여 사악함이 역사한다면, 하나님 나라의 백성으로서 거룩한 일을 예수 그리스도에게서 위임 받은 '그리스도의 전권대사'(the plenipotentiary of Christ)로서 그것은 열 일을 제치고 반드시 귀신(사탄)을 추방하는 축사(逐邪)[108] 사역을 해야 한다. 그에 대한 세 가지 이유를 찰스 크래프트 박사는 캔 블루의 책[109]에서 인용하여 말하고 있다.

1. With compassion-치료에 참여할 자들에게 은혜로

오늘날 세계적으로 귀신들림은 매우 흔한 현상으로 나타나면서 이에 노출된 성도가 의외로 많다. 그러나 불행스럽게도 많은 교회나 상담자들이 사람들에게 오늘날 귀신은 존재하지 않는다고 믿게 만든다. 그러므로 악한 영으로 인해 고통받는 사람들은 자신들이 이상하거나 지은 죄가 많아서 그렇다는 생각을 갖게 되어 그들이 당하고 있는 고통과 죄의식은 더욱 깊어진다.

우리에게 난처한 시험에 처해 있는 사람들에게 예수 그리스도의 긍휼하심 같이 우리도 긍휼한 마음을 본받아 상처 입은 사람들을 그대로 방치해 둘 수 없다. 우리는 예수 그리스도와 같이 동정심을 가지고 그의 사랑과 능력으로 그들을 치료할 뿐 아니라, 그들에게서 귀신들을 추방시켜야 한다.[110] 그 어느 때보다 지금 우리에게 필요한 것은 고통 중에서 도움을 구하는 자들을 예수 그리스도의 빛으로 치료할 수 있는 법을 배우는 것이 필요하다.

A. 예수 그리스도의 사랑을 목적한 치유

귀신 축사 사역(Demon, the exorcise ministry)을 하면서 치유사역를 진행하고자 할 때 가장 중요한 것은, 치유 사역을 하는 과정에서 우리가 예수 그리스도의 십자가에서 나타내셨던 사랑을 아낌없이 드러내어 보여줄 수 있는 기회로 이용해야 한다. 사탄을 몰아내는 사역을 하면서 그 자체에 목적을 두지 않아야 한다. 궁극적 치유사역에서 목적의 포인트는 예수 그리스도의 사랑을 나타내는 것[111]에 있다. 그 이유는 연약한 우리들의 속마음 깊이 파묻혀 있는 상태로 쓰라린 상처들을 그분 만이 낱낱이 알고 계시기 때문이다.

B. 간구하면 성령님께서 도움을 주는 치유

> "그러나 내가 하나님의 성령을 힘입어 귀신을 쫓아내는 것이면 하나님의 나라가 이미 너희에게 임하였느니라"(마12:28).

바로 예수 그리스도께서 약속하신 대로 성령이 우리에게 임재하셨으며 그리스도인들이 연약하여 도움이 필요하여 성령님의 인도하심을 구하면 오셔서 덜 아픈 고통부터 아주 깊은 곳까지 세밀하게 치유하기 위하여 능력의 영으로서 강권적으로 역사해 주시며 또 우리를 친히 감동을 주셔서 구속의 사역을 돕는 자로 일하게 하신다.

2. Freely-귀신(사탄)에게 얽매인 자들에게

> "예수께서 열두 제자를 불러 모으사 모든 귀신을 제어하며 병을 고치는 능력과 권위를 주시고 하나님의 나라를 전파하며 앓는 자를 고치게 하려고 내보내시며"(눅9:1-2).

예수 그리스도는 제자들에게 신령한 권능을 주셨다. 제자들을 세상 현장에 내어 보내어 그들이 예수의 이름과 권세로 상처에 시달리면서 귀신에 얽매인 자들을 건지려고 하신 조치였다. 예수 그리스도와 그의 제자들처럼, 우리는 사탄으로부터 사람들을 자유롭게 함에 있어서 하나님께 순종해야 한다. 사역하는 것을 지켜보기만 하고, 행함으로 순종하지 않고는, 절대 하나님께서 주시는 권세, 능력, 은사 등을 활용할 수 없다.[112] 그러한 것들은 주님께 순종하고 그 말씀에 의지하여 믿음으로 움직이는 사람에게만 주어지는 것을 보여주고 계신다. 죄를 꾸짖고 죄의 영향력에서 벗어나 신령한 정서를 갖도록 능동적인 사역을 일으켜서 자유함을 주시기 위함이었다.

3. Strongly-자신의 믿음을 도륙당하지 않도록

예수 그리스도께서 십자가에서 사망의 권세를 깨뜨리시고 부활의 영광을 드러내셨다. 그로 인하여 흉악의 결박을 풀어 주며, 멍에의 줄을 끌러 주며 압제당하는 자를 자유케 하여 모든 멍에를 꺾는 일(사 58:6)을 손수 행하고 계신다. 지금 우리가 상처 입은 현장에서 고통을 극복하기 위해 우리는 순종함으로 긍휼과 은혜의 자리로 나아가야 한다. 그렇게 할 때 사탄의 빗장을 풀고 절망의 심연에서 희망의 영역으로 나오게 되는 축복을 베푸신다.[113] 이 축복은 그 어디에도 비할 수 없는 것임을 염두에 두어야 한다. 믿음을 상실하여 귀신에게 지배당하는 그리스도인의 불행을 당하지 않도록 삼가 조심해야 한다.

> "이제 네게 지운 그의 멍에를 내가 깨뜨리고 네 결박을 끊으리라"(나훔1:13).

4. To discreet.-귀신(사탄)을 예방하도록

분별력에는 하나님께서 지식의 말씀 은사와 지혜의 은사를 통해 직접 계시하시는 초자연적인 면이 있다. 반면, 자연적인 것도 있는데 여기에는 경험에 의한 것, 관찰하고 판단하는 능력에 의한 것, 상식을 사

용하는 것, 그리고 상상을 동원하는 것 등이 있다.[114]

상처 입은 사람에게 귀신이 들려 있는 그런 경우 그를 확실히 알 수 있는 현상은 귀신들더러 너희 자신들의 정체를 드러내라고 할 때, 그들이 이에 반응하면서 치유사역은 발생하게 된다. 이러한 치유사역에 대한 경험을 쌓으면 쌓을수록, 귀신(사탄)에 대한 분별력은 날카로워진다. 귀신들은 완벽한 것 같지만 신령한 정서 속에서 실수를 많이 하기때문에 스스로 함정에 빠질 때가 많다. 그러므로 귀신들의 실수를 눈 여겨 보고 그 실수를 이용하는 것 또한 이 사역에 있어서 매우 중요한 부분이라고 말하고 싶다.

ii. 축사 사역에 필요한 사항

1. 기도로 준비

아무리 천국 백성인 그리스도인이 삶을 형성해가는 지상의 영역이지만 여전히 세속의 기운이 가득한 곳에 생존하면서 지나가야 한다. 이미 구원받은 그리스도인이 천국에 거주하지 못하고 세상에 거주한다는 것은 부인하지 못할 상황이라는 것을 안다. 그러므로 그리스도인으로서 마귀의 졸개인 귀신이 들려 억압된 상태에서 귀신을 추방하는 축사 사역은 중요하며 꼭 필요한 일이다. 이를 위해 반드시 기도로 준비하고 영적인 제반 문제의 규칙을 성경에 준하여 다루어야 할 것은 당연한 상식이다.

2. 팀 사역 구성

마귀를 축출하는 축사사역은 가능한 한 팀(3-5명)으로 사역하는 것이 가장 좋다.[115] 더욱 치유사역의 사명감을 가지고 임하는 태도와 이 사역의 유경험자는 더욱 적합하다.. 그러나 무경험자라도 사탄의 세력에 대한 영적전쟁에 임하는 자세와 사명이 확고하게 갖춰져 있으면 좋을 듯 하다.

A. 새로운 피조물 된 사실을 깨달음

> "그런즉 누구든지 그리스도 안에 있으면 새로운 피조물(a new creation)이라 이전 것은 지나갔으니 보라 새 것이 되었도다"(고후5:17).

귀신에 의하여 억압당하고 있는 사람은 일단 치유 사역에 있어서 피상담자이며, 법률적인 용어로 피해자(victim)이다. 즉 억압당하고 있는 자들과 관련된 문제로서 억압을 당하는 사람이 늘상 그것이 죄인 줄 알면서도 마귀가 하라는 대로 자신의 뜻을 굴복하고 마는 것을 우리는 수없이 보아 왔다.[116]

이럴 때, 그리스도인은 자기가 죄에 대하여 죽었으므로 새롭게 헌신할 수 있도록 새로운 피조물인 사실을 깨닫는 각성이 필요하다(고후5:17), 새 피조물 된 그리스도인은 그 죄로부터 돌아서서 회개의 관문을 통과한 사람이다. 관문을 통과하는 조건은 죄라는 사항이 걸리면 통과할 수 없지만 통과한 것은 죄라는 사항이 해결되었기 때문이다.

이 문제에 관하여는 다른 부분에서도 다룰 것이다. 다음 말씀은 세상에 하나밖에 없는 구원이라는 선물을 우리 모두가 함께 받기 위하여 영적인 차원으로 나아가야 한다고 말한다. 육적인 단계에서 대했던 예수 그리스도를 구속의 단계로 돌입하면 영적인 단계로 돌입하게 된다는 원리이다.

> "우리가 이제부터는 어떤 사람도 육신을 따라 알지 아니하노라 비록 우리가 그리스도도 육신을 따라 알았으나 이제부터는 그같이 알지 아니하노라"(고후5:16).

축사사역에 임하는 사역자는 예수 그리스도를 영적인 관계에서 하나로 연합된 성경을 가지고 있다. 그러므로 마귀의 존재가 아무리 영물로서 강하다 해도, 그리스도와 하나로 연합된 우리 그리스도인은 마귀 보다 한 수 위에 있어서 영적인 일을 하는 사역자를 능가할 수 없다는 것이다 .

B. 성도들 간의 협력함

B.1 스스로 회복할 자유를 얻지 못함

동시에 귀신들인 사람은 스스로 회복하거나 자유를 찾을 수 없다. 그렇지만 억압당하고 있는 연약한 상태이지만 만일 자신이 원하고 마음의 준비를 갖춘다면 치유를 거쳐 자유를 되찾을 수 있다.[117] 귀신들린 자의 약점은 진리의 말씀에 귀 기울이는 대신에 마귀의 거짓말에 귀를 기울여 왔다는 사실을 인식해야 한다. 그러므로 축사사역을 앞두고 있는 사람에게는 진정한 결단과 용기가 절실하게 요구된다.

B.2 팀웍 전략을 구사하여 대처함

이로써 귀신을 축출해야 하는 사역자나 사역을 돕는 성도들이나 특히 귀신에 얽매인 사람은 서로가 팀웍(공동협력) 작전을 펼쳐야 한다. 그리스도인으로서 원수가 자신을 영적(靈的)인 감옥 속에 가두는 것을 허락하지 말아야 한다. 귀신 축사사역을 위하여 팀 사역을 구성하여 마귀로부터 도전하는 공격, 부정적인 거짓을 이기고 하나님의 말씀인 긍정적인 진리를 믿고 여럿이지만 하나로 뭉쳐서 마귀의 궤계를 극복하고 승리해야 한다.118)

C. 극단의 상황을 극복할 각오를 다짐

C.1 사탄을 대적하는 극단적 상항

사탄을 대적하는 상황은 예사로운 일이 아니다. 바울이 일찍이 이방사역을 경험하면서 고백했던 그 외침을 기억해야 한다. 사방에서 자신을 방해하고 무너뜨리려는 부정적 상황을 당하여 낙심천만(落心千萬)한 바울 같은 심정이지만, 그 상황에서 낙심 말고 일어서야 한다. 마귀를 대하는 상황이 벽에 부딪힐 만큼 절망적이지만 거기서 주저앉지 말아야 할 자세를 요구하고 있다.

> "우리가 사방으로 우겨쌈을 당하여도 싸이지 아니하며 답답한 일을 당하여도 낙심하지 아니하며 박해를 받아도 버린 바 되지 아니하며 거꾸러뜨림을 당하여도 망하지 아니하고 우리가 항상 예수의 죽음을 몸에 짊어짐은 예수의 생명이 또한 우리 몸에 나타나게 하려 함이라"(고후4:8-10)

C.2 축사 사역은 그 어떤 사역보다 신중하고 무거움

이 부분에서 중요하고 실제적인 문제로서 찰스 크래프트의 조언을 참고하는 것이 유익하다. 지금까지 그는 20년 동안 수 백건의 내적치유 사역을 현장에서 적용하여 실행했던 노하우를 제시하기 때문이다. 이에 다른 치유 신학자들의 견해도 아울러 덧붙여 본다. 귀신을 축출하는 일로서 '축사 사역'은 그 무엇보다 신중하고 무겁다는 것을 인식해야 한다. 왜냐하면 영적 싸움은 영혼을 사이에 두고 다투기 때문이다.

영물(靈物)인 사탄의 세력을 상대하는 것이며, 그들은 사람보다 상상할 수 없는 스킬과 능력을 사용한다. 그러나 사탄의 세력과 권능보다 한 수(手) 위에 계셔서 그들을 제압하고 계시는 예수 그리스도의 능력을 힘입고 있는 우리는 '귀신 축출 사역'(a exorcism mission)을 행하는 신분임을 명심해야 한다.

3. 예수 그리스도의 권세를 행사

사역을 시작할 때 장소와 시간, 함께 사역하는 사람들을 사탄(귀신)이 간섭이나 주장하지 못하도록 그 위에 권세를 행사하도록 해야 한다. 이 권세는 조잡하거나 하위 수준에 머무르는 것이 아닌, 절대적 힘, 능력, 부여받은 책임에 해당하는 권위(aothority)라고 할 수 있다.

A. 축사사역에 사용할 실제적인 명령

A.1 권능으로 악한 영에 대항하는 명령

"**나는 예수 그리스도 이름으로** 이곳에 있는 악한 영들을 대적한다.

너희는 이곳에서 떠나가라. 나는 이 장소, 이 시간, 이 사람들을 예수 그리스도께 드린다. 그러므로 내가 명령할 때 이외에는 사탄의 어떤 영도 활동하지 못할 것이다."

A.2 그리스도인을 보호하는 명령

"나는 여기 있는 각 사람, 그 가족과 친구 및 동료, 그들에게 속한 재산, 재정, 건강, 그 외의 모든 것들이 사탄의 복수나 다른 야비한 장난으로부터 보호되기를 **예수 그리스도의 이름으로 명한다**." 기도 받는 사람 속에 있는 귀신들이 그 사람 속에 있는 다른 귀신들이나 밖에 있는 다른 영의 도움을 받지 못하도록 단절시키는 것은 중요하다.

A.3 과격한 행동 금지 명령

"예수 그리스도의 이름으로 명하노니!"(I command in the name of Jesus Christ)하면서, 계속 이어서 세부적으로 귀신에게 단호하게 명령한다. "이 사람 속에 있는 귀신들아! 또 속에 있는 다른 귀신들, 그리고 이 사람 밖에 있는 어떤 영들로 부터 도움 받지 못할지어다. 아멘!"

이렇게 마귀에 대한 행동을 금지하도록 묶는 명령은 영적인 권위가 있을수록 더욱 그 효과가 드러나 마귀의 세력은 억압당하게 된다.

B. 축사 명령 사용 후 귀신들린 자에게 나타나는 현상

그렇게 명령한 후에 사역자는 귀신들린 자에게서 나타나는 현상에 주목하고 경계하면서 그를 억제하는 기도를 감행해야 한다. 귀신들렸던

자는, 폭력을 행사하거나 안에 있는 음식물을 토하는 현상 등 과격한 행동을 드러내게 된다. 이러한 현상이 나타나지 않도록 사전에 귀신에 대해 강압적인 기도를 하여 축사 사역이 효과를 나타내도록 한다.[119)]

4. 귀신의 정체를 노출 시키기

일단 어떤 사람 속에 귀신들이 숨어 있다고 의심이 가고, 그 현상이 나타날 것이 확실시되고, 내적 치유(축사 사역)가 만족할 만한 수준으로 끌고 가기 위해서 다음과 같이 사역자와 팀원들은 귀신에게 정체를 밝힐 것을 과감하고 단호하게 명령해야 한다. 그 권위에 있어서 조금이라도 약한 모습이나 물러날 모습 등을 보여서는 안된다. 내담자의 속에 들어가 있는 귀신의 정체가 밝혀질 때까지 최선을 다해야 한다.

A. 귀신이 들었나를 확인한다

일단 내적 치유(축사 사역)를 받기 위해 나온 피해자(귀신들린 자) 안에 귀신이 거하고 있다고 의심이 들 때, 사역자는 상대에게 귀신이 들어 있다는 유무(有無)를 타진해도 되겠느냐는 허락을 받는다(승낙치 않을 때는 안하는 것이 좋다).

B. 세심하게 귀신을 대적하라

내적 치유(축사 사역)에서 종종 사람들의 눈을 들여다보면서 귀신들을 대적할 필요가 있다. 만일 어떤 사람이 무언지 모를 이유로 인해 불안해한다고 판단되면, 귀신들린 자로 판단되는 그에게 축사 사역에 집중할 수 있도록 요구하는 방법을 사용해야 한다. 축사 사역자와 귀신들린 자, 서로가 눈과 눈을 마주칠 때, 피상담자가 계속 보는 것을 피하는 것은 귀신의 본능적 의도로 의심하는 것이 좋다. 이럴 때, 귀신들이 그 사람의 주의를 딴 데로 돌리고자 하는 수법임을 간파해야 한다. 만일 귀신이 귀신들린 자 안에서 사역자를 똑바로 쳐다보지 못하도록 조정하여 사역을 방해하면, 똑바로 쳐다보라고 명령하면서 사역을 세심하게 진행해야 한다.

C. 천사를 보내 달라고 요청하라

예수 그리스도께 우리를 도와줄 힘 센 천사들을 보내 달라고 요청하라. 그분은 공생애 사역 기간 사람들의 내부에 몰래 침입하여 사탄의 장난이나 시험 등을 물리치도록 수도 없는 마귀의 존재들을 추방하는 축사사역을 감행하셨다. 우리가 예수 그리스도를 본받아 살아감은 물론, 그분의 영적전쟁의 능력을 전수하여 능동적으로 사역에 임한다.

D. 사탄의 위계질서를 확인하라

다음으로, 영들의 위계질서가 어떻게 되어있는지 물어보라. 창조세계에서 자연에도 질서가 있듯이 사탄의 체계에도 반드시 위계질서가 있다. 그에 대한 조건들을 세심하게 살펴서 철저하게 해로운 벌레를 박멸하듯 관용을 베풀지 말고 마귀의 존재의 위계질서를 간파하여 정리할 필요가 있다. 영적인 체계로 서 있는 사탄의 존재는 그들 나름대로의 조직체계가 잡혀있는데, 성경말씀은 그 사실을 다 간지하고 있다.

5. 조상으로부터 전래된 귀신, 저주를 먼저 다루라

조상으로부터 내려오는 영의 힘은 그것이 비록 약할지라도, 그 귀신들이 다른 귀신들에게 미치는 영향은 매우 크다. 조상으로부터 내려오는 영의 힘을 없애고 나면 그 사람 속에 있는 다른 영들의 힘은 매우 약해진다.

6. 귀신들을 모조리 쫓아내야 한다

A. 귀신들이 떠나갈 준비가 되었는가?

내적 치유사역을 통해 내려온 영의 힘을 약하게 하는 작업으로 귀신들은 점차적으로 교회 공동체 안에서 귀신들은 그 힘이 약화되어 갔다. 그러나 어떤 귀신은 아직도 숨어있거나 은폐해 있을 수 있다. 따라서 치유사역에서 피상담자나 상처 입은 자에게서 귀신들이 나갈 준비가 안 되어 있는 상태를 인지하더라도 피상담자, 치유사역자, 그리고 함께 동역하는 팀원들은 당황해서는 안 될 것이다. 이런 경우 치유사역에서 우두머리 귀신에게 이제 나갈 준비가 되었는지, 아니면 아직 그 사람 속에 있어야 할 이유가 있는지를 질문하므로 귀신을 존재를 압박하면서 강하게 내몰 수 있음을 알 수 있다.

B. 명령하라-"예수의 이름으로 진실된 말만 하라"

십자가와 빈 무덤에 대해서도 말해 주라. 귀신들은 십자가에서 흘린 피에 대해 이야기를 듣거나, 무덤에서 사신 예수님의 부활에 대해 듣는 것을 아주 싫어한다. 만일 열심히, 그리고 충분한 시간 동안 축사 사역을 진행했는데도 덜 끝났으면, 귀신들에게 "다음에 예수님의 이름으로 대적할 때까지" 입 다물고 있고, 그 사람을 해치지 말라고 명령한 후, 일단 사역을 끝내야 한다. 이렇게 해 놓으면, 혹 다른 사람도 예수 그리스도의 이름으로 그들에게 접근할 수 있다.

제 9 장

축사사역을 위한 실제적 제안 -두번째

A Practical Proposal for the Exorcise Ministry-2

iii. 귀신의 책략과 우리의 전술

1. 귀신은 자신의 존재에 대해 속이는 것을 좋아함

어떤 말로도 귀신을 설득하려고 하지 말아야 한다. 귀신은 설득의 대상이 아니다 설득하려 들었다간 오히려 그들에게 유혹을 당하고 설득당해 버린다. 소개되는 말씀은 하나님께서 세상을 창조하는 현장에서 순간적으로 틈을 보고 끼어들어 여자를 유혹하는 과정을 적나라하게 설명한 말씀이다.

> "그런데 뱀은 여호와 하나님이 지으신 들짐승 중에 가장 간교하니라 뱀이 여자에게 물어 이르되 하나님이 참으로 너희에게 동

산 모든 나무의 열매를 먹지 말라 하시더냐 여자가 뱀에게 말하되 동산 나무의 열매를 우리가 먹을 수 있으나 동산 중앙에 있는 나무의 열매는 하나님의 말씀에 너희는 먹지도 말고 만지지도 말라 너희가 죽을까 하노라 하셨느니라 뱀이 여자에게 이르되 너희가 결코 죽지 아니하리라 너희가 그것을 먹는 날에는 너희 눈이 밝아져 하나님과 같이 되어 선악을 알 줄 하나님이 아심이니라"(창3:1-5).

사탄은 일방적으로 살아있는 하나님의 말씀을 근거로 들어서 명령으로 물리쳐야 할 대상일 뿐이다. 사탄은 우리의 틈이나 약점을 다 알고 있기 때문에 언제 어느 사이에 우리를 향해 유혹하고 도전해 올지 모른다. 사탄은 공격할 시에 무자비하게 시간과 여유를 주지 않는다. 그러므로 우리가 예수 그리스도의 이름으로 그에게 행사할 권능을 부여받았음을 명심해야 한다.

2. 귀신은 혼동을 주기 위해 서로 연이어 대답함

귀신은 자신의 존재에 대한 정확한 정체를 알리는 것보다 숨기고 더 어둠 속으로 들어간다. 물론 그럴수록 더 교묘하게 속이고 혼동을 주어서 자신의 목표인 인간을 파괴하고 넘어뜨리는 일을 만족하게 행해야 하기 때문이다.

치유 사역자가 사탄의 존재를 물을 때, 이중 음성을 사용한다든가 연이어 대답하므로 치유 사역에서 우위를 선점(先占)하려는 속셈으로 그렇게 하는 것이다.

3. 귀신은 두려움을 일으키기 위해 허풍을 떰

비록 그들이 괴상한 표정을 짓게 만들거나, 고통을 주건, 몸이 뒤틀리게 하면서 겁을 줄지라도, 그것은 허세에 지나지 않는다. 우리가 누구인가(사탄의 존재를 무저갱에 결박시킨 전능하신 하나님의 치유사역자)를 재확인시켜주면 그들은 다시 조용해진다. 귀신들은 약한 존재에게 폭적을 일삼는 악랄한 왕 같이 군림하면서 상대가 강한 세력이면 몸을 사리는 속성이 있다. 하물며 예수 그리스도의 권세를 위임받은 사역자를 어찌할 수가 없는 일이다.

4. 귀신은 속이고 거짓을 말함

> "베드로가 가로되 아나니아야 어찌하여 사단이 네 마음에 가득하여 네가 성령을 속이고 땅값 얼마를 감추었느냐 땅이 그대로 있을 때에는 네 땅이 아니며 판 후에도 네 임의로 할 수가 없더냐 어찌하여 이 일을 네 마음에 두었느냐 사람에게 거짓말 한 것이 아니요 하나님께로다"(행5:3-4).

초대교회 역사가 진행되는 한 가운데서 벌어진 사건으로서 사탄의 조정을 받은 아나니아와 삽비라 부부의 비극적인 저주가 임하는 케이스를 성경은 기록하여 소개하고 있다. 한때, 성령의 감동을 받았던 아나니아 부부는 자신의 땅을 팔아 헌금하겠다고 약속한 후, 막상 헌금을 손에 쥐고 나서 마음이 돌변하여 땅 값 얼마를 감추고 일부만 하나님께 바쳤다. 이런 결과가 있기까지 사탄이 순간적으로 그들의 마음에 침입하여 조정하므로 하나님 앞에서 까지 거짓으로 일관하다 저주를

면하지 못한 사건이다. 사탄은 항상 우리의 마음에 침입하여 조정하고 사탄의 의도대로 조정하는 것을 간파하고 대비해야 한다.

5. 귀신은 변명하거나 남게 해달라고 애걸함

귀신들과의 흥정에 속아 경험 없는 사역자들이 실수할 수 있는 것이 있는데, 그것은 귀신이 다른 사람 속에 들어가도록 허락해 달라는 요청이다. 우리는 절대 이것을 허용해서는 안 된다. 흥정에 넘어가지 말아야 한다.

6. 귀신은 사역자, 치유 받는 자를 지치게 함

계속 축사 사역을 오래하지 말고 중간에 쉬는 시간을 두는 것도 좋다. 할 수 있는 방법을 다 동원해서 귀신들을 대적했음에도 불구하고, 귀신들이 정체를 밝히지 않을 경우, 이로 인해 실망할 필요는 없다. 이럴 때는, 더 많은 경험을 가진 사람을 사역 팀에 가담시켜서 다음에 다시 사역할 수 있다.

축사 사역이 하나님의 때(시간)에 맞춰 행해지고 사역 받는 내담자(피상담자)의 의지가 적절히 잘 작용하면, 귀신 들린 사람을 자유롭게 해주는 일은 대부분 성공한다. 반면, 의식적이든 무의식적이든간에 귀신 들린 사람이 자유로워지는 것을 원치 않을 경우에는, 축사 사역이 성공하지 못할 확률이 높다. 하나님께서는 사람의 자유의지(Man's free will)를 무시한 채 일하시는 분이 아니다.

7. 귀신이 떠나는 것을 알 수 있음

"귀신이 그를 잡아 갑자기 부르짖게 하고 경련을 일으켜 거품을 흘리게 하며 몹시 상하게 하고야 겨우 떠나 가나이다"(눅9:39).

귀신에게 사로잡혔던 사람은 자신을 옭아맴의 상태에서 벗어나는 일이 큰 돌덩이의 짓누르는 억압에서 그것이 벗겨지는 듯 편안함을 느낄 것이다. 이때 무엇보다 귀신들렸던 사람은 자신이 먼저 그 상태에서 벗어나는 쾌감에서 오는 자유를 만끽할 것으로 사료된다.

8. 귀신이 축출된 빈공간을 축복으로 채움

귀신들렸던 사람에게서 귀신이 떠나가면 반드시 그 당사자에게 안수로 기도해야 한다. 이때 가능하면 축사를 담당했던 사역자와 팀원이 함께 기도하며 축복으로 그 빈자리를 채워야 할 것이다. 왜냐하면 그 빈자리는 사탄에게 오염(汚染)되었던 심각한 악의 영향력에 물들었던 곳이다. 그런 곳을 거룩함의 말씀과 예수 그리스도의 축복으로 채우는 것을 중요하게 생각하고 축사사역의 마무리를 지어야 한다.

만약, 그 순간에 귀신이 머물렀던 곳을 말씀으로 정갈하게 안수하지 않으면 다시 그 자리에 사탄은 순식간에 재 침범할 수 있다.

"사랑 안에 두려움이 없고 온전한 사랑이 두려움을 내어쫓나니 두려움에는 형벌이 있음이라 두려워하는 자는 사랑 안에서 온전히 이루지 못하였느니라"(요일 4:18).

iv. 축사한 후의 사역

축사 사역을 마무리 짓기 전에 귀신들이 다시 돌아오지 못하도록 금하라. 사역자는 사람들에게 귀신들과 대적할 때 권세를 가지고 임해야 함을 설명해주어야 한다. 성도들도 같은 권세가 있음을 알게 해주어야 한다(약4:7).
축사 사역을 받은 사람은 양육 그룹에 참여할 필요가 있다. 그리고 그리스도인 전문 상담자를 만나 상담을 받을 필요도 있다. 치유는 이상 치료와 양육 모두를 필요로 한다. 가장 좋은 방법은 사역팀 일원 혹은 전원이 양육하는 팀원이 되어 계속 영적인 지원과 심적(心的)인 지원을 아끼지 않고 해주어야 한다.

v. 능력 있는 축사 사역자로서 사역하라

이 부분에서는 찰스 크래프트의 '사악한 영을 대적하라'의 요약본에서 발췌한 제목들을 좀 더 내용적으로 풍성하게 채우므로 능력 있고 자신감이 충만하여 바람직한 사역의 모습으로 거듭나도록 해주는 목적이 있다.

1. 사역에 임하는 피해자의 인격을 존중함

내적 치유(축사 사역)에서 상처와 상흔(wounds and scars)을 치유 받기 위해 나선 피해자(상처받은 자)는 온갖 부정적이고 해악적(害惡的)인 마귀의 시달림으로 심신이 몹시 허약해져 있는 상태이다. 이같은 사람에게 절실한 것은 따스한 위로와 근본적인 사랑이다. 사역자와 팀원들은 이런 상태를 알고 가능한 피해자 위주로 사역을 진행하면서 될 수 있는 한, 피해자에게 상처되지 않고 당황하지 않도록 최선을 다하는 것이 선한 치유사역의 결과로서 좋은 일이다.

2. 귀신의 힘을 약화(弱化) 시킴

귀신을 축출하는 사역을 하기 전이나 후에 하는 내적 치유를 통해 귀신들의 힘을 약화시키는 자체가 바로 사랑의 힘이다. 이 사람의 힘으로 기도하고 격려하고 권면하는 힘은 아마 이 사역을 앞둔 사역 리더나 팀원들에게 본질적인 일로서 귀신의 힘을 제압(制壓)하여 억누르는 일이다.

3. 내적 치유(축사) 사역을 위한 팀원을 지원함

축사 사역을 하기 전에 사람들(특별히 중보기도의 은사가 있는 사람들)이 여러분을 위한 지원사격 같은 기도의 지원을 받도록 하라. 한 사람의 기도 보다는 팀 전체가 합심하여 기도하면 더 힘을 얻고 영적 지원을 강하게 확신할 수 있다.

4. 사역하는 장소를 악한 영들로 부터 보호받게 함

이것은 사역을 진행하는 장소를 사탄의 악한 영으로부터 정결하도록 기도해야 한다. 축사 사역을 시작하기 전에 모든 악한 영들로부터 사역하는 방을 깨끗케 하라. 사역을 행하기 전에 이미 축사 사역의 팀원들과 함께 사역할 장소를 성령의 충만으로 영적 기운이 넘치게 해야 한다. 사탄의 악한 기운으로는 성공적인 축사 사역을 장담할 수가 없으며, 영적으로 사탄의 세력에게 쏠리게 되면 축사 사역 팀이 패배하게 됨은 물론, 하나님 나라를 그만큼 잃게 되면서 영적으로 엄청난 손해를 보게 되고 영혼들이 어려움을 당하게 된다.

5. 치유 받는 자의 의지를 강하게 함

A. 믿음의 지지가 강해지도록 기도하라

기회가 닿는 대로 사역 받는 사람의 의지가 강해지도록 격려하라. 우리가 순탄할 때 갖는 마음의 의지와 역경의 바람이 불 때는 사뭇 다르게 보여진다. 그리스도인으로서 마땅히 순탄할 때나 역경일 때나 한결 같아야 하지만, 어디 믿음의 삶이 그렇게 호락호락한가? 그러므로 더욱 축사 사역에서의 믿음의 강도가 평범한 그리스도인으로서 믿음의 의지가 강할 수 없다. 귀신의 세력들은 갖은 수단 방법으로 치유받는 자, 주변의 사역으로 돕는 사람들을 약하게 만드는 경우를 생각하고 믿음의 의지가 강하도록 기도해야 한다.

B. 하나님의 능력을 구하는 중보기도를 하라

하나님의 능력을 구하는 간구를 중보로 하므로 사역에 임하는 사람들이 믿음의 의지가 강하게 된다. 성령은 우리를 위해 역사하지만 그 영향력을 받는 사람이 믿음의 의지를 강하게 해야 한다. 마치 쓰레기가 가득했던 곳은 온갖 악취와 전염병을 옮기게 되지만, 그 쓰레기를 말끔하게 치운 곳은 새로운 희망과 아름다운 비전으로 가득 차게 되는 것을 알고 있다.

6. 사역 받는 사람을 위한 기도 쉬기를 금하지 말것

A. 손을 들어 승리를 빌라

A.1 여호수아가 아말렉 군대와 싸운 성경적 케이스

> “그 때에 아말렉이 와서 이스라엘과 르비딤에서 싸우니라 모세가 여호수아에게 이르되 우리를 위하여 사람들을 택하여 나가서 아말렉과 싸우라 내일 내가 하나님의 지팡이를 손에 잡고 산 꼭대기에 서리라 여호수아가 모세의 말대로 행하여 아말렉과 싸우고 모세와 아론과 훌은 산 꼭대기에 올라가 모세가 손을 들면 이스라엘이 이기고 손을 내리면 아말렉이 이기더니”(출17:8-11).

A.2 여호와의 이름을 빌어 기도하라

마귀를 축출하는 사역 도중이나 사역 후를 막론하고 계속해서 사역자와 사역을 받는 사람(귀신들린 자)을 위해 기도해 주며 격려하라. 이 사역은 함께 팀을 이루며 동참하는 팀원들의 가장 핵심적인 사역이다.

7. 성령의 기름 부음을 받는 것도 중요함

축복기도를 하는 일도 성령의 도움으로 기름 부음이 영적으로 임하게 되는 것도 매우 중요한 일이다. 그동안 귀신들린 상태와 원하지 않는 삶을 이루는 패턴이 영적(靈的)으로 매우 삭막하고 폐허의 상태였다. 그런 상태에 축사 사역 후의 부정적인 후유증으로 계속 영향을 받으면 그것은 건강한 그리스도인의 삶에서 볼 때, 바람직하지 않다. 사탄의 권세에 억압 상태에서의 자유를 누리는 하나님 백성(The people of God)은 모든 것이 거룩하고 환한 삶의 모습으로 조성되어야 한다.
그러므로 성령의 기름부으심의 충만한 역사가 필요하다. 축사 사역 이전과 이후의 삶이 너무나 다른 절망과 희망이 대비될 정도로 다르게 변모(變貌)해야 한다.

"여호와는 나의 목자시니 내게 부족함이 없으리로다 그가 나를 푸른 풀밭에 누이시며 쉴 만한 물가로 인도하시는도다 내 영혼을 소생시키시고 자기 이름을 위하여 의의 길로 인도하시는도다 내가 사망의 음침한 골짜기로 다닐지라도 해를 두려워하지 않을 것은 주께서 나와 함께 하심이라 주의 지팡이와 막대기가 나를 안위하시나이다 주께서 내 원수의 목전에서 내게 상을 차려 주시고 기름을 내 머리에 부으셨으니 내 잔이 넘치나이다"(시23:1-5).

8. 귀신의 영향력에 오염되었던 영역을 정결케 함

A. 귀신들렸던 사람의 상태

A.1 귀신 들린 후 정결하게 된 상태

"더러운 귀신이 사람에게서 나갔을 때에 물 없는 곳으로 다니며 쉬기를 구하되 얻지 못하고 이에 이르되 내가 나온 내 집으로 돌아가리라 하고 가서 보니 그 집이 청소되고 수리되었거늘"(눅 11:24-25)

A.2 귀신 들린 후 정결함을 거쳐 다시 오염된 상태

"이에 가서 저보다 더 악한 귀신 일곱을 데리고 들어가서 거하니 그 사람의 나중 형편이 전보다 더 심하게 되느니라"(눅11:26).

귀신들의 힘에 의하여 더러워진 건물이나 물건들을 깨끗하게 해야 한다. 요즘 '코로나 19'(Covid 19)의 바이러스로 고통을 겪고 있는 국가와 사회, 국민은 누구도 예외가 될 수 없을 만큼 전 세계적으로 감염의 위협에 당면하고 있다. 여기서 제일 중요한 것은 감염된 사람과 장소를 소독하여 깨끗하게 하는 방역작업이 급선무이다. 영적으로 사탄에게 감염된 건물이나 물건, 그리고 사람을 깨끗하게 하여 거기서 해방을 받는 방역을 해야 하며 정결하게 하여 새롭게 소독해야 살 수 있는 것처럼, 마귀를 내쫓는 축사사역의 일은 귀신의 영향력에서 벗어나도록 정결하게 하는 사역이 먼저임을 깨달아야 한다.

제3부 치유 현장

| 현대_그리스도인의_상처와_치유의_회복을_위한_지침서 |

상처 + 힐링 & 그리스도 + 만남

For the Wound to Heal & Encounters Jesus

'갈등 공화국' 닉네임이 붙은 한국사회

한국사회는 갈등이 만연하며, 갈등이 일단 발생하면 잘 해결되지 않고 지속되는 특징을 보인다. 여러 전문가는 우리나라를 '갈등공화국'(Conflict republic, 분쟁공화국)이라고 지칭하며, 2013년 이후 매년 응답자의 90% 이상이 우리 사회의 집단 간 갈등이 더 심각해져 간다고 답변했다. -(본문 중에서).

제 10 장

성경적, 우울증 극복하는 법 -첫번째

Biblical, Overcoming Depression-1

i. 한국사회 갈등 지수

1. 상이한 역사적 경험에서 돌출된 한국사회 갈등

한국사회는 전근대, 근대, 탈근대, 독재, 민주화 등을 거치며 상이한 역사적 경험들을 한 세대 내에 공존하는 '비동시성의 동시성' 경험('simultaneity of non-simultaneity' with experience)을 했다. 한국사회에서 집단 간 갈등은 서구사회에 비해 더욱 다층적이고 복합적이며 동시다발적 특징을 보인다. 이와 함께 복합갈등의 중요한 특징을 말한다면, 계층, 지역, 세대 등의 갈등요인과 이념 갈등의 결합을 지적했다.[120]

2. '갈등 공화국' 닉네임이 붙은 한국사회

한국사회는 갈등이 만연할 뿐 아니라, 갈등이 일단 발생하면 잘 해결되지 않고 지속되는 특징을 보인다. 여러 전문가는 우리나라를 '갈등 공화국'(Conflict republic, 분쟁공화국)이라고 지칭하며, 2013년 이후 [한국사회갈등해소센터] 조사에서 매년 응답자의 90% 이상이 우리 사회의 집단 간 갈등이 더 심각해져 간다고 답변했다.[121)]

이런 결과에 대해 우선 지정학적인 원인을 찾아보게된다. 그것은 한반도를 중심하여 사방을 둘러 봐도 강국(强國)으로 둘러싸여 있다. 지리적으로 숨막히는 정황이라고 표현할 수밖에 없다.

러시아, 중국, 그리고 일본의 열강들 각국 마다 인구와 군사력, 경제력은 강대국의 조건을 다 갖추고 있다. 러시아 인구 1억 4천 5백만명 /경제력 세계 11위/ 군사력 세계 2위이며, 중국 인구 14억 4천명/ 경제력 세계 2위/ 군사력 세계 3위이며, 일본 인구 1억 2천 6백만명/ 경제력 세계 3위/ 군사력 세계 6위로 랭크되어 있다.[122)]

이런 통계에 비해 대한민국은 어떤가? 인구 5천만명/ 군사력 세계 7위/ 경제력 세계 10위이다. 이 수치는 주변 강대국에 비해 견줄 수 없는 빈약한 상태이며, 한국사회 갈등은 심각한 수준이다. 누구든 이를 부인할 수 없을 것이다.

3. 사회적 갈등의 의미와 그 분석

한국의 사회갈등지수 의미를 참고하려면 다음 사이트를 열어서 보면 된다.[123] 그 순위는 비교 대상 37개국 중 32위 수준이라고 발표하고 있는데, 다음과 같다.

2015년 기준 한국은 잠재적 갈등요인(35위)과 갈등관리역량(32위) 모두 최하위권으로 링크되어 있다. 그에 대한 잠재적 갈등요인 중, 자원격차는 양호하다(6위), 가치관 격차가 매우 심하다(37위). 갈등관리역량의 경우(정치행정 역량 28위: 정부관료제 역량 28위, 대의제 역량 32위, 사법제도 역량 25위)이다. 재분배 역량 (33위), 시민사회 역량 (26위) 등으로 모두 하위권을 차지하고 있다.

4. 사회 내부갈등이 비효율적으로 끌고감

2005-2015년 사이, 우리나라의 잠재적 갈등과 정치행정부문의 갈등관리 역량이 더욱 악화되는 추세라고 한다.[124] 사회적 갈등(Social Conflict)은 사회적 쟁점에 대해 최소 두 당사자가 서로 다른 입장을 갖고 대립하여 긴장이 발생되는 상황을 의미한다. 이에 따라 사회적 갈등은 사회 내부갈등이 비효율적인 결정을 이끌게 되고, 외부로부터 비효율적인 제도와 정책들이 사회에 적용되는 지경에 이르게 된다.[125]

중세시대의 천년 로마제국이 패망한 원인은 다른 요인도 많았지만 사회적 갈등이 로마의 패망을 부추겼다. 당시 해가 지지 않는 나라 로마제국으로서 세계평화(PAX ROMANA)를 목표했던 세계 지배국이었다.[126] 하지만 국가의 내부적인 갈등이 타의 추종을 불허할 만큼 막강하던 군사력, 경제력, 그리고 정치력을 차츰차츰 좀먹듯이 무너뜨리고 말았다.

ⅱ. 한국사회 갈등과 한국정치

한국사회 갈등이 정치권 갈등으로 확대되고 있으며 거의 동일한 수준으로 발생하기 때문에 이에 대한 위기관리가 시급한 형편이다. 더욱 심각한 것은 갈등에 대한 위기관리와 조정의 기능을 상실해 가고 있다는 큰 책임을 모면하지 못한다. 이것이 지금 한국 정치권이라고 밝힌 한 언론의 견해이다.[127]

한국부패지수 순위 [국제투명성기구(TI)]에 따르면, 전 세계의 국가를 상대로 부패지수를 산정했는데, 2014, 한국부패지수가 43위이며, 사회적 갈등에 따라 발생되는 비용은 82-246조 가량이라고 말하고 있다.[128] 한국의 국가 공정성은 52위이며, 이는 아프리카의 보츠와나 35위 보다 훨씬 낮은 수치로 드러나고 있다고 밝힌다.[129]

ⅲ. 마음 건강 지키는 7가지 수칙

인간은 '사회적 동물'이라는 말이 있다. 한자어(漢字語) '人'(인)을 풀이하면 '서로 기대는 모양에서 사람 '人'(인) 자를 사용한다. 긍정적인 면에서 보면, 서로 협력하고 함께 일하면 혼자 일하는 것보다 그 결실을 갑절로 거둘 수 있다.

> "또 두 사람이 함께 누우면 따뜻하거니와 한 사람이면 어찌 따뜻하랴. 한 사람이면 패하겠거니와 두 사람이면 맞설 수 있나니 세 겹 줄은 쉽게 끊어지지 아니하느니라"(전4:11-12).

반면, 부정적인 면에서 서로 헐뜯고 반목하여 갈등(conflict)이 심하면 뒤따라오는 현상은 불행의 첫걸음이라 할 수 있는 심리적 고통의 스트레스가 쌓이게 된다. 이러한 상태에서 곧 우울증이 찾아오고 원망과 불평, 그리고 분노가 치밀어 참을 수 없는 지경에 이를 수 있다는 것이다. 여기서 마음을 다스리는 육체적 컨트럴 방법을 말하자면, 다음에서 그 요령을 살펴볼 수 있다.

1. '마음 건강수칙'의 7가지 행동 요령

국가 중앙정부부처 보건복지부(장관 박능후)가 [코로나19와 함께하는 마음건강 지키는 7가지 수칙]을 권장하고 나섰다. 코로나 감염의 위협으로 지친 국민의 마음 건강 회복을 돕고, 긍정적인 분위기를 확산하기 위해 '마음 걷기' 기획 행사(event)를 실시한다고 밝혔다.130)
육체적 노동은 신성하다는 성경 말씀의 교훈이 있다. 사람의 육체는 게으르지 않도록 부지런히 움직이고 땀흘려 일하라고 까지 요구한다.

> "네 자녀에게 부지런히 가르치며 집에 앉았을 때에든지 길을 갈 때에든지 누워 있을 때에든지 일어날 때에든지 이 말씀을 강론할 것이며"(신6:7).

코로나 19 바이러스가 전 세계를 휩쓸며 그 마력(魔力)을 부리고 있으며, 거기에 누구든지 예외되는 사람은 단 1명도 없다. 이럴 때, 심적(心的)인 측면에서 마음 지키는 방법도 중요하다.

육체적 방법으로서 마음으로 건강수칙을 지켜야 할 것을 권면하는 소리에 귀 기울여야 한다. '마음 걷기'는 우울감과 불안감 해소를 위한 '신체 활동으로서 걷기'와 지친 마음을 들여다보는 '마음을 걷는다'는 두 가지 의미를 포함하고 있다고 한다.

〈Table-10〉 마음 건강 지키는 7가지 수칙

중점사항	마음 건강 지키는 7가지 수칙	참고
① 변화의 일상 인지	**코로나19 방역으로 변화된 일상을 받아들임** 우울, 불안감 발생은 비정상 감정 아니라 환경 적응을 위한 과정임을 인지함	환경적응 인지
② 과한 걱정 금물	**정확한 정보에 귀 기울이고 방역지침 실천함** 많은 정보, 가짜 뉴스 경계, 방역을 잘 실천하는 것 중요함	방역지침 실천
③ 정신 건강 지킴	**충분한 수면, 규칙생활 유지, 몸, 마음 면역력 높임** 일정한 시간에 자고 깨는 것이 정신건강을 지키는 우선순위임	면역력 상승.
④ 에너지 축적	**취미나 여가 시간을 가지므로 재충전함** 마음의 즐거움을 얻고, 힘든 상황이 왔을 때 극복할 수 있는 에너지를 축적할 수 있음	극복위한 재충전
⑤ 방역지침 준수	**걷기 등 적당한 신체활동으로 몸,마음건강 지킴** 마스크 사용 등 방역지침을 준수하며 외부에서 신체 활동을 지속함	신체적 활동지속
⑥ 심리적 지지 얻음	**전화, 전자우편(이메일) 등, 소통 이어감** 가족이나 친구 등 주변 사람들과 마음을 나누고 우울감을 줄임	함께 마음나눔
⑦ 심리상담 도움받음	**혼자 이겨려 말고 전문가의 도움을 받음** 혼자 보다 주변인의 도움을 받는 것이 필요함[131]	전문가 도움받음

코로나19 장기화로 몸과 마음이 지쳐있는 상황에서, '걷기'를 통해 신체의 건강을 지키면서 스스로의 마음을 살펴보며 마음의 건강도 찾아보자는 의미(메시지)를 담고 있다.

ⅳ. 한국인의 대표적 감정 - '한'

1. 부정적 정서 '한'(恨)

한국역사에 살펴볼 때, 주변 강국으로부터 침략과 억압을 받았던 일들이 수없이 많았다. 이런 측면에서 한국인의 정서를 표현할 때, 부정적인 정서와 긍정적인 정서를 나눌 수 있다. 한국인에게는 긍정적 정서도 많다. 그러나 부정적 정서를 외면하고선 한국인의 감정을 옳게 말할 수 없다. 한국인에게 아주 독특한 감정을 하나 꼽으라고 한다면, '한'(恨)이라는 단어의 감정을 말할 수 있다. 어쩌면 이 한은 한국인에게 정신 감정에 스며있는 대표적 감정이다. 그러한 한을 분류하여 몇 가지로 생각해 볼 수 있다.

2. '한'의 종류

A. '정한'(情恨)이 있다.

그리움, 슬픔 등 간절히 바라던 것을 상실했을 때 그것을 발산하지 못해 쌓이는 감정을 말한다.

B. '원한'(怨恨)이다.

이는 미움, 복수, 적개심이나 증오심 등으로 쌓이는 감정을 말하며, 이에 대한 앙갚음하는 속성의 감정을 말한다.

C. '**회한**'(悔恨)이다.

죄책감으로 뉘우칠 때, 타인에게 고통이나 상처를 입혔을 때, 심적 깊은데서 오는 감정이다. 아마 다윗이 이런 감정에 많이 시달렸린 장본인이라고 볼 수 있다.

D. '**통한**'(痛恨)이다.

자신의 삶을 뜻대로 살지 못하고 남에게 환경에 빼앗겼을 때 오는 손해나 배신감이며, 또는 자신의 에너지가 원치 않은 환경으로 변할 때, 급작스런 변화에 적응하지 못해 오는 긴장이나 중압감에서 쌓이는 감정을 말한다.

3. 예수 그리스도의 터치로 해결

위의 여러 가지 한은 우리에게 스트레스를 주는 원인으로 불안과 우울증 등을 가져다 준다. 그러나 얽히고 맺힌 스트레스의 한을 치유하는 데는 여러 가지 물리적 치유방법과 정신적 치유방법이 있다.[132] 대개 그런 방법 중 자기(自己)와의 만남이 있어야 하고, 맺한 한을 내 존재 밖으로 표출(表出)하는 방법이 있다. 그러나 중요한 것은, 예수 그리스도와의 만남을 통해 한의 감정을 본질적으로 푸는 방법을 적극 제시해 보면 바로 이것이다. 아무리 풀리지 않는 천년 묵은 한이 있어도, 우리 주님께서 오셔서 깊고도 아픈 한의 상처(쓴뿌리)를 그의 만능(萬能)의 손길을 통해서 어루만지며 제거해 주시고 치유해주실(healed) 때, 그 순간 모든 '한'(恨)이 눈녹듯 풀리게 될 줄 믿는다.

Ⅴ. 우울증에 대하여

1. 우울증의 어원

우울증은 그 어원에서부터 짓누르다(to press down)는 의미가 있다. 그래서 '우울하다'는 동사는 '정신을 꺾어 내리기', '기를 죽이기', '낙담시켜 슬프게 만들기', '가치를 낮추기', '활동을 저하시키기', '더욱 저급한 위치로 밀어 넣는다' 등의 의미가 있다.[133)]

2. 우울증의 감정

우울이란 슬프고 실망된 기분, '유쾌하지 않은 감정, 피곤함, 무력감, 흥미와 의욕의 상실, 정신 및 신체활동력의 감퇴, 자책감, 허무감, 흥미와 의욕의 상실, 자포자기' 등이 포함되며 심지어 '피해망상, 비관적 망상, 그리고 자살기도' 까지를 포함 한다. 위에서 언급한 우울의 감정은 누구나 경험하는 것들이다. 우울증에 대한 진단은 다양하고 복잡한 정서들의 관련으로 인해 전문적으로 그리고 명쾌하게 진단내리기가 쉽지 않다.

3. 우울증의 진단 근거

일반적으로 특정한 정신장애를 진단할 때 진단근거로 사용하는 '정신장애의 진단 및 통계편람' 제4판(DSM-Ⅳ: Diagnostic and Manua of Mental Disorders, 4th ed.)에 의한다. 본 논문에서도 '정신장애의 진단 및 통계편람' 제4판을 인용하여 일반적인 우울증 진단 기준으로 삼는다.

4. 우울증의 원인

우울증은 보통 4가지 원인으로 찾아볼 수 있다고 했다. 심리적 원인, 사회적 원인, 생물학적 원인, 신체적 원인이 그것이다. 그러나 [질병백과사전]에서는 그 증상 중 심리적, 사회학적 원인이 우리나라 국민들에게 가장 많이 찾아오며 대개 개인과 가정에서 이런 현상을 찾을 수 있다. 그런 전제하에서 다음 우울증에 대한 세밀한 근거들을 찾아 생각해 보면 좋을 듯 하다.

〈Table-11〉 질병백과사전-우울증의 원인과 증상

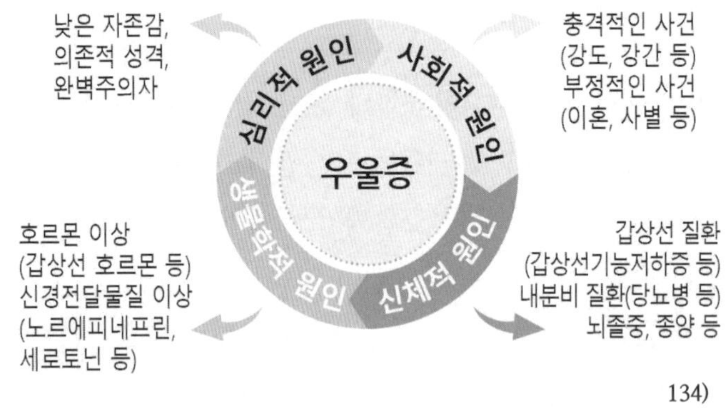

134)

5. 우울증의 종류

A. 우울증의 형태

A.1. 우울증은 여러 가지 형태로 나타나는데, 우울증의 큰 범주 안에 1)주요우울증(심한 증상)/ 2)기분부전증(만성 우울증)/ 3)조울증 등 형태가 있다.

A.2 주요 우울증에 정신병적 증상이 동반되는 경우, 수면 과다, 과식 등, 비전형적 증상이 나타나는(우세) 경우, 멜랑콜릭한 양상이 두드러지는 경우, 만성화된 경우 등 다양하다.

B. 주요우울증(심한 우울증)135)

B.1 대표적 주요우울증(심한 우울증) 증상이 2주 이상 하루 종일 계속되는 우울증으로 가정, 학업, 직장생활에 큰 지장을 초래한다.

B.2 주요우울증은 치료받지 않으면 일시적으로 회복되는 경우도 있지만 재발을 반복한다. 재발 반복하면서 점차 기능을 상실하게 된다.

C. 주요우울증의 유형

C.1 멜랑콜리아형: 즐거움의 상실이 뚜렷하며 새벽에 일찍 깨고, 식욕저하, 체중감소, 불안 등 심하다 사소한 일에 심한 죄책감 느낀다.

C.2 비전형 양상: 일반적 우울증과 달리 많이 자고 많이 먹는 경우, 주변 상황에 따라 일시적으로 기분이 좋아지고, 다른 사람의 비판 혹은 거부에 매우 민감함/ 몸이 무겁고(납처럼) 움직이기 어렵다.

D. 기분부전증(만성 우울증)

D.1 주요우울증 보다 증상이 심하지 않지만 2년 이상 우울증이 오래 계속되면 기분부전증이라 한다.

D.2 기분부전증은 경우에 따라 인생 대부분 우울증상으로 살아가기도 한다. 한번 이 증상을 겪으면 쉽사리 완쾌되지 않는다.

D.3 기분부전증 환자는 언제인지 확실치 않지만, 어릴 때 혹 청소년기부터 내내 우울해 했다.

E. 양극성장애(조울증)

E.1 양극성장애(조울증)는 기분이 들뜨고 활동이 많아지고 자신감에 가득 차 있는 조증 상태와 기분이 가라앉고 자신감이 없어지는 우울증 상태가 반복적으로 나타나는 질환이다.

E.2 처음 발병시, 우울증이 시작되면 주요우울증과 분별이 어렵다.

E.3 조율증은 다른 우울증보다 강한 유전적 영향으로 부모가 양극성장애를 가진 경우, 자녀에게도 비슷한 우울증이 발생하게 된다.

6. 외면적으로 우울증 분별이 어려운 경우

A. 청소년 우울증[136]

A.1 청소년의 경우 사춘기를 겪으면서 매사에 부정적이거나 반항적으로 가족과 잦은 마찰을 빚게 된다.

A.2 심한 경우 가출, 알코올 및 약물 남용과 비행을 일삼는다. 요즘 사회적으로 청소년으로 인한 사건, 사고가 빈번하게 발생하는 이유가 바로 우울증관 밀접한 연관성을 갖고 있다.

A.3 학업에 대한 집중 곤란과 흥미 상실로 성적이 떨어지며 심한 경우 학업 포기, 등교를 거부한다.

A.4 청소년기에 우울증이 증가하면 전반적인 사회생활 장해가 초래되고, 사회 기본적 분위기에서 도피적이고 반항적 정서로 변한다.

B. 노인 우울증

B.1 노인은 우울증으로 신체적 고통을 호소하며, 식욕이 떨어지고 체중이 감소하고 기력이 떨어져 폐렴 등의 증상이 동반될 수 있다.

B.2 병원과 약국을 다니며 각종 약물과 건강보조식품을 복용한다.

B.3 우울증이 있는 경우에 슬프고 우울하다고 표현하는 경우가 적고 기운이 없고 의욕이 없다고 말하는 경우가 많다.

B.4 집중력, 기억력이 떨어져 치매에 걸린 것처럼 보일 수 있다.

C. 알콜 중독 및 약물 남용에 동반된 우울증

C.1 우울증으로 인한 우울, 불안, 불면증 등의 증상으로 인해 알콜을 남용하여 알콜 중독자가 된다.

C.2 알콜(술)을 마시는 것은 일시적으로 우울한 기분도 호전되고, 불안도 줄어들고, 잠도 잘 이룬다고 착각한다. 알콜(술)이 깨면 증상이 더 심해져 계속해서 술을 마시고 나중 견딜 수 없는 지경에 빠진다.

C.3 이런 경우 술을 중단하면 우울증이 심해지고, 알콜의 금단 증상까지 나타나 자신의 의지력이나 주위 도움으로 술을 끊을 수 없다.

D. 여성에게 발생하는 우울증

D.1 산후우울증 및 산후정신증

1) 출산한 여성의 80%에서 우울한 기분을 느낀다.

2) 우울한 기분은 몇 시간에서 며칠까지 지속되며, 증상으로는 왠지 모르게 눈물이 나고, 안절부절 못하고, 건강에 대한 걱정이 지나치게 들며, 잠이 오지 않고, 집중력이 떨어지고, 두통으로 괴로워한다.

3) 출산 후 우울한 기분이 있다고 모두 다 산후우울증, 산후정신증으로 진행되지 않는다.[137)]

D.2 산후우울증의 발생 위험이 큰 경우

1) 이전 출산에서 산후우울증을 경험한 경우
2) 임신 시에 우울증이 있었던 경우
3) 주요우울증이나 양극성장애를 경험한 적이 있었던 경우
4) 심한 스트레스가 있는 경우
5) 아이 양육에 스트레스가 있는 경우
6) 원하지 않은 임신인 경우

E. 갱년기 우울증

E.1 폐경을 전후한 10년 사이에 발생하는 우울증을 말한다.

E.2 별 이유 없이 얼굴이 벌겋게 달아오르는 증상이 생긴다.

E.3 괜히 불안, 짜증을 내며, 남편과 자녀에게 작은 일에 화 낸다.

E.4 밤에는 잠을 잘 못이루고 심장이 두근거리며 온몸에서 식은땀이 난다. 건망증이 심하고 치매가 아닌지 걱정하는 경우도 있다.

F. 생리 전 증후군

F.1 매달 주기적으로 생리를 시작하기 일주일에서 열흘 전부터 정신증상과 신체증상이 나타나는 것을 생리전증후군이라 한다.

F.2 정신증상에는 우울감, 피로감, 짜증, 불안이 있으며, 신체증상에는 복부팽만, 식욕변화, 변비, 설사, 부종, 유방통증 등이 있다.

F.3 증상은 생리가 시작되면서 사라진다. 하지만 우울증, 신경과민, 충동성 및 공격성이 증가되고 주의 집중력이나 기억력, 인지력 장애에 시달리고, 심하게 생리 때 도벽이 생기는 사람도 있다.

G. 약물 오남용으로 인한 우울증

G.1 약물로 인해서 우울증이 발생하는 경우가 많다. 고혈압 약물, 심장질환 약물, 스테로이드, 항파킨슨 약물, 진통제와 소염제, 항생제, 항암제, 진정제, 다이어트 약 등 여러 가지 약물이 원인이 된다.

G.2 약물로 인해 모두 우울증이 생기는 것은 아니지만 일부에서는 심각한 우울증을 앓을 수도 있다.

H. 계절성 우울증

H.1 가을과 겨울에 증상이 악화되다가 봄과 여름이 되면 저절로 증상이 나아지는 겨울철 우울증이 가장 흔하다.

H.2 한편 여름에 우울하고 겨울에 호전되는 여름철 우울증도 있다.

H.3 겨울철 우울증의 경우 햇빛의 양과 일조시간의 부족이 원인이 되고, 여름철 우울증은 여름의 온도와 습도가 원인이 된다.

H.4 겨울철 우울증의 경우, 우울증 기간 동안 많이 먹고 단 음식과 당분을 찾는다. 신체적으로 축 쳐지는 느낌을 갖는다.

H.5 여름철 우울증의 경우는 식욕저하, 체중감소 등이 나타나는 경향과 여름철 우울증 환자들은 초조감을 느낀다.

제 11 장

성경적, 우울증 극복하는 법 -두번째

Biblical, Overcoming Depression-2

vi. 영적 침체(우울증)에서 속히 탈출함

1. 영적 침체 시(우울증) 나타나는 증상

영적 침체는 그리스도인 누구에게나 예외가 없다. 믿음이 두터운 사람이나 믿음이 약한 사람 모두 마찬가지이다. 마치 비오는 날에 걸어가다 비를 맞게 되어있는 것처럼 그렇다. 성경에서 영적으로 충만한 인물들도 믿음의 걸음에서 모두 영적 침체를 맞은 적이 있었다. 그런데 중요한 것은 거기서 실패하면 그의 인생사에 큰 오점과 함께 실패하거나, 거기서 빠져나와 성공하면 그의 인생사에서 간증을 남기고 성공사례를 보여주었다. 그렇다면, 우리에게 영적 침체기를 맞게 되면 어떠한 증상이 있게 될까?

2. 깊은 수렁에 빠져드는 엘리야

그전엔 갈멜산에서 바알 선지자 450명, 아세라 선지자 400명을 불러 모아 제단의 제물을 태우고 통쾌한 승리를 거둔다(왕상18:19) 영적 대결에서 거짓 선지자 850명을 처단한다. 그후 기도하여 3년 6개월 동안 가뭄이 들었던 이스라엘 땅에 비가 내렸다(약5:17) 그런 후에 엘리야는 영적으로 깊은 수렁에 빠져들게 된다.

A. 탈진하는 엘리야(왕상19:3)

A.1 탈진의 원인

이세벨이 엘리야에게 "내일 이맘때까지 내가 너를 반드시 죽일 것이다!"라고 했다. 탈진한 엘리야는 이세벨이 자신에게 토하는 저주를 듣고 이스르엘에서 브엘세바까지 140km를 도망한다.

A.2 탈진과 함께 찾아온 지독한 공포

엘리야는 탈진 후 겪는 나약함과 함께 치를 떠는 공포로 인하여 최대로 멀리 도망한 것이다. 이것은 이미 하나님의 사역자의 존재를 스스로 벗어나서 인간의 나약함의 한계(限界)를 벗어나고 있음을 보여주고 있다. 당연히 인간인 엘리야가 겪을 수 있는 모습이다.

B. 자포자기하는 엘리야

B.1 과연 엘리야는 기적을 베풀던 사람인가?

가능한 멀리 도피한 멜리야는 한 로뎀나무 아래 앉았다. 거기서 하나님 앞에 죽기를 청했다. 이전까지 갈멜산에서 거짓 선지자의 영적 승리를 하고, 3년 6개월의 가뭄을 해갈(解渴)하여 폐허가 같은 이스라엘에 비가 쏟아지게 기적을 베풀던 선지자였다.

B.2 기적의 사람도 낙심하고 포기할 수 있다.

엘리야는 승리하고 성공하는 모습과는 전혀 반대의 모습이었다. 야고보 사도는 엘리야는 보통 사람과 성정이 같다고 했다(약5:17). 당연히 우리 같은 보통 사람이기에 지칠 수 있고, 어려운 상황 속에서 낙심할 수밖에 없는 존재라는 사실이다. 그러나 이전의 그는 하나님의 기적과 불, 바람을 일으켰던 선지자 직을 수행했던 존재였음을 기억한다.

C. 도피하는 엘리야

C.1 문제에 매몰되지 않아야 함

어려운 문제를 직면했을 때 이전처럼 하나님께 기도하고 인도함을 받아야 하는데 주어진 문제를 회피한 엘리야처럼, 도망가서 사는 사람은 불안할 수밖에 없다. 사람이 불안하거나 초조하면 술을 마시는데 그 이유 중 하나도 현실을 회피하고 망각하기 위해서이다. 현재의 상태에서 도망치고 회피하고 싶은 생각이 든다면 영적인 침체에 빠졌다고 생각하면 된다.

C.2 도피의 과정에서 엘리야

1) 인간의 상식으로 볼 때, 하늘의 불을 끌어내 강한 불을 토하게 했던 사람이 바닥까지 추락하여 나약해 질대로 나약해 졌다.

2) 죽음을 불사하고 대결에 임하여 승리하는 모습과는 달리 그 현장을 도피하여 하나님께 죽여달라고 까지한다.

3) 마치 자연을 마음먹은 대로 움직이듯, 가뭄을 예언하면 3년 반 동안이나 비가 오지 않았고, 비를 예언하면 3년 반 동안 장대비가 쏟아져 가뭄이 해갈되곤 했다.

4) 광야 한가운데 생존하며 버티던 로뎀나무 아래에서 탈진하여 피곤에 찌들어서 해결방법까지 찾지 못해 우울증으로 시달리다 그 상태에서 잠을 잤다.

D. 열등의식에 사로잡힌 엘리야

D.1 그전에는 북 이스라엘 왕국 7대 아합왕과 왕후 이세벨(음녀라 칭함)에 대한 권력, 물질, 군사, 조직 등을 비교하지 않고 그들을 패배시켰다. 그러나 이세벨이 엘리야에게 "내일까지 죽일 것이다!"라는 말에 충격을 받고 겁에 질려 현실을 도피하여 영적 침체에 빠지고 열등의식에 사로 잡혀있게 되었다.

D.2 은혜가 충만하면 창조 의식에 사로잡혀서 하나님의 사명을 붙들고 열정적으로 살아간다.

D.3 열등의식에 사로잡히면 남들과 비교하면서 아무것도 할 수 없게 된다.

3. 엘리야의 영적 침체를 경계함

A. 허탈감이 영적 침체를 불러오는가?

그리스도인에게 허탈감이 찾아오면 영적으로 어둠의 세력에 짓눌려 그 세력의 지배 가운데 놓이게 된다. 자기중심적으로 움직이고 교만하고 강퍅하며 하나님 중심이 아닌 세상 중심적인 삶을 추구한다. 영적 일을 추구하지 않고 헛된 세상적인 것을 추구하게 된다. 허탈감으로 사로잡힌 마음은 어두워서 기쁨이 없고 헛된 쾌락을 추구하게 된다. 우리는 참된 그리스도인으로서 영적 침체를 경계해야 한다.

B. 영적 가치들을 실추시키는가?

말씀을 들어도 감동받지 못하며 그 말씀이 감동할 마음의 공간이 닫

혀서 평안하지 못하고 근심과 걱정거리로 가득 채운다. 이것은 영적 가치를 실추시키고 하나님을 향한 간절함도 소멸시킨 결과를 말한다. 하나님과의 교제는 진실함이 아닌, 허탄한 것으로 가득 채운다. 영적인 것을 추구하려고 해도 영적인 것에 무관심하고 영적으로 기쁨을 느끼지 못해 무감각해지면서 인간의 조건을 하나님 조건보다 더 우월하게 여긴다. 이런 증상이 영적 침체의 뚜렷한 원인이라고 말할 수 있다. 영적 침체는 결국 그리스도인을 비참하고 무가치하게 만든다. 우리는 이 원인을 간파하고 주의해야 한다.

C. 그리스도인은 절대 혼자가 아니다

C.1 엘리야 자신만 혼자라는 착각

"엘리야가 백성에게 이르되 여호와의 선지자는 [나만 홀로 남았으나] 바알의 선지자는 사백오십 명이로다(왕상18:22).

"…이스라엘 자손이 주의 언약을 버리고 주의 제단을 헐며 칼로 주의 선지자들을 죽였음이오며 오직 [나만 남았거늘] 그들이 내 생명을 찾아 빼앗으려 하나이다"(왕상19:10).

D. 엘리야의 착각으로 하나님의 온전함 드러냄

D.1 바알의 선지자 450명에 비하면 엘리야는 자신 혼자라는 착각을 하고 있다.

D.2 이스라엘 자손이 주의 선지자를 죽일 때, 엘리야는 자신 혼자 남았다고 한다.

D.3 엘리야는 이전까지 갈멜산의 850:1의 승리, 3년 반의 이스라엘 지경의 가뭄을 극복하고 비를 내린 하나님의 기적을 대행했다. 이런 착각은 하나님의 온전하심을 드러내는 기회를 보여준다.

3. 굳건한 약속으로 기다리시는 하나님

엘리야는 항상 혼자였었다. 그는 언제나 혼자였다고 생각하는 그 순간에도 여호와 하나님께서는 그와 동행해 주시고 하나님의 특별한 기적을 베풀어 엘리야 그를 통해 기적을 나타내 보이셨다. 스스로 고독이라는 사슬에 매이면서도 하나님의 동행을 망각하는 엘리야였다. 이쯤 되면 하나님께서는 그를 징계하거나 혼쭐을 낼만 하지만 방관하시듯 계심으로 그가 올바른 깨달음으로 돌아오길 바라셨다. 이러한 하나님의 굳건한 약속이 있는 한 우리 그리스도인은 버림받지 않는 하나님의 백성이다.

A. 그리스도인의 동행을 의식함

> "보라 너희가 다 각각 제 곳으로 흩어지고 나를 혼자 둘 때가 오나니 벌써 왔도다 그러나 내가 혼자 있는 것이 아니라 아버지께서 나와 함께 계시느니라"(요16:32).

B. 휴식과 일을 적당하게 분배함

B.1 휴식이 절대 필요한 존재

갈멜산에서의 전투로 육신이 지칠 때로 지쳐있었기에 육신의 피로가 영적 침체에 쉽게 빠지도록 돕는 역할을 했다. 믿음의 능력이 약화된 상태에서 신앙적인 시도가 없었기에 엘리야는 깊은 영적인 침체의 나락에 빠지게 되었다. 엘리야와 같은 나의 모습에서 무엇이 결여되었는가?

1) 하나님과 깊은 교제(communication)를 찾아볼 수 없다.
2) 하나님 말씀에 흥미를 갖지 않으며 중요 가치를 못 느낀다.
3) 하나님의 의, 섭리, 그리고 경륜 등을 깨닫거나 따르지 않는다.

B.2 안식제도를 제정하신 주님의 뜻

안식일, 안식년이 있는 것은 창조적 사역을 위해서는 쉬어야 할 것을 말한다. '쉬는 것도 하나님의 일'(Rest is also God's work)이기 때문이다.

> 수고하고 무거운 짐 진 자들아 다 내게로 오라 내가 너희를 쉬게 하리라 나는 마음이 온유하고 겸손하니 나의 멍에를 메고 내게 배우라 그리하면 너희 마음이 쉼을 얻으리니 이는 내 멍에는 쉽고 내 짐은 가벼움이라 하시니라(마11:28-30).

예수 그리스도께서도 우리를 쉬게 해주시겠다는 약속의 말씀이다. 지금 그리스도인이 처한 삶의 지경에서 이 말씀은 얼마나 절실한 위로와 권면의 말씀이 되는가? 내게 주어진 일이 힘들고 어려운가? 자꾸만 짜증나고 고달프다면 뭔가 잘못된 것이다. 우리는 진정한 쉼과 안식을 주시는 예수 그리스도께로 가서 쉬어야 한다. 우리가 원하지 않지만 자신에게 머물고 있는 부정적인 정서는 타인이 풀어 줄 수 없다. 염려, 질병, 수고, 근심 그리고 걱정 등에서 피할 수 없어서 우리 주님 위로의 말씀은 새삼 은혜가 되므로, 거기에 기대어 부정적인 감정들을 해결해야 한다.

E. 예수 그리스도가 주는 평안(The Peace That The Christ Gives)

E.1 진정한 평안-난리 속에 잠이 듬

진정한 평안은 무엇일까? 요즘 우리가 불확실한 이 시대를 살면서 반복해서 물어야 할 질문이다. **이런** 평안을 말하고 싶다. 바다의 거대하고 힘찬 파도가 바위에 부딪치고 있었다. 번개가 번쩍거리고 천둥이 노호(怒號)하고 있었으며, 바람이 세차게 불었지만, 조그마한 새는 바위틈에 있는 보금자리에서 머리를 날개 밑에 파묻고 평화롭게 잠들어 있었다. 폭풍우 속에서도 잠들 수 있는 것이 참 평화다.

E.2 또 다른 평안-폭포 안쪽에서 둥지 틈

또 다른 평안을 말하자면, 매우 힘차고 요란한 물줄기를 내뿜는 폭포가 있었다. 사방은 폭포 소리의 굉음과 함께 전장 터를 방불하게 했지만, 갸날픈 새는 그 폭포 안에서 고요하고 안락한 보금자리의 둥지를 틀고 안정스런 쉼을 누리고 있었다. 폭포가 내리치는 안쪽에서 안정을 찾는 것이 진정한 평안이다.

E.3 유일한 소망-곤혹스런 세상사에서 본향으로…

우리는 보잘 것 없는 새, 가련한 새와 다를 바 없다. 그러나 곤혹과 혼란의 세상사에서 평화롭고 안전히 쉴수 있는 것은 다만, 우리가 '그리스도 안'에 있기 때문이다. 시커먼 구름이 빽빽하고 세찬 물결이 노호하며 야단을 떨지만, 우리들의 심령은 평안함과 넉넉함으로 가득차 있다. 그 비결은 무엇일까?

그것은 오직 그리스도의 '십자가 능력' 때문이다(Only because of Christ's "Cross Power"). 그리스도의 십자가는 새의 날개와 같으며, 항해하는 배에 돛대와 같아서 나의 본향(本鄕)으로 능히 인도해 줄 수 있는 유일한 소망이다.

3. 사랑의 터치-하나님의 어루만짐의 회복

성경에서 하나님의 어루만짐을 받았던 인물로 다윗을 간과할 수 없다, 그가 고백한 시편 23편의 말씀은 후대 사람들에게 두고두고 없어서는 안 될 위대한 말씀으로 우리에게 다가 온다.

A. 다윗에게 하나님의 어루만짐

A.1 **'주는 나의 목자!'**(The Lord is My Shepherd!)

"주님은 나의 목자시니, 내게 부족함 없어라/나를 푸른 풀밭에 누이시며 쉴 만한 물 가로 인도하신다/나에게 다시 새 힘을 주시고, 당신의 이름을 위하여 바른 길로 나를 인도하신다"(시 23:1-3, 새번역).

A.2 사랑의 터치를 받을만한 고백-4단계

이 시는 지상의 인간 언어로 쓰여진 글 중에 가장 아름다운 [시]이며, 심연(深淵)에서 울려 나오는 [고백]임에는 틀림이 없다. 또 가장 많은 사람에게 애송(愛誦)되는 시(詩)이기도 하다. 그뿐 아니라, 그리스도인들을 넘어서 일반인에까지 광범위한 사랑을 받는 시이다. 맞는 말이다. 지금, 당시 다윗의 생존하려고 몸부림 치는 현장은 무려 2700여년 전으로 소급해 가야 한다. 그때의 다윗이 급박한 형편에서 읍조렸던 고백의 시 앞에 겸손해지는 것은 당연하다고 하겠다.

1) **왜일까?**-우울감에 휩싸인 정황에서도 …

다윗은 그의 정적(政敵), 사울 왕에게 쫓기고 압박을 받아 탈진과 우울감에 휩싸여 있었다. 그 정황에서도 무모(無謀)하리만치 승리를 내다보며 확신하면서 기쁨이 넘쳐나고 있었다. 거기에 그치지 않고 순간적으로 감사가 절절히 묻어나 평화를 선사하는 깊은 의미가 숨어있지 않은가? 다윗은 우울감이 꽉막힌 상황을 제공하지만 승리의 확신에 꽉 차 있다.

2) **그뿐인가?**-우울증이 제공하는 괴로움을 극복하며 …

다윗의 심적인 고통은 보통 사람의 신음으로 들어야 한다. '내 영혼을 소생(甦生)시키시고'(시23:3)는 거의 죽어가다가 다시 살아남의 회생(回生)에 대한 진한 고백이 함축되어 있다. 그는 회생하기까지 참담함과 아픔을 주는 우울증이 제공하는 괴로움을 극복해 가면서 '주 여호와의 이름만을 위하는'(Only for the name of the Lord Jehovah), 다윗의 충정이 뚜렷하게 어필되고 있다. 그 상황에 반해, 다윗은 인간 삶의 장엄하고도 풍요로움에 대한 묘사, 신적(神的)이면서도 경건한 신비로움이 절묘하게 조화되는 노래이기에 더욱 그렇다.

3) **다윗은 읊조린다**-비대면에서 대면하며 …

처절한 두려움과 배신, 절대절명(絶待絶命)의 위기 중에라도, 완전히 낙담만 하면서 한치의 틈새도 허락되지 않는 생(生)의 순간에서, 오직 하나님 그분만 신뢰함으로 궁극적인 승리를 쟁취한 인생 성공담을 오늘 이 한편의 말씀으로 선물하고 있는 다윗을 '비대면 형태에서 대면하고'(Face to face in a non-face to face form) 있다. 과연, "주는 나의 목자이시니"(The Lord is My Shepherd!). 이 한마디가 다윗의 생생한 삶의 체험적 고백서이자, 피보다 진한 기록으로 지금 우리에게 다가오고 있다.

4) 당신도 다윗처럼-하나님의 '어루만짐'의 은혜 …

생(生)의 한 복판에서 말씀하시고 그와 동행하셨던 주님을 만나면 하나님의 어루만짐의 은혜와 축복을 맛보게 될 것이 뻔하다. "그가 나를 푸른 풀밭에 누이시며 쉴 만한 물가로 인도하시는도다"(시23:2). 이제 하나님의 백성된 존재로서 새로운 인생을 설계하며 성공적으로 생의 여정(旅程)을 결론 짓고 싶지 않은가?를 묻고 싶다.

B. 엘리야에게 하나님의 어루만짐

이와 함께 엘리야 선자자도 다윗 같은 라인에 세워 그에게 보냈던 하나님의 어루만짐의 은혜의 의미를 깊이 묵상할 수 있다. 하나님이 엘리야에게 여호와 사자를 보내 그의 사랑의 터치(God's loving touch)를 해 주셨는데 그에 대한 헤아림으로 살피면 다음과 같다.

B.1 사랑의 터치

1) 하나님의 근원적 사랑

어루만져 주셨다(5,6)-여호와 사자가 그를 어루만지심

2) 하나님의 근원적 보호

일으켜 먹이셨다-머리맡에 군운 떡, 한병 물

3) 하나님의 근원적 공급

육체의 휴식을 주셨다-엘리야를 푹 재우심

‘어루만짐’(loving touch)은 נגע(나가)라는 히브리어로, ‘함께 눕다’, ‘접하다’라는 뜻이 있다.[138] 하나님 어루만지심 ‘나가’는 상황을 변하게 하며 새 힘을 주는 능력으로 작용한다. 어루만지심의 대상은 하나님께 속한 하나님의 친 백성임을 증거한다. 즉 어루만짐은 사랑을 확인하고 그분의 보호, 그분의 공급(먹이심)을 경험해야 한다. 엘리야를 사랑하신 것처럼, 우리를 끝까지 하나님의 백성으로 인정하고 사랑하신다.

> “여인이 어찌 그 젖 먹는 자식을 잊겠으며 자기 태에서 난 아들을 긍휼히 여기지 않겠느냐 그들은 혹시 잊을지라도 나는 너를 잊지 아니할 것이라”(사49:15).

C. 우리를 있는 그대로 안아주시는 하나님

하나님의 공급하심의 그 힘을 받고 사십 주(週) 사십 야(夜)를 달려 하나님이 계신 산 호렙(율법 선포한 산, 시내 산의 다른 이름, 모세엑 사명을 준 산)으로 갔다. 브엘세바에서 호렙산까지 350km이며, 보통 사람의 걸음걸이로 꼬박 40일 동안 갈 수 있다. 당시 엘리야는 탈진과 우울증으로 맥 빠져 걸을 수 없지만 그 분이 안아주셔서 거기로 갈 수 있었다.

D. 필요를 채우시는 하나님(6)

인간은 아무리 상처를 받아 쓴뿌리로 인하여 고통과 괴로움에 처해 맥을 못추는 지경에 이르러 망신창이가 되는 경우가 다반사(多反射)이다. 그와 반대로 하나님은 한 번도 엘리야를 외면하거나 방치하신 적이 없으셨다.[139] 심지어 그를 굶기신 적이 없었다. 비참한 상황에서 허우적 거려도 그 현장에 친히 찾아오셔서 어루만져주시고 빵과 생수까지 공급해주셨다. 하나님은 우리에게 필요한 것을 미리 아시고 그 필요를 날날이 채워주시기를 원하시는 분이시다.

E. 엘리야가 하나님을 깊이 만났던 루트를 생각함

E.1 갈멜산에서 ··· 이스르엘로/
E.2 이스르엘에서 ··· 브엘세바로/
E.3 브엘세바에서··· 호렙산으로/

인도받아 하나님을 깊이 만났듯 우리도 하나님을 깊이 만나도록 온갖 코스를 극복해야 한다. 인간의 한계까지 탈진했던 엘리야가 본능적으로 40주야를 걸어간 그 모습은, 하나님을 찾아간 그 상태는 위대한 기적을 대했던 엘리야가 아니라 최저 수준의 인간 모습이었음을 볼 수 있다. 우리는 이런 엘리야를 기억하여 치유에 임해야 겠다.

vii. 우울증 그리스도인을 살핌

1. 우울증 환자는 46배 많이 자살함

A. 한국, 하루 평균 자살 사망자 37.8명

A.1 "OECD 자살률 1위의 오명 벗겠다!"
대한민국 문재인 정부는 2018년 1월 자살·교통사고·산재로 인한 사망자를 줄이는 '국민생명 지키기 3대 프로젝트'를 발표하면서 "2022년까지 자살률을 17명으로 낮추어 연간 자살자 수를 1만 명 이내로 감축하겠다"고 했다. 경제협력개발기구(OECD) 자살률 1위 오명을 벗겠다는 취지였다. 하지만 자살률이 2년 연속 상승한 것으로 나타났다.

대한민국 통계청의 2019년 사망원인 통계에 따르면, 2019년 자살률은 26.6명으로 2018년(26.6명)보다 높아졌다. 2017년(24.3명) 이후로 2년 연속으로 자살률이 높아졌다. 2013년(28.5명) 이후 4년 연속으로 낮아지던 자살률이 다시 높아졌다. 자살 사망자 수도 2017년 1만2463명에서 2018년 1만3670명으로 늘었고, 지난해에는 1만3799명으로 더 늘었다. 1일 평균 자살 사망자 수는 37.8명이었다.[140)]

A.2 자살한 사람의 70%는 우울증을 가지고 있음

이중에 자살한 사람의 70%는 우울증 가지고 있었으며, 우울증 환자는 정상인 보다 46배 많이 자살하는 것으로 보고하고 있다. 언론은 자살의 배경으로 우울증이라는 것을 밝히고 있음에도 불구하고 그 대안에 대해서는 구체적으로 다루지 못하고 있다.

B. 우울증으로 인한 부작용

이 밖에 우울증으로 인한 부작용이 많다. 의욕이나 활력의 감소로 인하여 일상생활 및 대인관계에 소홀히 하기 쉽다. 병적인 상태가 된다면 일상적 업무마저 포기하고 사회적 부적응 상태까지 초래할 수 있다. 자기 자신뿐만 아니라 가족이나 지인들까지 정신적으로 부정적인 영향을 받게 된다고 하는 사실이다.

C. 한 사람의 자살로 영향을 받는 주변인 20여명

세계보건기구(WHO)는 한 사람의 자살로 인하여 정신적으로 부정적인 영향을 받게 되는 가족이나 주변인(지인)들이 5-19명이라고 언급했다. 매년 자살하는 사람으로 인하여 부정적인 영향을 받는 유가족이 약 14만 명으로 추정하고 있다.[141] 언급하였지만 우울증으로 인하여 자살은 기독교 신앙을 가진 기독교인들도 예외가 아니라는 점에서 현장 목회자와 목회상담자들은 그 해결 방안에 대해 철저하게 연구하고 준비해야 할 것이다.[142]
더욱 심각한 것은 유명 연예인이나 정치인, 사회 각계 지도자가 자살할 경우엔 주변인 약 100-200명 정도가 자살에 대한 영향력에 감염되어 N번 자살자가 생겨난다. 이런 이유로 자살이 계속 증가한다.

ⅷ. 우울증 환자의 자살 충동 이유

1. 우울증 환자의 자살 충동

A. 뇌의 신경 네트워크 작동 문제
의학적 상식으로 봐도 우울증 환자의 자살 충동이 높다는 사실은 잘 알려져 있다. 뇌 과학에 따르면 뇌의 신경 네트워크가 제대로 작동하지 않기 때문이다. 뇌의 어느 부위에 문제가 생긴 것일까. 뇌 중간층 변연계와 맨 바깥층의 전두엽 사이 신경이 연결이 올바르게 되어 있지 않다는 것이다. 그리스도인이 영성(靈性)으로 주님과 연결이 원활하지 못함으로 하나님 백성의 의무와 책임을 다 못하게 된다는 말이다.

B. 단백질의 일종, BDNF를 늘리면 치료 가능함

마찬가지로 자살 충동 같은 것을 느끼는 우울증 환자들은 뇌 중간층 변연계와 맨 바깥층의 전두엽 사이 신경 연결이 올바르지 않다는 것이다. 둘 사이의 네트워크가 느슨한 탓에 충동이 관리되지 않아 자살 충동이 생긴다는 것이다. 이에 대한 실제 치료에 활용할 방안은 '뇌유래 신경영양인자(BDNF)' 물질 투여하는 것이다. BDNF는 단백질의 일종으로 뇌신경의 성장과 회복을 돕는 물질이다. 우울증 환자의 뇌 안에 BDNF는 그 양이 다른 사람보다 적다는 것이다.

C. 어린 시절 학대, 트라우마 우울증 경우 BDNF 적음

예를 들면, 어린 시절 학대를 받았거나 트라우마가 있는 우울증 환자일수록 BDNF가 적다는 것이다. 앞서 말한 끊어진 뇌신경을 이을 수는 없지만 이 BDNF를 늘리면 치료가 가능하다고 한다. 실제로 최근 미국에서 BDNF를 늘린 스프레이 형태의 약물이 개발되어서 환자들에게 투여하고 있지만 아직 한국은 진행형이라고 한다.143)

ix. 우울증과 관계된 편견 금지

1. 더이상 성숙하지 못하게 하는 증상-우울증과 질병

'믿음이 없기 때문에 우울증에 걸리는가? 믿음이 없기 때문에 자살을 시도하는가? '모든 정신병은 믿음이 없기 때문에 찾아오는가? "가계에 흐르는 저주를 끊지 않고는 자신들의 문제를 해결할 수 없는가?

영적인 것이므로 신앙적으로만 문제를 해결하고 다른 방법을 찾지 않아도 되는가? 등의 이슈가 우리가 깊이 연구해야 할 과제이다. 나아가서 우울증에 대한 매우 잘못된 생각과 편견에 치우친 견해를 정리해야 한다. 그렇지 않으면 우리 사회와 한국교회가 정신적으로나 영적으로 더 이상 성숙하지 않는다고 단언할 수 있다.

2. 믿음의 사람에게도 우울증 등이 찾아 옴

신실한 신앙인들이라도 또 성직자라도 암을 비롯한 육체적 질병이 찾아올 수 있다. 또 우울증이라는 정신적인 질병도 찾아 올 수 있다는 사실에 유의해야 한다. 우울증에 대한 우리들의 잘못된 인식을 바꿈으로 우울증에 고통당하는 사람들을 치료하고 돕게 된다는 것이다.

3. 미숙한 단계에서 성숙으로 나아가는 길을 막지 말 것

성경 속의 많은 위대한 인물들도 우울한 감정을 경험하였다. 욥, 모세, 엘리야, 예레미야, 바울, 심지어는 예수님까지도 우울의 감정을 경험하였다. 교회사적으로 큰 업적을 남긴 어기스틴, 마틴 루터, 그리고 칼빈, 로이드 존스, 찰스 스펄전 등도 우울증을 경험하였다. 더이상 편견된 생각으로 우울증이나 질병에 대한 결과를 정죄하거나 판단해서는 안 될 일이다.

우울증의 문제는 미숙한 단계에서 성숙한 단계로 나아가려는 길을 막아서는 일이다. 그렇다고 심리적인 스트레스를 받아 혼동과 갈등으로 나타나는 우울증을 대수롭지 않게 넘길 수는 없는 일이다. 좀더 심사숙고하며 이 문제를 사려 깊게 대하고 처리하면서 나가야 할 것이다.

x. 우울증에 대한 상담적 치유

1. 인간의 단점 중 심각한 분노를 치유하는 상담 치유

데이빗 씨맨즈는 "우울증은 응고된 분노이다"라고 말하면서 또 "당신이 지속적으로 심각한 우울증 증세를 보인다면 필경 당신은 생활 가운데 해결되지 않은 어떤 심각한 면이 발생하리라 본다."[144] 분노는 누구에게나 찾아올 수 있는 감정이라서 우울증을 중요한 감정이라고 생각하고 속히 제거하려고 하지 않으면 안 되는 속성이다.

"분노가 미련한 자를 죽이고 시기가 어리석은 자를 멸하느니라"(욥5:2).

욥의 친구 엘리바스가 분노하는 욥에게 충고하는 말씀이다. 욥은 고난 중 다소 불신앙적인 것처럼 보이긴 했어도 하나님을 원망하거나 매도한 적은 없다. 그러나 본절에서 욥이 고난이 견딜 수 없어 그에 대한 분노를 토하게 되자 엘리바스는 욥에게 네 자신이 어리석은 자로 자신을 스스로 죽이게 된다는 말이다, 분노가 이처럼 무섭다는 것이다. 인간에게 발생한 감정 중 매서운 특질(特質)이 분노라고 본다.

"주의 모든 분노를 거두시며 주의 진노를 돌이키셨나이다"(시85:3).

상담적인 치유의 입장에서 분노는 초기에 아예 그 싹을 자르려는 중대한 결심을 하도록 권면적 입장에서 시도해야 하겠다. 인간이 범죄한 것에 하나님께서 분노하시지만 범죄한 인간이 회개하며 주의 분노를 거두시라고 탄원하자, 그 분노를 거두셨던 자비로운 하나님의 인내를 닮아가도록 하며 상담 치유에 노력을 기울여야 할 것이다.

2. 용서를 그대로 받아들이도록 교훈하는 상담 치유

> "너희는 모든 악독과 노함과 분냄과 떠드는 것과 비방하는 것을 모든 악의와 함께 버리고 서로 친절하게 하며 불쌍히 여기며 서로 용서하기를 하나님이 그리스도 안에서 너희를 용서하심과 같이 하라"(엡4:31-32).

"용서는 잊어버리는 것이 아니다"고 말한다[145] 상처를 잊으려고 용서한다면, 대부분 용서하는데 실패한다. 하나님께서는 우리가 심각한 죄를 잊어버렸다고 하신다(히10:17). 그러나 그 죄는 잊지 않고 기억하면서 너그럽게 우리를 그 상태로 받으신다는 것이다. 그래야만 우리가 죄를 범할 때 기억하게 하시고, 성령님께서 우리를 옳은 길로 가도록 깨우친다는 사실이다.
그러므로 용서는 다른 사람의 실수와 허물을 그대로 받아들이도록 결심하게 한다. 상담 치유는 이 점에 초점을 맞추고 시도해야 한다. 용서는 모든 성도에게 있어서 마땅한 자세라고 교훈을 일러주어서 용서 못함에 얽매이지 않고 해방할 필요를 상담 치유로 깨우쳐 줘야 한다.

3. 상실감을 회복하시는 하나님을 가르치는 상담 치유

> "애통하는 자는 복이 있나니 그들이 위로를 받을 것임이요" (마5:4).

원래 위의 말씀에서 애통은 영적인 측면의 애통을 말하는 것으로 인간과 하나님 사이를 갈라놓는 불의(不義)에 대한 애통이며, 사람들이 자랑하던 바로 그 도덕성과 '자기 의'(self-righteousness)에 대한 애통이며, 하나님의 뜻을 찾고 끝내 발견하려는 애통이다. 예수 그리스도 당시 경건한 사람들은 이스라엘이 민족이 당하는 고난과 수치가 개인적인 죄와 민족적 공동의 죄 때문이라고 하여 수많은 눈물을 흘렸다.

오늘의 그리스도인은 이러한 죄책감 때문에 고통받는 것 보다는 자신이 고귀한 것들을 잃어버린 상태에서 고통(애통)에 빠지고 그것을 회복하려는 애절한 심령을 말하고 있다. 상담적 치유 상담은 바로 이러한 회복을 주려고 하는 사역으로서 피상담자나 그리스도인들이 겪고 있는 상실감을 하나님께서 간섭하시고 채워주신다는 교훈을 깨닫게 하여 온전한 하나님 백성으로 세워가야 한다.
우울증에 대한 상담적 치유는 그리스도인의 회복과 자유함과 교회 공동체의 확장을 통해 행복을 추구하는 사역으로 사용되어야 할 것이다.

〈Table-12〉 **10문장의 우울증 극복하기**

조이스 마이어

1. 우울증은 매우 실제적입니다. 우리를 고립되고 외롭고 희망이 없는 것처럼 느끼게 만들 수 있습니다. 주변의 모든 것이 끝장난 것처럼 말이죠. 사탄은 누군가의 영적 에너지와 자유를 빼앗기 위해 우울증을 사용합니다. 우리 마음을 어두움과 우울함으로 채우고 감정적으로 가라앉게 하려 합니다. 하나님은 우리를 우울함에서 자유를 누리도록 돕기 원하십니다. 우리 삶을 하나님의 기쁨과 소망, 그리고 선한 일을 기대하는 마음으로 채우고 싶어 합니다.

2. 우울증과 싸울 때 우리 감정에 대한 전쟁에서 승리하는 것이 중요합니다. 우리에게는 늘 감정이 존재할 것입니다. 그래도 우리는 감정과 결정이 일치하게 만들 수 있습니다. 우울증이 몰려올 때 포기하려는 마음이 들기 쉽습니다. 하지만 우울감에 어떻게 반응하느냐에 따라 모든 게 달라질 수 있습니다.

3. 베드로전서 2장 3절은 "모든 악을 즉각 거부하라!"고 말씀합니다. 우울감에 즉각 대응하는 게 매우 중요합니다. 오래 둘수록, 이것에 저항하기가 더 힘들어집니다. 실망감은 삶의 일부이므로 우리가 늘 부딪히는 문제입니다. 하지만 그냥 놔두면 실망감은 낙심을 낳고 낙심은 우울증을 낳게 됩니다.

4. 제가 수년간 말해온 내용입니다. 마귀가 하는 일에 넘어가지 않아야 합니다. 우리가 할 수 있는 일 중 중요한 한 가지는 악을 즉시 거부하는 것입니다. 우울증은 신체적이거나 화학적 불균형의 결과로 올 수 있으며, 저는 이러한 원인을 무시하기 싫습니다. 그러나, 다수의 사람에게 우울증은 영적인 문제입니다. 성경은 어떻게 싸울지에 대하여 훌륭한 지침을 주고 있습니다.

"주 안에서 항상 기뻐하라 내가 다시 말하노니 기뻐하라"(빌4:4).

5. 고통 가운데도 주님을 찬양하는 것은 우리가 할 수 있는 일 중 가장 멋집니다. 왜일까요? 우리가 하나님께 집중하고 하나님께서 하신 선하신 일 안에서 기뻐하기로 선택하면, 우리 문제보다 하나님을 더 크게 만드는 것입니다.

6. 저는 시편 16편 11절을 매우 좋아합니다. 이 구절은 이렇게 말합니다." "하나님의 임재 안에는 기쁨이 충만하며, 오른편에는 영원한 즐거움이 있습니다." 우리가 하나님께 예배드릴 때, 하나님의 임재를 우리 삶으로 초청합니다. 하나님은 낙심과 슬픔을 기쁨과 평화로 바꾸십니다. 우리에게 희망을 주시고 우리가 처한 상황에서 삶의 생기를 불어넣으십니다.

7. 마음 또한 우울증을 극복하는 주요한 요소입니다. 당신이 생각하는 내용이 당신 삶의 전 영역에 영향을 미칠 힘을 가지고 있다는 것을 아셨나요? 바로 이 때문에 하나님 말씀 안에 있는 약속으로 당신의 마음을 새롭게 하는 것이 중요하다고 말씀드리고 있습니다.

8. 하나님 말씀을 읽고 묵상하는 데 더 많은 시간을 들일수록, 이 말씀이 더욱더 당신 안으로 들어와서 내면(內面)을 변화시키기 시작합니다. 히브리서 4장 12절은 하나님 말씀이 "살아있고 활력이 있어"라고 말합니다. 하나님께서 그 말씀으로 당신이 자신을 바라보는 관점과 당신의 미래까지도 바꾸실 능력이 있습니다. 당신에 대하여 스스로 하나님의 말씀을 마음에 채우고 하나님의 약속을 자신의 것으로 선포하면, 거기에 소망이 생기고 믿음이 형성됩니다.

9. 우리는 모든 환경을 제어할 수는 없으며, 고통이나 실망으로부터 결코 완전히 자유로워질 수는 없을 것입니다. 그러나 오늘 일어나는 일이 내일을 망치게 놔둘 필요는 없습니다. 우리에게는 선택권이 있습니다. 실제로 우리는 **실망과 우울을 일으킨 상황들을 손에서 놓겠다는 결정을 함으로써,** 상황을 뒤집을 수 있고, 하나님이 우리의 미래를 위해 계획하신 선한 일을 향해 나아갈 수 있습니다.

10. 우울증이 당신의 삶을 지배해야 할 이유는 없습니다. 무슨 일을 겪고있든지 하나님께서는 늘 당신이 고통을 감내하고 무엇인가 대단한 것으로 바꾸도록 도우실 준비가 되어 있습니다.

*우울증 극복하기 | 기쁨으로의 초대+조이스 마이어/C채널방송 프로그램[146]

제 12 장

상처를 싸맴-첫번째

Wrap up Our Wounds-1

i. 죄로 손상된 성품(성격)을 치유하는 사역

1. 상처와 반응은 서로 다른 문제이다147)

A. 과거의 사건으로 크게 상처 입음

한 개인이 상대편 개인에게 상처를 입히는 것을 학대라고 이해하면서, 학대의 개념을 살펴본다. 신체적 학대(Physical abuse)는 폭력이나 육체적인 해를 가하는 것, 육체적인 강압행위, 성적인 괴롭힘 등을 말한다. 심리적 학대(Psychological abuse)는 정신적인 고통, 공포 또는 불안을 조성하는 위협, 폭언 모욕을 불러일으켜 심리적으로 패닉상태(Panic situation)를 가져다 준다. 한편 경제적 착취(Economic exploit)는 힘없는 상대 재산이나 돈을 불법으로 갈취하거나 또는 횡령하는 것을 말하고 있다.

A.1 육체적 학대

학대를 3가지로 구분해 보면 다음과 같은데, 그것은 육체적 학대(physical abuse), 감정적 학대(emotional abuse), 그리고 성적 학대(sexual abuse)이다. 신체적 폭력은 곧 육체적 학대의 모양을 말한다. 원하지 않는 신체적인 접촉 두려움과 육체적 상해의 원인이 되는 행동 자유를 억압하는 행위 등을 포함한다. 지금 우리 주변에서 발생하는 학대의 예로서, 처음에는 물건 던지기, 밀치거나 몸을 잡아 흔들기, 뺨 때리기 등 경미한 폭력으로 시작한다. 하지만, 시간이 흐를수록 발로 차고, 주먹으로 한두대 때리다가 물건으로 구타하고, 닥치는 대로 구타하고, 목조르고, 담뱃불로 지지고, 가스통 열어 놓고 위협하고, 칼 같은 위험한 연장을 이용하여 위협하거나 상해를 입히는 등 심각한 폭력이 학대로 발생한다.

A.2 감정적 학대

첫째, 은밀하게 지속적, 교묘하게 행해짐

감정적 학대는 한 사람이 의식적, 무의식적으로 다른 사람의 의지나 욕구, 욕망, 통찰력을 파괴하고자 지속적으로 시도하는 것이며, 육체적 학대와 다르다. 육체적 학대와 감정적 학대는 모두 공격성과 억눌린 분노의 전형을 완벽하게 보여준다. 하지만, 그것들이 구현하는 기본 원리는 다르다. 감정적 학대는 아무도 모르게 교묘하고 지속적으로 행해진다. 육체적 학대와 동일하면서 유해(有害)하다. 어떤 경우 그것보다 더 큰 해를 끼친다.[148]

둘째, 학대 당하는 당사자도 모름

감정적 학대의 가장 큰 특징은 학대를 당하는 사람도 모르게 행해진다는 점이다. 그것은 힘, 지배, 통제와 관련되어 있으며 학대를 당하는 당사자가 더욱 식별하기 어렵다는 것이다. 더욱 감정적인 학대는 시간이 흐르면서 정상적인 사람을 학대를 당하는 상황 속에서 자신을 세뇌(洗腦)시키고 조장(助長)하는 사람으로 만들어놓는다. 그 학대가 어느 정도 진행되어서야 그 상태를 깨닫게 된다.

셋째, 공공연함과 은밀함

마티 T. 로링(Marti Tamm Loring)에 따르면 "심리적 학대에는 두 종류가 있는데, 하나는 공공연한 학대고 다른 하나는 은밀한 학대를 말한다. 공공연한 학대는 공개적으로 모욕하면서 체면을 깎아내리는 방식으로 진행되고(예컨대 말로 비하하기, 지속적인 비판), 은밀한 학대는 더 미묘하게 겉으로 드러내지 않으면서도 똑같이 파괴적으로 행해진다"149)

넷째, 지속적 패턴으로 발생

심리적(감정적) 학대를 자행할 때는 조롱, 비난, 비판, 협박, 수치심 유발, 정서적 욕구 묵살과 같은 전술을 바탕으로 상대의 자아감을 손상시키는 말과 행동을 일삼는다. 이것은 육체적 학대에 비해 알아차리기가 그리 쉽지 않으며, 골절(骨折)이나 흉터, 상처, 멍과 같은 외상(外傷)을 남기지 않기 때문이다. 보통 육체적 학대는 주기적으로 혹은 간헐적으로 일어나는 반면, 감정적 학대는 예측할 수 있는 지속적인 패턴에 따라 일어난다.150)

A.3 성적(性的)인 학대를 두 주제로 들춰 본다.

첫째, 성적 접촉 행위

성적 학대는 상대방을 배려하지 않는 일방적인 성적인 접촉을 하는 행위로서 상대에게 강제적으로 성적인 행동에 응하도록 하는 성적 폭력을 말한다. 더욱 심각한 성적 폭력은 나체 상태에서 신체적 폭력을 가하고 폭력을 가한 후에 강제적으로 성관계를 요구한다.

둘째, 성적 충족 목적

성적 학대는 성적 충족을 목적으로서 상대가 동의할 수 없는, 그리고 사회적 금기사항를 어기고 이해하지 못하는 성적활동에 개입하는 것을 말한다. 예) 성적 유희, 성기 및 자위행위의 노출, 관음증, 성기 삽입, 성적 접촉, 강간, 매춘, 매매, 포르노 매체에 배우로 출연, 포르노물 판매 행위 등이다.151)

> "간음한 여인들아 세상과 벗된 것이 하나님과 원수 됨을 알지 못하느냐 그런즉 누구든지 세상과 벗이 되고자 하는 자는 스스로 하나님과 원수 되는 것이니라"(약4:4).

그래서 세상을 사랑하면 하나님 사랑을 받을 수 없게 된다. 야고보서의 간음한 여자는 세상에 물든 교회를 상징한다. 성경은 누구든지 세상과 벗이 되면 '하나님과 원수가 된다'(Enemy with God)고 교훈한다. 우리는 이 세속사회 속에서 문명의 이기를 이용해 복음을 증거하고 하나님 나라를 확장(Expanding the kingdom of God)해 가야 한다.

B. 학대의 반응

누구에게나 부정적인 결과를 안겨주는 학대가 가해질 수가 있다. 그럴 때, 그 행위가 건강한 삶을 이뤄가는 존재에게 얼마나 해악(害惡)되는 것인지 깨달아야 한다. 신분, 연령, 성별에 관계없이 학대로부터 오는 그 반응이 더욱 큰 손상을 입힐 수 있음을 알아야 한다.

B.1 인간의 뇌는 사건의 사실, 반응, 감정을 함께 기억한다

인간의 뇌는 자신에게 부정적인 학대가 가해질 때 그에 따르는 반응과 함께 상처의 감정으로 기억하게 된다. 학대는 미미하게 생각될 수 있지만, 그것이 마음에 상처로 남게 되면서 쓴뿌리가 자리잡게 된다. 잘 알다시피 쓴뿌리는 우리의 삶에서 여러 가지 부정적인 행위를 낳게 됨을 알아야 한다.

B.2 작은 학대에도 부정적 반응이 따라 온다.

작은 학대라도 커다란 분노, 원한, 두려움, 증오로 나타나게 되므로 항상 자신의 생각과 마음을 거룩한 말씀을 비추어 잘 살펴야 할 필요가 있다. 부정적인 주제를 몇 가지로 나열한 것은 그리스도인으로서 건강한 삶의 열매를 맺어야 하는데, 이는 심각하게 그리스도인의 건강한 삶을 파괴하고 실패에 이르게 하는 주 원흉(元兇)이 될 수 있다.

B.3 숨은 감정적 반응들은 부정적으로 외면에 드러난다

현재의 반응을 악화시키고 이런 문제를 계속적으로 유발시킬 수 있다. 그러므로 학대로 인한 상처가 아픈 과거로 인해 쓴뿌리가 드러나는 장애와 두려움에서 벗어나 건강하고 중요한 믿음의 열매를 맺어야 할 것을 요구한다.

C. 학대의 반응에 대한 경고

C.1 학대받을 때 리액션을 간과하지 말라

학대를 당하는 정도에 있어서 피해 당사자에게 자신이 어떤 영역, 위

치, 그리고 신분의 지위를 막론하고 지나치게 반응하게 된다. 중요한 것은 이에 대하여 가볍게 여기거나 대수롭지 않게 넘기지 말아야 한다. 이런 경우 피해자 자신이 어떤 조건과 상황에서라도 자신에게 있어서 큰 경고로 받아들여야 한다. 피해 당사자로서 그 경고를 간과하거나 무심하게 넘겨버릴 성질이 아니라는 것이다.

C.2 학대받을 때 나타나는 반응을 사려 깊게 다뤄야 한다

학대는 어떤 정황 속에서 사건과 함께 다가오게 된다. 학대를 받게 되면 그에 대한 반응이 나타나는데, 이에 대하여 심사숙고하게 다루어야 한다.[152] 학대는 점차적으로 미미하게 시작하여 나중엔 그것을 떨쳐 버릴 수 없을 정도로 커다란 행위로 자리한다. 이 학대가 원하든 원치않든 피해자의 삶에 동반하면서 그에 대한 상처의 영향력은 조정할 수 없을 만큼 거세진다. 그러므로 학대는 그것이 시작될 때, 나타나는 반응을 심한 경고로 받아서 지혜롭게 처리하여 초기에 단호하게 단절시키는 것이 중요하다.

2. 주변에서 발생하는 사건을 변질시킬 수 없다

A. 일어난 사건을 외면하지 않아야 함

A.1 지나온 사건에서 솔직해야 한다

사건(incident)이나 사고(accident)는 분명 과거에 발생한 일이며 누구든지 이같은 일을 대수롭지 않게 겪을 수 있다. 그리스도인은 언제나 지나온 시간에서 솔직해야 할 필요가 있다. 왜냐하면 현재, 지금의 나라는 존재가 과거의 중생(회심, repentance)을 거쳐서 오늘에 이르렀기

때문이다. 그리고 현재를 거쳐 미래로 가는 이 선상(line)은 분명한 진행형이다. 그러므로 자신에게서 돌출된 상처와 쓴뿌리의 기운으로부터 확대된 일들은 그냥 꾸밈없이 받아들이는 태도가 중요하다.

A.2 일어난 일은 일어난 일이다

그리스도인은 그 사건에 정직한 것처럼, 그 사건을 소상하게 인식하도록 요구하고 있다. 우리가 당면한 어떤 사건이라도 그것을 변화시키려거나 조작, 축소, 그리고 은폐해서는 안된다. 또 그렇게 조치하는 것은 불가능하다고 시인해야 한다. '일어난 일은 일어난 것'(What happened is what happened.!)이라고 인정하고 그에 순응하는 태도가 빠른 치유의 길로 들어서게 된다.

B. 그 사건에 대하여 설명하지 않음

B.1 왜 사건이 자신에게 발생했는지 설명이 없다

왜 하나님께서 우리에게 이런 일이 발생하도록 허락하셨는지 설명이 없는 상태에서 우리 각자는 이 세상에서의 삶을 시작했다. "너는 왜 인생을 살아야 하는가?"(Why do you have to live your life?)에 대하여 단 한마디도 듣지 못했다. 아니, 그 누구든지 이런 설명을 듣지 못했으며, 심지어 어떤 사건이나 불행한 일을 당하면서 왜 이런 불행을 겪는가를 블평하지 않는다. 오늘을 사는 그리스도인(나 자신)은 알 수 없을 뿐이다. 안다면, 오히려 비정상적인 일이라고 할 수 있다. 우리는 이런 경우나 어떤 때, 하나님께서 우리를 돌보지 않으시거나 징계하신다고 생각하기 쉽다. 성경의 인물 중 욥은 자신에게 밀어닥친 사건을 초기에는 쉽사리 이해하지 못했다. 이와 같이 우리는 너무 가혹한 현실적인 고통을 하나님께서 전혀 말씀해 주시지 않았음을 유의해야 한다. 그리고 거기서 교훈을 얻으면서 현재의 고난의 삶을 지혜롭게 극복하면서 천국을 목적하며 나아가야 할 것이 아닌가?

B.2 자신에게 정해놓은 고통의 과정을 이해 못했다

욥기(The Book of Job)에서 전혀 예상하지 못한 상황이 비참한 상태로 전락하면서 욥은 '당대에 의인'(a righteous man of the day)이면서 그 자신이 하나님께서 자신에게 정해놓은 한계를 이해하지 못했다. 그래서 수없이 자신의 처지를 한탄하는 부분이 성경 욥기의 대분을 차지하고 있다. 더 나아가 욥 자신에게 극한상황(extreme situation)의 고통이 조성되어가는 과정에서 하나님을 향하여 분노를 가능한 더 많이 쌓아갔음을 알 수 있다.

C. 기억하기 싫은 사건 자체를 제거하기 원함

상처(쓴뿌리)의 기운에 노출된 장본인으로서 얼마나 힘든 길이기에 성령님께서 자신에게 다가온 사건 자체를 삭제하거나 무효화해 주실 것을 원할 수 있다. 그러나 성령님께서 절대 그 자신이 원하는 대로 그렇게 하지 않으신다. 만약 자신이 원하는 대로 사건을 묵살한다면 결과적으로 그 사건 후에 있을 영광과 기쁨 그리고 축복을 거부하고 외면하는 것이기에 당사자는 성령님이 원하신 대로 이끌어 가신다는 것을 깊이 깨달아야 한다.

ii. 늘 현장에 계신 예수 그리스도

1. 영적 위안을 베푸시는 사실을 아는가?

그리스도인이 어떤 사건으로 인하여 영혼이 상처 입었은 그 순간 그 현장에 예수 그리스도께서 어김없이 늘 거기에 함께 계셨음을 성령님께서 보여주신다. 따라서 치유와 함께 위로와 격려 등 영적인 위안을 한껏 베풀어 주신다는 사실을 아는가?

A. 상처로 손상입는 동안에도 공격함

상처의 기운을 내뿜게 하여 우리에게 치명적인 손상을 가하려는 사탄은 가능한 더 악한 짓으로 우리를 패망하게 하려는 간계(奸計)를 가지고 있음을 깊이 깨달아야 한다. 우리가 상처로 손상을 입고 신음하는 동안에 사탄은 지금보다도 더 악랄하게 농락(籠絡)하려고 시도한다. 그러나 주님께서 늘 상 우리의 상처 입은 현장에서 내주하심으로 다시 한번 치유의 빛으로 나아갔던 은혜를 깨닫고 감사해야 한다.

B. 하나님의 친 백성에게 극심한 유혹을 막으심

하나님께서 당신의 친 백성된 우리를 사탄이 더 극심하게 간섭 못하게 막으셨다. 우리의 죄된 허물로 나타나는 상처로 인하여 마땅히 벌을 받아야 하지만 그것 조차도 하나님께서 원치 않으신다는 것을 자각(自覺)하면 감당할 수 없는 은혜가 임할 것이다.

C. 치명상을 입었어도 회복하게 하심

하나님은 항상 그리스도인과 함께 계시기 때문에 우리가 상처를 입었지만 완전하게 회복 불능 상태로 파멸되지는 않았으며 회생하고 다시 복된 길로 들어서도록 주의 깊게 섭리하고 계신다. 그리고 상처 입은 현장에도, 치유로 회복되기를 바라는 현장에도 함께 계셔서 완전한 그리스도인의 삶의 여정에서 나중 주시는 영광의 면류관을 바라며 나아가게 하신다.

2. 사건 자체보다 그 반응에 대한 치료가 중요함[153)]

A. 가끔 사건도 다루어야 할 때가 있음

1) 하지만 사건은 보통 그 자체가 문제가 되지 않는다.
2) 문제는 사건에 대한 태도이며, 사건의 충격에 대한 태도이다.
3) 사건 속에서 신속하게 탈피하려고 치유에 노출해야 한다.

B. 죄와 마찬가지로 상처의 사건 앞에도 직면해야 함

B.1 자신이 잘못 행한 것일수록 감추려 한다

사람은 자신이 잘못하여 행한 것(죄, 실수, 허물 등)을 자신이나 타인에게도 감추려는 본능이 있는 것이 사실이다. 그렇다고 감춰진 잘못이 사라지지 않는다. 그 허물은 두고두고 자신에게 고통을 안겨주는 십자가로 역할을 할 뿐이다. 조금도 정상적인 그리스도인의 삶을 이루도록 허락하지 않고 오히려 방해만 가하게 된다.

B.2 숨겨둔 죄는 우리를 포로로 만든다.

은밀하게 죄를 숨겨 두거나 혹 자신만이 아는 비밀이라도 수치스러운 허물은 언젠가 결정적인 기회를 타고 자신을 넘어뜨리고 망신당하도록 하고 만다. 죄나 허물은 우리를 자신감을 감소시키고 그로 인해 포로가 되게 하는 속성이 있음을 알아야 한다.

B.3 감정의 포로에서 탈출하는 치유의 은총을 입으라!

우리의 감정을 숨기면 그 숨긴 감정으로 인한 감정의 포로가 되기 십상이다. 그것이 부정적이든 긍정적이든 너무 감정적인 면에 치우치면 바람직한 그리스도인의 삶이 형성될 수 없다. 더욱 부정적인 감정의 포로가 되어 거기에 얽매인다면 그것은 절대 주님께서 바라시는 삶이 아니다. 가능한 부정적인 감정에서 탈출하여 긍적정인 감정을 드러내는 삶을 이루도록 긍적적인 감정을 조절하는 능력있는 그리스도인이 되어야 겠다. 그리고 생산적인 그리스도인으로 치유사역을 통해 거듭나도록 과거 상처의 사건 앞에 정직하게 자신을 내놓아야 한다.

C. 우리는 상처 받으면 정상적인 반응을 느낌

C.1 첫 번째 반응 : 상처로 손상된 사람이 나타내는 반응이 분노의 표현이며 이 반응은 두드러지게 드러낸다.

C.2 두 번째 반응 : 이미 손상된 반응은 분노로 표출시키며 극한 감정으로 나타내게 된다.

C.3 세 번째 반응 : 하나님의 능력은 손상된 감정의 노예 상태에서 우리를 해방할 수 있을 만큼 충분하다.

3. 회심으로 문제에 관하여 해결하기를 기대함

A. 새 피조물의 약속

"이전 것은 지나갔으니 보라 새 것이 되었도다!"(고후5:17)

A.1 회심으로 이룬 새로운 창조의 존재

우리가 죄 사함을 받고 그리스도인이 되면 모든 것이 새롭게 될 것이라는 약속을 받는다. 인종과 성(性)을 초월하여 누구라도 그리스도의 죽음을 자신의 죽음으로 받아들이므로(고후5:14), 그리스도와 영적인 연합을 이루면(갈2:19,20), 그는 새로운 피조물이 된다.[154] 즉 사람이 그리스도와 영적인 교제를 갖게 되었을 때, 그에게는 그리스도로 말미암는 새로운 창조행위가 일어나 새로운 존재가 된다는 의미이다.
자신이 죄로 인해 영락(零落)없이 사망하는 처지에서 예수 그리스도의 십자가의 죽음으로 내가 살게(영생) 되었다는 믿음의 단계에서 올바른 회심(repentance)을 거쳐 새 피조물의 약속을 이뤄낸 것이다. 그러므로 우리 그리스도인은 부인할 수 없는 새로운 피조물이 틀림없다.

A.2 그리스도와 영적 세계와 새로운 관계된 존재

그러나 이 새로운 창조의 존재를 오해하여 새로운 질료(質料)로 만들어지는 전혀 다른 모습을 상상해서는 안 된다. 그는 여전히 육의 몸을 입고 있고 세속사회에 거주하고 있으므로 육체의 욕망과 죄에 굴복당할 가능성을 안고 상처와 쓴뿌리 기운에 짓눌려 살아갈 수 있다(롬6:12, 13). 그럼에도 불구하고 결정적으로 중요한 사실은 그가 그리스도와 영적 세계에 대하여 새로운 관계를 맺게 됨을 말해 준다.

B. 망각의 은총

그리스도인은 단순히 과거를 잊을 수 있다고 믿으며 또 그렇게 알고 있다.

> "옛날을 기억하라 역대의 연대를 생각하라 네 아비에게 물으라 그가 네게 설명할 것이요 네 어른들에게 물으라 그들이 네게 이르리로다"(신32:7)

B.1 우리의 과거 행적을 묻지 않는다

하나님께서 만약 우리의 모든 생활과 과거의 삶의 행적을 하나도 잊지 않고 기억하고 있다면 누구도 감히 하나님 앞에 설 사람은 없다. 그러나 감사하게도 하나님은 우리의 모든 과거의 삶과 죄악된 행위를 기억하지 않고 용서해 주셨다. 그분께서 우리의 죄와 허물을 기억하지 않고 다 용서해주셨다는 말씀이다.

B.2 상대의 허물을 용서할 때 우리의 죄를 묻지 않는다

> "예수께서 이르시되 네게 이르노니 일곱 번뿐 아니라 일곱 번을 일흔 번까지라도 할지니라"(마18:22).

예수 그리스도께서도 친구의 허물을 용서하되 제한 없이 용서하라는 교훈을 가르치셨다. 일흔번씩 일곱 번이라는 것은 산술적으로 490번까지 용서해주라는 말이 아니라 무제한으로 끝까지 용서해주라고 하신다. 우리가 다른 형제의 허물을 용서해줄 때 하나님께서도 우리의 죄를 기억하지 않고 용서해 주신다.

"너희가 각각 마음으로부터 형제를 용서하지 아니하면 나의 하늘 아버지께서도 너희에게 이와 같이 하시리라"(마18:35).

B.3 종내는 은총의 면류관으로 답하신다

그 망각의 은총은 말씀의 교훈에 따라 사는 그리스도인에게 마침내 종내(終乃)의 면류관을 얻는 축복의 은총에 사로잡혀 살도록 인도하시고 약속하신다. 하나님께서 우리가 죄에 대한 망각의 은총으로부터 종내에 면류관을 받는 은총을 받게 하신다(From the grace of oblivion to sin, later, we gets the crown of grace). 죄가 뭐라고 그 자체를 기억하며 즐기는 가치가 있는가?를 생각할 때, 그리스도인은 거기서 탈피하기 위해 추잡함은 내버리고 거룩함을 덧입으며 사는 삶이 말씀의 삶이다.

그때 받는 면류관은 그리스도인이 회심했던 것과는 감히 비교될 수 없는 영광이 온 하늘을 환히 비추는 면류관이다.[155] 그 면류관을 수여하시는 은총은 기필코 누려야 한다. 우리의 힘으로 차마 거기까지 이르지 못하거나 엄청난 면류관을 수여 받는 사건을 의식하지 못할지라도 그리스도인은 결코 그 축복을 놓쳐서는 안 된다. 사실 이 순간을 위해 그리스도인은 주어진 사명과 삶을 위해 믿음의 경주로서 뛰어가지 않은가?

"내가 이미 얻었다 함도 아니요 온전히 이루었다 함도 아니라 오직 내가 그리스도 예수께 잡힌 바 된 그것을 잡으려고 달려가노라 형제들아 나는 아직 내가 잡은 줄로 여기지 아니하고 오직 한 일 즉 뒤에 있는 것은 잊어버리고 앞에 있는 것을 잡으려고 푯대를 향하여 그리스도 예수 안에서 하나님이 위에서 부르신 부름의 상을 위하여 달려가노라"(빌3:12-14).

4. 반응에 대한 책임을 진다

A. 자신의 책임

성경은 우리가 어떤 유혹이나 압력을 받았든지 우리의 반응에 대하여 타인에게 책임을 전가할 권리가 없다는 것을 가르쳐준다. 원하지 않는 죄로 인하여 비참해지거나 삶에 엄청난 손상을 입는 상태에 이른다면, 우리는 그 원인을 찾아서 다시 회생(回生)할 길을 모색해야 한다. 죄 자체에 피해를 입거나 상처를 받고 포기하는 인생을 살아서는 안 될 것이다.

예수 그리스도는 세속의 여정을 걷는 우리가 시험과 올무에 걸려서 실패하는 걸음을 원치 않으신다. 심지어 그리스도인이 영적인 깨달음이 둔감(鈍感)하여 의식하지 못하는 것이 아니라 오히려 민감(敏感)하여 자신에게 부여된 하나님 백성으로서 책임을 다하여 'winning'(승리하는)[156]그리스도인으로서 'Self-fulfilling'(자기 충족적) 삶을[157] 살아가야 함을 교훈하고 계신다.

B. 상처의 뿌리를 찾음

상처받은 그리스도인이 자신의 상처에 대한 치유를 받아 깨끗해지는 책임을 질 줄 알아야 한다. 그로 인하여 자신 안에 자리잡은 쓴뿌리를 찾아서 지혜롭게 처신하고 그 상처의 뿌리의 근원을 잘 알아서 관리하므로 건강한 그리스도인으로서 변화될 수 있다. 상처로 인하여 질척거리는 자세는 결코 주님이 원하시지 않는다. 즐겁게 소망으로 살 수 있는 자세는 상처를 넘어서는 능동적인 삶을 살게 해 준다.

B.1 그리스도인은 부정적 감정에서 부자유함

분노(anger), 비통함(grief), 두려움(fear), 원한(resentment) 같은 부정적인 태도들은 하나님께 내 삶을 이양하여 그분께서 능력있게 해결하도록 해야 한다. 열거한 주제들은 인간인 우리들이 제어할 능력이 없다는 것이 솔직한 대답이다. 아무리 느긋하고 양순한 성격이라도 분노에 장사(壯士)가 있을 수 없고, 모든 주변의 주권에 대한 책임을 떠안고 사는 사람이 비탄한 일에 제외될 수 없다. 이것은 근본적으로 죄성을 가지고 태어났으며 죄책으로 불안이나 원망이 속출하기 때문이다.

B.2 미성숙한 인격 장애 돌출

"우리가 만약 멈추어 서서 우리의 행동을 살펴본다면, 현재 상황에서 그대로 반응하고 있지 않음을 알 수 있다. 오히려, 과거의 숨겨진 어린아이가 나와서 어린 시절의 사건과 관계에 반응하게 된다. 우리는 성숙함으로 행동하지 못했으며, 오히려 즉각적으로 분명한 일에 대하여 전적으로 다른 상황에 반응하게 된다."158)

C. 쓴뿌리의 반응에서 부정적 태도를 원치 않음

그리스도인이 상처나 쓴뿌리에 대한 반응에 있어서 부정적인 태도를 하거나 원망해서는 안될 것을 말씀은 요구하고 있다. 자신으로부터 상처의 기운이나 쓴뿌리의 영향력의 원인을 상대편 당사자에게나 어떤 제도적인 것을 탓해서는 안 된다. 그렇다고 우리에게서 발산되는 부정적인 기운이 자신을 근본적으로 망하게 하는 원인을 주의 깊게 살피고 그 차원에서 더 나아가 긍휼을 베푸시고 용서하시기를 바라시는 예수 그리스도 앞에 나아가는 방법을 구함으로(Seeking a way to get ahead of Jesus) 진정으로 살길이 열린다.

C.1 사탄은 하나님 백성인 채로 살게 놔두지 않음

사탄의 계획은 우리가 하나님 백성으로서 거룩하게 살게 그냥 두지 않고 다른 사람을 탓하고 원망하도록 유혹한다. 거기에 영적으로 무감각한 자들이 그 사탄의 장난에 놀아나고 심히 가련한 그리스도인의 삶을 연출하고 있을 수 있다. 그럴수록 사탄의 유혹에 노출되어 있음을 깨닫고 경계하므로 거룩하고 선을 따라가야 한다. 그리스도인이 여정 길에서 사탄을 경계하면서 영적으로 민감해야 하겠다.

> "또 악으로 선을 대신하는 자들이 내가 선을 따른다는 것 때문에 나를 대적하나이다"(시38:20).

C.2 안에서 밖으로 나오는 인간의 본성

예수 그리스도께서는 사람을 더럽게 하는 것은 밖에서 안으로 들어가는 것이 아니고 안에서 밖으로 나온다고 교육하신다. 우리가 한치의 혀에서 발산되는 말이 악한 것이든 선한 것이다. 그 말은 분명히 안에서 밖으로 발산되며, 상처(쓴뿌리)의 기운 역시 안에서 밖으로 내밷게 되고 주변은 상처받고 고통에 시달린다.

> "입에 들어가는 것이 사람을 더럽게 하는 것이 아니라 입에서 나오는 그것이 사람을 더럽게 하는 것이니라"(마15:11).

D. 상처를 가한 상대에 복수의 권한 포기

하나님께서 행하실 몫이 있고 인간이 감당할 몫이 있다. 우리에게 상처를 준 사람을 하나님께서 심판하실 것이다. 심판은 하나님만이 행하실 고유의 권한이다. 자신에게 상처를 가했던 상대에게 내가 복수하겠다는 것은 인간이 인간을 심판하겠다는 것이나 다름없다. 이에 대한 우리의 반응에 대하여 하나님께서 우리에게 책임을 물으신다.

D.1 치유사역에서 복수나 분노로 인한 책임 문제를 수용하지 않고 거절하면 쓴뿌리에 대한 치료가 방해되는 요소로 나타나므로 치유사역에 대한 효율적인 결과를 기대할 수 없다.

D.2 우리가 상처를 받은 피해자가 되었을 때, 하나님의 법칙인 말씀에서는 우리에게 상처를 가한 사람에 대한 모든 복수의 권한을 포기할 것을 요구한다.

제 13 장

상처를 싸맴-두번째

Wrap up Our Wounds-2

iii. 성령님의 성격(성품) 치유사역 방법

1. 특별한 방법의 성령 임재를 위한 기도

성령께서는 항상 우리와 함께 계시며 우리 속에 거하신다. 치유사역을 시작하기 전에 드리는 기도의 중요한 부분에서 성령으로 새롭게 충만하게 해 달라는 요청을 하는 기도이다. 이 기도를 통해서 치유사역을 진행해 가는 동안 지속적으로 성령님께서 우리에게 구체적으로 역사하시도록 사역자와 동역자, 그리고 치유를 받는 피상담자(내담자) 등은 마음의 자리를 비워두어야 하며 그 능력이 충만하시어 사역 가운데 역사하시도록 해야 한다. 이같이 성령님의 도움은 치유사역과 절대로 분리하여 생각할 수가 없다.159)

> "오직 하나님이 성령으로 이것을 우리에게 보이셨으니 성령은 모든 것 곧 하나님의 깊은 것까지도 통달하시느니라"(고전2:10).

A. 계시적 사건을 깨달음

치유사역을 행하는 동안 성령의 이끄심과 그 뜻에 담긴 계시적인 교훈을 지혜롭게 깨달아야 한다. 사역자나 피상담자, 그리고 공동체의 일원이 어떻게 영적전쟁과 방불한 치유사역의 현장에서 치열한 세력다툼에서 승리할 수 있는가? 그것은 구속에 대한 계시적 사건을 깊이 깨닫고 그 비밀의 강점을 가지고 사역해야 할 것이다.

B. 주님의 능력을 기대

B.1 치유사역 동안 주님의 능력 베푸심을 믿음

그리스도인들이 강건해져야 하는 이유는 하나님의 전신 갑주를 입고 사탄과의 영적 싸움을 해야 하기 때문이다. '전신갑주'는 싸움에 나아가는 군인이 방어와 공격을 할 수 있는 모든 장비를 가리키고 있다. 바울은 그 앞에 '하나님의 전신갑주'를 입으라!(Put on the full armor of God)고[160] 권면하고 있다. 치유사역 동안 어떤 예기치 못한 일이 발생할지 모른다. 사탄과 대치하면서 진행하는 동안 대적해 오는 마귀의 궤계를 성령님의 능력으로 맞서서 밀리면 안 된다. 치유사역은 영적전쟁의 일부이기 때문에 결코 이겨야 한다.

> "마귀의 간계를 능히 대적하기 위하여 하나님의 전신 갑주를 입으라!"(엡6:11).

B.2 주님의 능력으로 무장하면 위협이 되지 못함

그리스도인들이 영적으로 싸워야 할 적들은 연약하고 유한한 인간 본성이 아니라 악한 마귀의 영적 세력들이다. 이 세력들에게는 하나님의 '전신갑주'를 입은 의의 군대를 맞서 싸우기에는 위협이나 해가 될 수밖에 없다. 그러나 '전신갑주'로 무장하지 못한 자들에게는 악한 마귀의 세력이 위험한 존재가 될 수밖에 없다.

C. 옳고 바름의 깨달음 기대

치유사역에 임하는 동안 치유를 받는 우리에게 성령의 올바른 생각과 깨달음을 받도록 열린 마음을 가져야 한다. 마귀의 간계는 인간이 예상하는 이상으로 우리에게 다가와 유혹과 위협을 사용하여 사역에 임하는 모두에게 위협이 될 수 있음을 명심해야 한다.

> "어떤 사람에게는 성령으로 말미암아 지혜의 말씀을, 어떤 사람에게는 같은 성령을 따라 지식의 말씀을"(고전12:8).

D. 성령의 보호로 차단막이 쳐진 사탄으로부터 도전

치유사역 동안 본 사역에 관한 모든 이(가족, 친구, 성도 등)에게, 개인적인 일을 사탄으로부터 보호해 주실 것을 간구하며 영적인 차단막이 내려져야 한다. 치유사역이 진행되는 동안, 시작부터 사역을 마칠 그 외의 시간까지도 성령의 보호하심을 위해 기도해야 한다. 이같이 성령님께서 치유를 받고 회복할 사람들을 위해 그들의 연약한 부분 까지라도 세심하게 간섭하시며 도우시는 보호하심이 절실하게 필요하다.

"마음을 살피시는 이가 성령의 생각을 아시나니 이는 성령이 하나님의 뜻대로 성도를 위하여 간구(보호)하심이니라"(롬8:27).

상처로 손상을 입은 그리스도인은 이미 나약해질 대로 나약해졌으니 능동적으로 대처할 믿음의 기력이 쇠약해진 상태에서 마땅히 기도할 바를 알지 못할 경우이다. 그러나 오직 성령님은 우리가 미처 깨닫지 못한 것까지 절실하게 탄식하면서 상처로 노출된 사람을 위하여 친히 간구하여 치유사역이 성공적으로 마칠 것을 원하신다(롬8:26).

2. 성령의 축복을 기대하는 기도

치유를 받는 피상담자는 온전하지 못한 상태에서 사역에 참석하게 된다. 성령님께서 두려움과 상처로부터 해방감을 주시는 것을 기대하며 기도한다. 그러기 위해 성령님의 능력에 사로잡힘의 기도 안에는 축복하심이 함께 있다.[161] 치유사역이 진행되는 동안 치유상담을 받을 대상자에게 긴장감과 불편함은 이루 말할 수 없다. 이럴 때 성령님의 세밀하신 간섭과 터치가 있으므로 은혜와 사랑하심으로 대체되는 것이 마땅하다. 치유 대상자에게 성령님이 축복하심이 필요하다. 상처가 치유로, 불안이 위로로, 비참함이 축복으로 바뀌도록 기도한다.[162]

3. 성령이 공급하는 은혜의 소리를 들음

A. 치유 사역자와 피상담자의 관계의 중요성

치유과정에서 중요한 요소 중 하나는 치유 사역자와 사역을 받는 피상담자(내담자)와 긴밀한 관계이다. 이 관계는 치유사역에서 있어야 할 상호 교감을 위한 것이어야 한다. 이는 치유과정에서 선한 결과를 얻기 위하여 도움이 될 정보를 찾는 것이다. 성령님의 사역에서 인도하심은 평안한 방법으로 이끄시기를 원하신다. 서로 간의 관계를 긴밀하게 갖는 것은 치유의 내용을 풍성하게 이끌어 주신다. 서로를 잘 알고 치유사역에 임할 때, 피상담자에게 유익한 도움이 되도록 하는 지혜로운 조치가 아닐 수 없다.

B. 성령님을 통해 치유되지 못할 문제 없음

피상담자에게서 현재의 문제들과 관련된 것들은 성령에 의해서 치유될 수 없는 것은 없다. 특히 자신과 남, 그리고 하나님 앞에서 손상된 것을 치유로 회복하기를 기도해야 한다. 용서하지 않는 마음, 원망, 분노, 비판적 태도, 자기 거부, 두려움, 무가치함, 불안, 걱정, 우울, 낙심, 죄책감, 수치심 등의 얽매임에서 벗어나기 위해 성령님의 위로와 강력한 인도하심을 구해야 한다.

4. 상처를 가한 상대를 용서하기 원하는 성령

"만일, 우리가 성령으로 살면, 또한 성령으로 행할 찌니"(갈5:15).

A. 남을 용서하지 못함은 하나님의 용서를 받지 못한다

차유사역에서 피상담자(피해자)는 자신에게 상처를 입혔던 모든 사람을 용서하는 것이다. 자기 자신에게 잘못한 어떤 사람도 용서하는 것은 매우 중요하다. 상대를 용서하지 않을 때 하나님께 용서받지 못한다는 당연한 인과응보(因果應報)의 논리가 아닐까?

> "너희가 사람의 잘못을 용서하지 아니하면 너희 아버지께서도 너희 잘못을 용서하지 아니하시리라"(마6:15).

바로 이런 일은 성령님이 조명하여 주시는 것이 피상담자에게 중요한 일이다. 성령의 인도는 사람과의 관계에 있어서도 중요하므로 이에 대한 중요성을 알고 서로 관계성을 개선하기를 원한다.[163]

B. 용서하지 못함은 질병의 원인이 된다

B.1 질병의 질곡에서 평온한 삶으로…

그리스도인이 치유를 위한 것은 보다 나은 본질적인 삶을 다시 회복하기 위함이다. 그러나 용서하지 않는 것은 질병의 원인이 되므로 그 부정적인 마음에서 일어나는 감정을 어떻게 해서든지 극복해야 한다. 내가 먼저 용서하지 못하는 것은 불편한 마음으로 다가와 상처의 재발생으로 이어진다. 따라서 평온한 삶을 유지하지 못하면서 용서 대신 원망과 미움이 평안함의 장애가 되므로 나중에는 그것이 질병의 원인이 된다. 그러한 상태가 계속되면 나중엔 뿌리 깊은 질병으로 다가와 우리를 심한 질곡(桎梏) 속으로 빠뜨리고 만다.

B.2 극한 감정은 상대를 관용하지 않는다

육신적인 불편은 정신적, 감정적인 문제들 때문에 발생한다.[164] 질병(disease)은 편안하지 않는것(disease)이다. 상처, 괴로움, 원한, 분냄, 좌절, 그 외 극한 감정들은 우리의 내부에 일어나는 부정적인 감정적 요소이다.[165] 그러므로 이러한 감정들을 성령의 깨우치심과 감동으로 상대를 관용으로 용서해야 한다.

ⅳ. 깊은 쓴뿌리(상처)를 치유하는 5단계

〈Table-13〉 마음의 상처를 치유하는 5가지 방법

상처에 근접	상처를 치유
문제 대립(Issue confront)	**Confess**-자신의 상처를 인정해야 한다
자기 성찰(inspection	**Put down**-상처 앞에서 자신을 내려놓는다
책임 공감(responsibility)	**Reproduce**-상처 입었던 사건을 재현 한다
타인 용서(forgiveness)	**Invite**-그리스도를 치유 현장에 초청한다
치유 기도(prayer)	**Heal up**-그리스도의 손을 상처에 얹는다

대부분 현대인은 과거의 상처(쓴뿌리)에서 오는 고통에 노출되어 병적인 증상을 앓고 있다. 그들이 앓는 상처는 쓴뿌리로 부터 영향을 받은 결과로서 영적으로 심한 손상을 가져다준다. 그러므로 그들의 사고와 감정과 대인관계에서 직접적으로 큰 영향력을 미치고 있음을 잘 알고 있다. 영적, 심적으로 인성에 손상을 주는 정서적, 감정적인 문제들은 구원을 받아도 즉시 해결되지 않고 예수 믿은 후에도 신앙인격에 드러나고 있다. 우리는 아무 대책도 없이 상처로부터 입는 손상을 당하고만 있을수 없다. 다음의 치유하는 방법을 모색하면서 진행해 간다.

1. 치유를 위하여 상처에 근접

문제 대립(Issue confront)	Confess-자신의 상처를 인정해야 한다

A. 문제 대립-자신의 상처를 객관적인 문제, 치유할 이슈로 인정하는 것이 먼저 이뤄져야 한다.

A.1 멀리하고 회피할 생각은 넘어서야 한다

부정적인 문제, 자기 혼자만 은밀하게 알고 있는 문제이며, 타인에게 타부 시 되는 상처라서 어쩌면 치유 현장까지 그 문제를 가지고 나오기까지 쉬운 일은 아니다. 상처는 치유 차원의 문제로 부각하거나 대중 앞에 쉽게 내놓을 수 없는 문제이며, 또 그런 차원이 될 수도 없다. 자신의 상처는 꼭꼭 숨겨두어서 멀리하거나 회피하고 싶기도 하다 그러나 그런 생각을 과감하게 넘어서야 한다.

> 너희는 여호와를 만날 만한 때에 찾으라 가까이 계실 때에 그를 부르라"(사55:6).

A.2 자신의 문제를 대면하고 직시하라

그래도 마음에 자리한 상처(쓴뿌리) 앞에 그것의 심각성을 인정하고 치유에 응할 마음가짐을 갖는 순서가 중요하다. 마치 의사 앞에서 환자가 자신의 상처를 세밀하게 말하는 것은, 상처를 감추지 않고 스스로 인정하기 때문이다. 상담자 앞에 드러내야 상처가 치유될 수 있다. 피상담자가 다른 사람의 이목이나 체면을 두려워 말아야 한다. 이를 극복하지 못하면 치료도 없다. 진정으로 치유받고 건강하고 더 나은 미래의 소망을 위해 과감하게 자신의 문제를 드러내야 한다. 정직한 마음으로 자신의 상처를 인정하고 기억하기조차 싫은 과거의 경험과 대면하고, 그것을 시인하기 위해 자신의 문제를 대면하고 직시(直視)해야 한다. 그래야 치유사역 앞에서 올바른 고백이 이루어질 수 있다.

자기 성찰(inspection	Put down-상처 앞에서 자신을 내려놓는다

B. 자기 성찰-자신의 상처를 진심으로 고침을 받기 원하는가를 자신에게 물어야 한다.

B.1 자신의 상처(쓴뿌리)를 깊이 생각하라

상처는 쓴뿌리를 낳고 쓴뿌리는 마음에 자리를 잡고 계속적으로 부정적인 기운을 내품는다. 상처는 꼭 치유되어야 할 문제라서 자신을 깊이 성찰해야 한다. 성찰은 살피고 조사하여 생각하는 것으로서, 자신의 상처(쓴뿌리)를 살피고 그것을 분석하여 깊이 생각해야 한다. 그렇게 하므로 상처 앞에서 자신을 내려놓을 수 있다.

> "형제들아 내가 너희를 권하노니 너희가 배운 교훈을 거슬러 분쟁을 일으키거나 거치게 하는 자들을 살피고 그들에게서 떠나라"(롬16:17).

B.2 상처 앞에 내려놓는 자세가 올바른 치유이다

자신의 상처를 간섭하거나 지배하여 그 위에 군림할 수 없다. 왜냐하면 자기도 모르는 사이에 상처에 의하여 지배당하거나 리드당하는 경우가 많게 된다. 상처는 자신이 의도하는 대로 방관하지 않는다. 오히려 자신이 원하지 않는 일이지만, 내면의 상처가 상대에게 그 상처를 오염시키고 서로가 그 쓴물로 후유증을 앓게 하기도 한다. 상처를 고치기 위해 예수님 앞에 자신을 내려 놓아야 한다(Lay oneself down before Jesus to wound). 바로 그 자세가 올바른 치유에 임하는 태도이다.

책임 공감(responsibility)	Reproduce-자신이 상처 입었던 사건을 재현한다

C. 책임 공감-자신의 상처는 어떠한 사건이나 루트를 통해 침입하여 고통을 겪어도 결국 상처(쓴뿌리)의 책임은 자신에게 있음을 인정해야 한다.

C.1 상처(쓴뿌리)는 자신의 책임이라는 공감이 필요하다

물론 자신에게 일어난 상처들이 부당하여 그 책임을 상대나 다른 원인으로 돌려서 자신은 그 상처로부터 회피하고 싶은 생각도 들겠지만, 그러나 자신의 상처, 그리고 쓴뿌리는 자신의 책임이라는 공감력(共感力)이 필요하다. 자신에게서 나타나는 상처, 그 때문에 자신이 어떠한 행동을 취하는가에 대해서는 책임이 따른다.

> "사랑하는 자들아 거류민과 나그네 같은 너희를 권하노니 영혼을 거슬러 싸우는 육체의 정욕을 제어하라"(벧전2:11).

C.2 긍정적 결과를 얻기 위해 상처를 재현하라

여기서 자신의 상처에 대한 책임공감을 제대로 한다면, 반드시 치유가 그에게서 이뤄지고 건강한 삶을 살아갈 수 있다. 자신이 부정적인 상처(쓴뿌리)에 대하여 치유의 긍정적인 결과를 얻기 위해, 자신이 입었던 상처를 재현해야만 한다. 자신의 상처에 대하여 책임을 질수록

당시의 사건을 생생하게 재현하면서 올바른 치유의 과정으로 돌입하게 한다. 자신의 문제의 해결(치유)은 다른 사람으로부터 동정을 받는 수단이 아니라 자신이 직접 짊어짐으로 해결되는 것을 알아야 한다.

2. 치유를 위한 실제적 접근

타인 용서(forgiveness)	Invite-그리스도를 치유 현장에 초청한다

D. 타인 용서-치유하는 과정에서 용서의 이슈를 생략해서는 확실한 치유의 결과에 도달할 수가 없다.

D.1 모든 사람을 용서하고, 자기 자신을 용서함

이미 용서는 여러 가지로 해석되거나 설명되었다. 그렇다면 왜 치유 과정에서 용서라는 주제가 계속 거론되고 요구되는가? 그것은 치유 자체가 치유하는 자에게 용서를 받는 것이라서 그렇다. 치유의 전제 조건은 치유 받는 사람이 그 문제에 관련된 모든 사람들을 용서하고, 자기 자신을 용서해야 한다.

> "아무도 비방하지 말며 다투지 말며 관용하며 범사에 온유함을 모든 사람에게 나타낼 것을 기억하게 하라"(딛3:2).

D.2 그리스도는 상처(쓴뿌리)를 근본적으로 캐낸다

여기서 예수 그리스도를 초청해야 한다는 전제가 붙는다. 그분은 치유의 모든 문제를 해결하실 절대자이기 때문이다. 예수 그리스도를 치유현장에 초청해야만 한다. 그분이 치유하는 현장에 오셔서 치유를 원하는 연약한 자를 치료해 주시지 않으면 우리는 어디서든지 용서받고 치유의 놀라운 축복을 얻을 수 없다. 그러므로 예수 그리스도는 자신의 상처(쓴뿌리)를 근본적으로 캐내서 처리하시는 전능하신 치유자로 초청하는 순서를 갖는다(You must have an order to invite Jesus Christ).

치유 기도(prayer)	Heal up-그리스도의 손을 상처에 얹는다

E. 치유 기도-상처가 치유되도록 하기 위한 문제의 핵심을 알고 그리스도의 치료의 손을 자신의 상처에 얹도록 성령님께 구한다.

E.1 옛사람인 우리는 상처를 껴안은 채 사역현장에 있다

현재 우리는 치유현장에서의 옛사람(Old-self)인 상처를 가득 안고, 그 상처의 무게로 인하여 비틀거리는 상태에 서 있다. 여기서 우리에게 필요한 조치가 무엇인가를 살펴야 한다. 그것은 예수 그리스도의 치료의 손이라고 감히 말할 수 있다. 예수 그리스도의 사랑의 터치가 있을 때만이 자신의 상처(쓴뿌리)는 치유(낫게)되면서 건강하고 비전있는 그리스도인으로 거듭나게 된다.

> "주께서 내 원수의 목전에서 내게 상을 차려 주시고 기름을 내 머리에 부으셨으니 내 잔이 넘치나이다"(시23:5).

E.2 위대한 치료자가 상처에 손을 얹게하라

위대한 치료자 그분께서 내 상처에 손을 얹으시고 당당하게 능력으로 순리적인 과정에 의하여 기도하시도록 내맡겨야 한다. 성령님께 자신의 연약함을 내 맡기자! 예수 그리스도께서 사랑의 손길로 내 연약함

에 터치할 때, 우리는 순간에 상처(쓴뿌리)와 상관없는 강건한 그리스도인으로서 '새로남의 축복을 얻는다'(It's got be blessed with a new birth).

v. 위대한 치료자의 손길로 쓴뿌리를 제거하는 실제사역 과정-9단계

1. 치유사역의 9단계 실제 과정

다음은 치유사역의 현장에서 사역자(상담자)와 내담자(피상담자), 또 사역팀이 힐링을 시행하여 운영할 때, 그 방법 중 9단계의 효과적인 방법에 따라 진행하도록 다. 본 과정은 치유사역 현장에 맞게 어렌지하여 그 예를 제시한다.

*내적 치유사역의 실제 진행과정 9단계

〈Table-14〉 내적치유 실제사역 과정-9단계	적용 여부
1. 자신을 사탄의 세력으로부터 보호하는 기도를 한다 ⇩ **2.** 성령님이 임재하여 인도하도록 구한다 ⇩ **3.** 상처 받았던 사건과 상황을 기억한다 ⇩ **4.** 치유 중 상한 감정에서 선한 감정을 느끼게 한다 ⇩ **5.** 자신에게 상처를 준 사람과 소통한다 ⇩ **6.** 예수 그리스께서 그 사건에 들어 오시도록 하라 ⇩ **7.** 예수 그리스도가 행하는 바를 관찰하라 ⇩ **8.** 예수 그리스도가 하시는 일에 적극적인 순종하라 ⇩ **9.** 치유로 봉합하도록 믿음을 행사하라 ⇩	9가지의 과정을 찬찬히 살피면서 치유사역에서 그 과정마다 핵심적 요소를 간파, 리드한다 위대한 치료자, 예수 그리스도께서 임재하여 상한 감정인 쓴뿌리를 제거하고 싸맴을 받도록 한다

2. 치유사역의 9단계 실제진행 사항

A. 피상담자(내담자)는 자신에 대하여 사탄의 세력과 도전으로 부터 보호받도록 기도해야 한다. 또 사역자(상담자)가 힐링(치유) 사역을 성공적으로 마칠 수 있도록 예수 그리스도께 기도하며 의뢰한다.

B. 성령님께서 전폭적으로 개입하여 선한 결과를 도모해 달라고 기도로 요청하면서 치유사역에 임재하는 관련 말씀을 봉독한다.

C. 사탄의 세력에 미혹되거나 눌려 있을 때, 상처받았던 사건을 기억하면서 피상담자 자신이 그 사건의 상황 속에 몰입한다.

D. 지난 시간 상처받아서 얽매임과 좌절에 빠져 있었던 감정에서 성령님의 감동하심 속에서 선한 정서를 가지고 소통한다.

E. 피상담자는 자신에게 상처를 가했던 사람을 생각하면서 그와 소통하는 시간을 갖기 위해 기도하면서 교류한다.

F. 치유 중 예수 그리스도께서 상처받았던 사건 속으로 들어오시도록 요청하면서 그리스도의 보혈의 은총으로 회복하게 한다.

G. 치유사역 현장 속으로 임재하신 예수 그리스도께서 지금 진행중인 사역에 어떻게 개입하시며 일하시는가를 관찰한다.

H. 예수 그리스도께서 치유사역을 진행하시고 주관하심에 대한 일체의 일에 대하여 순종하면서 그 태도를 유지한다.

I. 치유사역의 마무리는 하나님께서 치유하시고 회복하여 자유를 주시고 상처를 봉합한 후 전도자의 새로운 모습을 찾도록 한다.

| 현대_그리스도인의_상처와_치유의_회복을_위한_지침서 |

상처 + 힐링 & 그리스도 + 만남

For the Wound to Heal & Encounters Jesus

하나님이 먼저 찾으심으로 이뤄진 목회상담

에덴동산에서 선악과를 범하고 실의(失意)에 빠져서 두려움에 떨고 있던 아담과 하와에게 하나님이 먼저 그(피상담자)들을 찾으셨다(창3:9; 18:10). 물론, 이 상태는 피할 수 없는 고통 중에 절망이라는 구렁텅이에 빠져서 어찌할 바를 모르던 매우 심약(心弱)한 지경이었다. -(본문 중에서).

제 14 장

효과적 치유를 위한 목회상담학 -첫번째

Pastoral Counseling for Effective Healing-1

ⅰ. 목회 상담학(pastoral counseling)

1. 목회상담학 개념

A. 목회상담학 정의

목회 상담(牧會 商談)은 그리스도인들이 겪는 다양한 문제를 상담을 통하여 해결하고 치유하려는 목회 활동을 말한다.[166] 목회상담의 정의에 대해 "인간의 고통에 대한 전인적(全人的)인 접근을 제공하기 위해 성경적 진리와 심리학적 원리를 이용하는 상담의 한 부분"이라고 말하고 있다.[167] 그러므로 상담자인 목회자가 상담의 주 교재인 성경에 근거하여 피상담자의 여러 문제를 듣고 해결해 주는 것이다.

A.1 목회상담학의 요구

목회상담은 일반적으로 목회자의 '목회적인 돌봄'(pastoral care)이라는 큰 틀 속에 포함되는 부분적인 영역을 가리킨다. 목회자(a pastor)가 성도(그리스도인)에게 당면한 문제나 어려움을 통해 영적으로 성장하고 발전할 수 있도록 인도하는 목회의 활동이 목회상담이다. 여기서 학문적으로 '목회상담학'이 요구되고 있다.[168]

A.2 목회상담학 용어

'목회상담학'(pastoral counseling)은 '목회'와 '상담'이라는 낱말의 합성어임을 알 수 있듯이 학문적인 배경으로 신학(神學, theology)과 심리학(心理學, psychology) 두 개의 학문적인 전통이 서로 만나서 상호 긴장과 갈등, 그리고 상호 보완관계를 통해서 그 영역대(領域帶)의 깊이와 폭을 넓혀가고 있는 새로운 학문의 분야이다.

A.3 목회상담학 영역

기독교를 말하는 대표적인 주제로서 본다면, '목회상담학'(牧會相談學, pastoral counseling)에서는 '설교학'(說教學, homilectics), '교리학'(教理學, catechetics)과 더불어 세 가지 영역 중 하나라고 보고 있다.

그러나 여기서 '상담 목회'(商談 牧會)는 상담을 목적한 목회로서 상담이 우선순위로 사용하면서 목회를 사역해가는 영역은 교회에 도전해 오는 문제들을 해결하려는 상담으로 목회 활동을 말한다.[169] '목회 상담'과 '상담 목회'는 같은 의미가 있긴 하지만 엄밀하게 그 영역을 살펴 본다면, 다소 다른 면이 있다. 목회 상담은 상담이 우선순위가 아니라 목회사역에서 여러 방법이 있지만 그중 상담이라는 방법으로 돌보고 치유하는 사역을 말한다.

2. 목회상담은 기독교 상담의 요소를 포괄하고 있다

A. 기독교 상담은 현대사회 영향을 끼침

우리나라에 상담이 도입된 지 약 50년 이상의 세월이 흘렀다. 최근 20년 사이 상담은 기독교에 많은 영향을 끼쳐 주었다. 이와 더불어 심리치료는 우리 사회에서 급성장하고 있다. 그러므로 기독교 상담은 심리치료의 영향을 주고 있다. 종교계, 특히 기독교에 막강한 영향력을 행사하고 있으나 기독교 상담학은 다 심리학에 의존하지 않는다.

B. 목회상담은 일반 상담학과 다른 차원의 요소를 갖춤

사람의 속(마음, 심리)을 하나님 외에 누구든 알 수 없으므로 성경적인 차원에서 기독교교리(Christian doctrine)와 기독교교육(Christian education)을 전제로 하는 기독교 상담학은 일반 상담학과 분명히 다른 차원의 학문이요, 그런 차원에서 연구가 수행되어야 한다고 본다. 기독교 상담은 목회상담의 요소를 다 가지고 있는 것은 아니다. 하지만 목회상담은 기독교 상담의 요소를 다 갖고 있으면서 목회적인 필요를 채워줄 요소가 준비되어 있다고 본다.

C. 목회상담학 기능

| 목회상담학-일반 상담, 기독교 상담과 구별/공통적 기능을 가짐

목회상담학의 기능적인 면으로서, 일반 상담 및 기독교 상담과 구별되는 독특한 영역을 가지고 있으면서 이와 함께 공통적 사역을 할 수 있는 기능을 포괄하고 있다. 이 기능은 목회상담이 이루어낼 수 있는 결과물로서 성경적이고 근본적인 원리에서 그 유래를 찾을 수 있다. 성경은 초기부터 목회상담을 적용하고 실천하는 실례들을 보여준다.

C.1 치료적, 인도적 기능

| 치료적 관계 형성-상담자와 내담자(피상담자)
| 인도적 도움 형성-내담자 삶을 돕는 사역

또한 목회상담학에서 다루는 상담은 상담자와 내담자(피상담자) 사이에 이루어지는 치료적인 관계를 형성하고 있으며, 인도적인 관계에서 내담자의 영적, 육적인 삶을 돕는 헬퍼(도움)의 기능을 추구하는 사역이라 할 수 있다.

C.2 목회적 돌봄의 기능

'목회적 돌봄'(pastoral care)은 목회상담학을 포괄하고 있어서 그 안에서 차지하는 일반적 개념으로서, 두 가지로 분류해보면 다음과 같다.

_첫째, 일반적인 목회상담으로서 모든 목회자가 사역 현장에서 적용해야 하는 목회사역의 한 적용방법이다. 목회상담의 돌봄 사역은 주로 성도들을 대상으로 하는 단기적이며 보편적인 상담의 형태라고 말할 수 있다. 그러나 이 목회의 돌봄의 기능은 더욱 성도(피상담자)의 삶을 보호하고 인도하는데 실제적으로 도움을 제공하면서 정상적인 그리스도인이 되게 하는데 매우 절실한 사역이다.

_둘째, 이 돌봄의 기능은 목회상담의 분야이다. 성경적인 원리에 입각한 훈련과 함께 신학적인 이론에 따른 학문적인 연구를 하면서 실제적으로 목회에 대한 임상훈련을 거쳐야 한다. 그에 따라서 목회자들이 적용하는 '전문적인 사역'(professional ministry)으로서 한 개인(person)과 가정(family)을 대상으로 하는 상담이면서[170] 그 기능을 공동체적인 차원으로 발전시켜야 하는 바람직한 사역이라 할 수 있다.

ⅱ. 목회상담의 반추(反芻)

1. 구속적 고전적 목회상담 반추

A. 말씀의 접근-하나님 백성으로 새롭게 함

목회상담을 반추(反芻)하는 자리에서 먼저, 고전적 목회상담에 대하여 고찰(考察)해 보면, 하나님의 말씀과 그 말씀을 선포하는 것을 말한다.

> "말씀이 육신이 되어 우리 가운데 거하시매 우리가 그의 영광을 보니 아버지의 독생자의 영광이요 은혜와 진리가 충만하더라"(요 1:14).

뿐만 아니라 그리스도인을 하나님과 화목하여 구속(redemption)을 이루셨던 말씀, 바로 그 말씀을 전달(delivery)하는 것이다. 교회에서의 돌봄 사역이란, 교회 공동체의 현장에서 개인을 상대하여 말씀 전달(설교)의 수단을 통해서 성도와 내담자를 이끌고 돌보면서 사역을 시행해 나가는 것이다. 사람이 하나님과의 관계를 허물고 오히려 대적했지만 하나님은 그런 불법적인 행위에 대해 용서하시고 생명의 말씀을 통해 고치고 새롭게 하시므로 하나님의 백성, 성도(그리스도인)로 삼으셨다.

B. 죄의 고백, 용서 접근-치유 받은 그리스도인으로 '새로남'

또 하나의 고전적 목회상담의 반추로서, 사람이 죄로 말미암아 자기 자신을 비롯하여 타인들과 그리고 하나님과 사람 간의 뒤틀려진 관계, 그리고 사람과 사람들 간의 왜곡된 관계를 치유하고 회복하는 핵심적인 열쇠가 바로 죄에 대한 고백과 용서라고 이해하고 있다. 이것이 선행될 때 사람들의 관계를 비롯한 제반 문제들이 해결될 수 있으며 정상적인 그리스도인으로 새로남의 목회상담이 되게 한다.

C. 돌봄 사역 접근-교회 공동체 내담자로 회복케 함

한편, 인간이 처한 현실적인 고통을 교리적, 권위적으로만 접근하여 목회상담의 목적이 빗나가는 경우가 있을 수 있다고 본다. 하지만 칼 로저스(Carl Rogers)의 목회상담의 논리대로 내담자(피상담자)를 사역 중심에서 벗어나게 하지 않는다. 그리고 목회상담의 돌봄 사역의 방법으로 접근한다. 그리고 교회 공동체의 건강한 내담자로 회복하여 성장하도록하여 돌봄 사역의 목적을 이룰 수 있게 한다.

2. 공동체적 목회상담 반추

A. 사도 시대의 목회상담의 환경

A.1 한 지체로서 공동체적 목회상담

목회상담은 공동체의 관심과 더불어 새로운 패러다임 단계로 접어들었으며 그것은 이미 고전적으로 행해지던 돌봄 사역이 필요한 환경과 함께 목회상담과 본격적으로 접목된 것이다.

A.2 초대교회의 공동체적 목회상담 요구

소개하는 말씀은 사도 시대부터 초대교회가 공동체적인 목회상담 사역을 목회현장에서 적용해갈 것을 요구하고 있다.

> "만일 한 지체가 고통을 받으면 모든 지체가 함께 고통을 받고 한 지체가 영광을 얻으면 모든 지체가 함께 즐거워하느니라 너희는 그리스도의 몸이요 지체의 각 부분이라"(고전12:26-27).

B. 그리스도 몸으로서 발전시킨 공동체적 목회상담

B.1 목회상담 현장은 돌봄 사역이 필요한 환경

목회상담을 중심으로 당면한 상황을 중요하게 생각해야 할 현장은 돌봄 사역이 행해지는 곳이다. 즉 교회 공동체가 존재하는 현장이다. 원래 일반적인 상담은 개인과 가족이 주된 사역의 대상이었다. 하지만 개인과 가족 치료에서 초월한 사역은 공동체적 목회상담의 현장을 만들어 가야 할 환경을 간파(看破)하면서 하나님 나라를 확장해야 한다. 이 하나님 나라(The kingdom of God)는 예수 그리스도께서 30년의 사생애와 3년의 공생애를 유감없이 마치고 부활하면서 제자들에게 당부했던 마지막 지상명령(The Great Commission) 안에 포괄적으로 들어 있다.

B.2 돌봄 사역을 실천하는 초대교회 공동체

> "만일 한 지체가 고통을 받으면 모든 지체가 함께 고통을 받고 한 지체가 영광을 얻으면 모든 지체가 함께 즐거워하느니라"(고전12:26).

사도 바울은 고린도교회의 공동체를 향해서 돌봄 사역을 실천하고 있다는 방증(傍證)을 보여주고 있다. 모든 지체는 그리스도의 몸, 한 지체 한 몸, 한 연합체라고 선언하고 있다(고전12:27).

바울의 공동체적인 목회상담으로서 한 단계 업그레이드된 초대교회 현장을 확실하게 보고 있듯이 새로운 목회상담의 모델을 제시하고 있다. 교회 공동체는 하나의 교회 조직의 시스템으로 발전하여 온전한 목회상담으로서 돌봄 사역을 이뤄가야 한다.

C. 개인을 넘어선 교회 공동체로 활성화되는 목회상담

돌봄 사역을 주고받는 사람들이 서로에게 영향을 미치는 현상을 새롭게 이해하도록 도움을 주었다. 이러한 입장에서 볼 때, 목회사역자가 단순히 한 개인이나 그의 상황에 관심을 기울이고 개입하는 것만으로는 충분하지 않다. 여기서 한 걸음 더 나아가 교회의 돌봄 및 상담사역을 공동체의 사역으로 활성화하고 촉진시키며, 현 사회의 문화적 다원주의(cultural pluralism)와 상대주의(relativism)의 도전 앞에서 성경적이고 신학적인 이해와 규범에 뿌리를 둔 사역이 되도록 하는 이중적인 관계를 안고 있다.

D. 그리스도와 연결된 공동체 사역의 목회상담

D.1 목회상담 본연의 속성-돌봄 사역

목회상담 사역의 본질로서 일반적 상담과정에 머물지 않는다. 교회를 상호의존적이고 서로 연결되어 영향을 주고받는 시스템으로 인식한 사도 바울(Apostle Paul)이 목회상담을 실천했던 곳은 에베소교회 공동체이다. 그가 행했던 에베소교회의 공동체적 역동성 및 교회의 돌봄 사역을 통해서 목회상담 본연의 돌봄 사역의 속성을 간파할 수 있다.

> "그에게서 온몸이 각 마디를 통하여 도움을 받음으로 연결되고 결합되어 각 지체의 분량대로 역사하여 그 몸을 자라게 하며 사랑 안에서 스스로 세우느니라"(엡4:16).

D.2 목회상담 공동체와 영적인 정서

사도 바울의 서신서에 보여주는 것처럼, 목회상담 사역의 본질은 단순한 시스템 원리와 기능에 제한되지 않는다는 것을 세심하게 기록하여 증거하고 있다. 교회 공동체의 속성은 일반적으로 그 속성이 지니고 있는 역학적인 특질(特質)에 의해 좌우된다. 그러므로 목회상담의 강점인 권면적, 돌봄의 강력한 사역의 도구를 마련해 놓고 있다.

그래서 공동체적 목회상담 사역은 단순히 개인주의적인 일반 상담이나 심리치료 이론에 따른 개인적 적용이나 일반적인 차원을 초월하여 머물지 않는다. 본질적으로 목회상담은 하나님의 말씀과 인도하심을 따라 그리스도와 연결되고 그에게까지 자라가는 영적인 정서에서 역동적인 공동체 사역으로 발전해 갈 필요가 있다고 생각하는 것이다.

E. 목회상담 본질 확인-개인 변화를 넘어 공동체적 변화로

〈Table-15〉 목회상담 사역-개인적 변화 넘어 공동체적 변화

목회상담	→	개인적 변화	→	공동체적 변화
본연의 속성		상호 의존함		상호 연결됨
영적인 정서		예수 그리스도 은혜		예수 그리스도 보호
사역의 의미		개인적 문제 의뢰		공동체 사역적 상담
성경적 교훈		개인적 수동성 영성		공동체적 역동성 영성

한국교회의 실정에 맞는 공동체적 목회상담을 반추해 보면서, 그것을 위한 훈련과 활용에 대한 기본적 연구와 시도가 일각에서 그동안 꾸준히 실시되어왔다.

E.1 목회상담 사역의 큰 주제

목회상담의 기법으로 개인적 변화에서 공동체적 변화를 목적하여 성장해 가기 위해서 좌측에 4가지 큰 주제, '1-본연의 속성', '2-영적인 정서', '3-사역의 의미' '4-성경적 교훈'을 꼽을 수 있다.
이에 대한 주제의 의미는 목회상담 사역을 운영해 갈 때 개인적 변화와 공동체적 변화를 기대할 때, 나타나는 기준으로 세웠다. 각 주제별로 변화를 단계적으로 이뤄가면서 생각하면서 대비해야 할 것이다.

E.2 목회상담 사역의 개인적 변화

다음은 가운데 개인적 변화로서 4가지 주제는 '1-상호의존함', '2-그리스도의 은혜', '3-개인적 문제 의뢰', '4-개인적 수동성 영성'의 이

슈이다. 목회상담 사역에서 개인적 변화의 주제는, 성도 개인이 상호 의존적인 형태로서 하나됨의 변화를 요구하며 반목, 분리되면 다음 단계인 공동체 변화에 이를 수 없을 것이다. 나머지 개인적 변화 주제 3가지 역시 이 같은 원리로 변화되면서 최종 목적을 이뤄야 한다.

E.3 목회상담 사역의 공동체적 변화

우측의 목회상담 목표로서 공동체적 변화의 주제는 '1-상호 연결됨', '2-그리스도의 보호', '3-공동체 사역적 상담', '4-공동체적 역동성 영성'의 이슈이다. 공동체적 변화에 필요한 4가지 주제도 위와 같은 동일한 원리로 그 단계를 밟아가야 한다.

종합해 설명하면, 목회상담의 큰 주제가 개인의 변화를 불러 일으키고, 거기서 멈추는 사역이 아니라 공동체적인 변화를 일으키도록 해야 한다. 이것은 마땅히 지상의 교회 공동체의 속성으로 봐서 다양한 문제가 발생할 때 그에 적용하기 위한 목회상담적인 연구와 시도는 앞으로도 계속되어야 할 것을 말해주고 있다.

G. 목회상담의 목적-하나님 나라 확장과 온전한 그리스도인

목회상담의 공동체적 사역현장을 연구하여 개인이 변화되고, 그 변화가 어떻게 다시 공동체적인 변화에 기여할 수 있는가를 사려 깊게 생각해야 한다. 이 모든 일의 궁극적인 목적은 세속사회가 거룩한 나라를 건설하려는 일에 반기(反旗)를 들고 저항해 오므로 그 안에서 목회상담적인 사역의 방법으로 하나님 나라를 확장하며 온전한 하나님 백성을 세워가는 것이어야 한다.

iii. 성경적 목회상담 고찰

1. 성경적인 목회상담

성경의 역사에 나타나는 상담 케이스는 전통적인 상담이었으며, 좀 더 기록된 사실을 살펴보면, '돌봄'(caring)의 형태이다. 나아가서 그것은 목회상담(pastoral counseling)에서 뿌리를 찾을 수 있으며, 이는 일반적인 상담과 기독교상담(Christian counseling)의 전형을 초월한 결과였다.[171] 목회상담은 수동적인 상담보다는 적극적인 상담이며 피상담자(내담자)를 찾아가 위로하는 상담이었음을 알 수 있다. 이의 근거로서 '성경적 상담'이라는 형태는 말씀으로 내담자(피상담자)의 삶의 형편을 살피며 그 형편에 적응해 가는 것을 말한다.

> "그리스도의 말씀이 너희 속에 풍성히 거하여 모든 지혜로 피차 가르치며 권면하고…"(골3:16).

여기서 관계의 중요성을 강조하고 있는데, "그리스도 말씀의 지혜로" 상호 간의 "피차 가르치고 권면하고"라는 교훈은 목회상담의 기능인 '돌봄'(caring)의 상담을 피상담자에게 적용하는 것이다.

A. 신구약 시대, 사도 시대에 상담이 시행됨

A.1 목회상담의 요소-성경적 기초에서 찾음

성경적 기초로서 목회상담에 대하여 여러 각도에서 그 기록을 찾을 수 있다. 목회상담으로서 성경적인 요소는 어떠한 형태로 나타내고 있는가는 사복음서(the Gospel of Four)에서 예수 그리스도의 공생애 동안 상담자로서의 모습을 낱낱이 기록으로 보여준다. 역시 바울 서신에서도 목회상담적인 요소를 구체적으로 드러내고 있다. 더 소급해서 살펴보면, 이미 오랜 구약시대에도 상당한 수준의 목회상담이 이뤄졌다.

A.2 성경 전체 활동무대에서 상담이 이뤄짐

일반적인 개념에서 '상담'(相談)이라는 한자어를 풀어쓰면, '어려운 문제를 해결하거나 궁금증을 해결하기 위해 서로 의논하기 위해 서로 담화를 나누는 것'172)이라고 한다. 현대적인 용어로 바꾸어보면, '커뮤니케이션'이라는 단어로도 표현할 수 있다. 특히 신구약 성경 전체의 활동무대에서 현대적인 상담이 활발하게 이뤄지고 있었다. 비록 이론적으로 형성되지 않았지만 상당한 수준의 상담이 삶의 현장에서 이루어졌다.

2. 하나님의 목회상담

A. 하나님이 먼저 찾으심으로 이뤄진 목회상담

에덴동산에서 선악과를 범하고 실의(失意)에 빠져서 두려움에 떨고 있던 아담과 하와에게 하나님이 먼저 그(피상담자)들을 찾으셨다(창3:9; 18:10). 물론, 이 상태는 피할 수 없는 고통 중에 절망이라는 구렁텅이에 빠져서 어찌할 바를 모르던 매우 심약(心弱)한 지경이었다.

> "여호와 하나님이 아담을 부르시며 그에게 이르시되 네가 어디 있느냐 이르되 내가 동산에서 하나님의 소리를 듣고 내가 벗었으므로 두려워하여 숨었나이다"(창3:9-10).

B. 하나님 목회상담의 진수

하나님이 아담과 하와를 찾으신 것은, 실로 비참한 나락으로 떨어져 자포자기(自暴自棄)한 그들을 위로하고 돌보시기 위해서 찾아오셨다. 결코 이 광경은 목회상담적 면에서 그 진리를 찾을 수밖에 없다. 하나님의 창조물이지만 불완전하여 쉽게 사탄의 유혹에 빠져 에덴동산이라는 지상최대의 파라다이스를 놓쳐버리고 신세가 가련하고 비참한 그들에게 한계가 없는 애착으로 아담과 하와를 다시 에덴을 회복하는 것처럼 목회상담의 방법으로 주도하시는 사랑의 하나님을 보면서 거기서 목회상담의 진수(眞髓)를 발견하게 된다.

B.1 하나님 나리의 백성으로 회복하게 한 목회상담

〈Table-16〉 하나님의 목회상담의 진수

하나님의 목회상담의 진수		
하나님 나라를 상실한 하나님 백성	⇨	하나님 나라를 되찾은 하나님 백성
하나님 나라의 백성으로 회복케 한 목회상담		

이 상담에서 인간의 부패를 회복시키고 새로운 생명을 주시려고 구원의 교리를 세우게 되면서 먼 훗날(신약시대) 성자 예수 그리스도를 구속의 제물로 보내고 인류를 살리는 '하나님의 구속'(God's Redemption)의 계획을 세우게 된다. 그로 말미암아 '그가 죽으심으로 우리가 살게 되었다'는 이 지상에서 하나밖에 없는 구속을 통해 하나님의 나라를 상실한 하나님 백성이 하나님 나라에 영원히 사는 역사가 일어났다.

3. 예수 그리스도의 목회상담

A. 예수님과 니고데모의 대화(요3:2-5)

원래 니고데모와 예수님과 대화는 요한복음 3장 1-21절 까지이다. 다음 소개하는 성경은 대한성서공회에서 발행한 [현대인의 성경]에서 발췌하여 올렸다. 목회상담적 차원에서 분석하여 제시한다.

〈Table-17〉 예수님과 니고데모의 대화

2.그가 어느 날 밤 예수님께 와서 '선생님, 우리는 당신이 하나님께서 보내신 분이라고 알고 있습니다. 하나님이 함께 하시지 않으면 선생님이 베푸시는 기적을 아무도 행할 수 없습니다.' 하고 말하였다. 3.그래서 예수님은 니고데모에게 '내가 분명히 너에게 말하지만 누구든지 다시 나지 않으면 하나님의 나라를 볼 수 없다.' 하고 대답하셨다. 4.니고데모가 예수님께 '사람이 늙으면 어떻게 다시 날 수 있겠습니까? 어머니 뱃속에 들어갔다가 다시 태어난다는 말씀입니까?' 하고 묻자 5.예수님은 이렇게 대답하셨다. '내가 분명히 말해두지만 누구든지 물과 성령으로 다시 나지 않으면 하나님의 나라에 들어갈 수가 없다'.

예수 그리스도와 니고데모의 대화는 질문과 답변으로 구성되어 있다. 니고데모는 율법에 박식(博識)한 학자이자, 사회적으로 존경받는 상류계층이지만, 영적으로 둔감(鈍感)함을 보이는 거듭나지 못한 존재였다. 예수님께 니고데모가 찾아와 대화하는 가운데 자연스럽게 상담의 형태가 이뤄지는 것을 본다. 여기서 보통의 대화로 끝나는 것이 아닌, 그 목회상담에서 핵심적인 주제는 '하나님 나라'와 '영생'이었다.

〈Table-18〉 예수 그리스도의 목회상담

예수 그리스도의 목회상담		
변화 change	치유 healing	거듭남 born again
니고데모의 고백을 통해 복음 수혜자로		

B. 변화, 치유, 거듭남의 목회상담

이에 걸맞게 해결된 주제는 변화와 치유, 그리고 거듭남이다. 목회상담이 가장 피상담자인 니고데모를 율법에 머물게 하지 않고 '복음의 수혜자'(the beneficiary of the gospel)로 만들면서 니고데모의 고백은 중생을 통하여 영생의 주역으로 세우게 되었다. 예수 그리스도의 목회상담은 피상담자를 죽음에서 영생으로 존재 가치를 바꿔버리는 변화를 주어서 하나님 나라를 풍성하고 부강하게 하시는 것을 말한다.

4. 사도 바울의 목회상담

A. 목회상담의 주도자 사도바울

성경을 통하여 드러나게 되는 진리는, 사도 바울의 목회상담의 주도자(主導者)로서의 역할이 나타나고 있다는 진리다. 사도 바울의 목회서신은 목회상담의 리더십을 발휘하는 사역을 구체적으로 보여준다. 그의 목회서신을 보면 목회적 돌봄으로 성도를 하나님의 백성으로 세우기 위해 인도하며, 치유하며, 그리고 화해시키는 모습들의 교훈을 가지고 나타난다. 다음은 그의 목회적 돌봄으로서 모습을 잘 살필 수 있는 말씀이다.

"또 형제들아 너희를 권면하노니 게으른 자들을 권계(exhortation) 하며 마음이 약한 자들을 격려(encouraging)하고 힘이 없는 자들을 붙들어 주며 모든 사람에게 오래 참으라(being patient)"(살전 5:14).

B. 그리스도를 중심한 목회상담

바울의 사역은 언제나 그리스도를 중심하여 성경적이며 목회상담의 전형적인 사역을 현장에서 펼쳐 나갔다. 사도 바울은 '권면'을 주제로 피상담자인 데살로니가 교인들을 회복하게 하는 상담을 했다. 목회상담에서 바울이 중요하게 다루는 세 가지 주제는 '권계'(exhortation), '격려'(encouraging) 그리고 '오래 참으라'(인내, being patient)이다.

〈Table-19〉 목회상담적 돌봄의 방법

목회상담적 돌봄의 방법		
'권계' exhortation	'격려' encouraging	'인내' being patient
권면의 세 가지 - 데살로니가 교인을 회복케 함		

C. 목회상담의 돌봄적인 방법

'권면'이라는 큰 틀 안에 '권계'는 간곡한 권고, 장려, 경고, 훈계 등의 의미이다. '격려'는 격려하며, 용기를 북돋우다는 의미이다. 이전 같으면 데살로니가교회 교인들이 웬만한 믿음 생활을 유지하고 관리하는데 쉽게 포기하거나 낙심에 빠져 세상으로 돌아가기 일수였다. 그러나 그들을 바울이 격려하고 용기를 복돋아 주면서, 인내하기를 바라며, 간절히 치유하고 기도하므로 다시 회복하고 새롭게 하나님 백성으로 돌아오게 되었다. 이것은 사도 바울의 목회상담적인 돌봄의 방법이었기에 가능했던 사역을 찾을 수 있다.

제 15 장

효과적 치유를 위한 목회상담학 -두번째

Pastoral Counseling for Effective Healing-2

iv. 청교도의 목회상담

1. 청교도의 시작부터 목회상담으로

청교도는 16-18세기 사이에 영국교회에서 교회의 개혁운동이었다. 칼빈주의와 경건주의가 중심사상이었다. 교회사에서 개혁운동이 여러 번 일어났었다. 청교도 운동의 특징은 철저히 하나님의 영광을 위해서만 살겠다는 헌신이었다. 청교도의 상담은 다음의 원리에 뿌리내렸다. 그러므로 청교도들의 신앙원리를 이해하는 것이 역사적인 성경적 목회상담을 공부하는 데 필요하다. 1560년대에 시작한 Puritan(청교도)의 뜻은 성도의 신앙과 교회의 예배를 깨끗하게 하는 것이었다.

2. 성경의 절대적 권위-목회상담적 성경운동

A. 성경 운동의 종교부흥 운동

A.1 청교도 운동은 성경운동

청교도운동은 곧 성경 운동이라고 말할 수 있다. "성경으로 돌아가자!"(Go back to the Bible!)는 슬로건(slogan)을 내걸고 시작된 종교 부흥 운동이었다. 성경을 근거하는 사고의 형태, 태도, 그리고 정신에서 출발한다. 성경말씀의 권위를 인정하면서 하나님을 섬기는 것은 곧 말씀에 대한 순종을 말한다.

A.2 불완전한 종교개혁을 완성

철저한 개혁의 관심에서 교리 전체로의 관심을 집중하여 로마가톨릭의 잔제를 제거하고 국교회의 중립적인 태도를 거절한다. 교회의 권위 보다 성경의 진리를 인정하며 그에 순종할 것을 요구한다. 조직적인 교회의 법이 아니라 진리를 믿는 믿음으로 하나님을 섬길 자유와 권리를 주장한다.

A.3 목회신학과 목회상담을 강조

초대교회의 단순하고 순전한 교리와 개혁된 교회와 성도의 공동체에 관심을 갖는다. 은혜의 교리에 입각하여 성도와 목회신학을 강조하면서 목회적인 상담에 집중하고 추구해 나갔다.

A.4 순교당한 청교도 신학자 소개

대표적 신학자 중, 윌리암 틴데일(1484-1536)은 루터와 동시대의 인물이며 청교도의 불씨이며, 선구자이다. 그는 일반 성도들도 성경을 읽어야 한다는 불타는 소원을 가졌다. 전통과 권위의 문제보다 진리를 앞세웠다. 이 때문에 그는 루터의 영향을 받아 영어판 성경번역을 하였다. 그는 특히 언약신학을 강조하였다. 이로인해서 로마 가톨릭으로부터 교수형과 화형(불태워)당해 순교했다.

다음 신학자 존 후퍼(1495-1555)는 청교도의 아버지라 불리는 인물이다. 후퍼는 극단의 예정론을 반대하고, 인간 시조 아담의 원죄가 사람에게 유래하여 인간이 죄를 범하는 속성이 인간의 범죄에 있다고 주장한다. 후퍼는 영국 메리여왕 때 성직(聖職)을 박탈당하고 파문(破門)을 당하고 글로세스터에서 1555년 2월 9일 화형 당해 순교했다.[173)]

A.5 청교도의 복음과 율법 요구

성복(聖服)과 성상(聖像)에 대해 혐오감을 갖고 있으며, 안식일 준수를 강조했다. 오직 믿음으로 구원을 얻는 말씀의 최종적 권위에 대해 강조했다. 신약성경의 윤리를 교회와 국가적 상황만이 아니라 개개인의 실제 생활에도 적용했다. 이는 복음과 함께 율법의 요구를 강조했다.[174)]

무엇보다 청교도는 한국의 복음주의 신앙의 뿌리가 되고 있다. 영국의 청교도 운동과 미국의 청교도 운동은 그 역사의 과정에서 한국(당시 조선 말기)에 복음을 전래시켰다. 한국교회의 신앙은 미국의 청교도 신앙을 가진 선교사들이 복음을 전했으니 그 영향을 절대적으로 받았음은 당연한 이치이다. 한국의 뿌리 깊은 신앙과 선조들은 청교도에 가장 흡사한 신앙의 사상과 형태를 가지고 있다.

B. 성경 말씀으로 권면하는 목회상담의 청교도

위대한 하나님의 말씀 안에 모든 상담의 방향과 가르침과 위로와 격려가 들어있다고 보았다. 성경을 한 구절씩 읽는 것은 곧 하나님이 그 말씀을 하시는 것으로 인정했다. 주일마다 선포되는 설교는 말씀이 본문으로 선포되었다. 성경은 공동체와 성도의 삶에서 상담의 역할을 충분히 감당하게 되었다.

따라서 교회와 성도의 삶 뿐만 아니라 그들의 비전과 꿈을 이루는 동기(motive)가 되었다. 목회상담을 실천해야 하는 지도자는 성경의 원리대로 자신의 삶에서 말씀의 다스림을 받는 모범을 보였다. 그러기에 성경 말씀은 청교도 교회 공동체와 성도의 최종 권위(ultimate authority)로 인정되고 성경 말씀으로 권면하는 목회상담이 청교도 운동을 효과적으로 이루게 하였다.

3. 하나님 중심적 삶과 신뢰

A. 청교도의 하나님 관(view)-절대적 사랑

청교도는 하나님에 대한 바른 이해가 있었다. 도덕적인 타락과 정신적인 문제는 하나님에 대한 잘못된 이해와 믿음이 원인이라고 믿었다. A. 토저(A.W. Tozer)는 "오늘날 하나님에 대한 경외심의 하락은 신자들의 도덕적 타락을 가져왔다"고 했다. 청교도의 신학은 곧 하나님 앞에서 사는 것이다. 하나님 중심적인 삶은 개인의 문제들을 해결하는 근본적인 힘이 되었다. 청교도들의 하나님 관(觀)과 현대 그리스도인의 하나님에 대한 관(觀)의 차이는 피조물을 너무 사랑하는 것과 하나님을 절대적으로 사랑하는 것에 있다. 피조물을 사랑하는 도가 넘치면 죄에 빠지기 쉽다. 그러나 하나님을 지극히 사랑할수록 성도는 더욱 거룩해 지는 것은 당연한 수순(手順)이다. 자신이 중심적인 생활

을 할수록 마음과 정신이 혼탁해지므로 문제가 발생한다고 보았다.[175)]

B. 목회상담의 방법을 사역에 적용

청교도의 이러한 삶과 신뢰의 길을 걸었던 결과는 지도자의 청렴한 삶의 모본과 그들의 목회사역 방법이었다. 그 원인으로서 하나를 말한다면, 목회상담의 방법에서 말씀을 중심하여 그에 대한 순종의 덕목을 사역현장에 동원하여 피상담자에게 적용한 것이라 할 수 있다. 말씀이 상담의 근간을 삼는 것은 기독교상담에서도 적용하고 있다. 그러나 목회상담의 정신은 절대적으로 성경 말씀을 근거하여 상담하면서 그 말씀을 떠나지 않는 원리라고 할 수 있다.

4, 죄에 대한 바른 이해

청교도들은 성경 말씀을 중심한 삶은 곧 인간과 죄에 대하여 성경적인 교훈을 따르며 그에 순종했던 것을 말한다. 이에 따라 청교도는 양심의 가치를 매우 중요하게 여겼으므로 양심을 설명하는 라틴어의 '지식'과 '다른'(knowledge & another) 두 단어의 합성어이다.[176)] 내 속에 하나님의 지식이 있어서 나의 잘못을 지적해 준다는 의미이다.

대이빗 딕선(David Dickson)은 "양심은 우리의 마음 속에서 나와 하나님의 관계를 검토하고 지적해 주는 능력이 있다. 하나님의 뜻에 비추어본 나의 말과 행동과 생각을 판단하게 한다"고 했다. "양심은 우리의 죄를 깨닫게 해 주며, 죄에 대한 이해를 바르게 인식하게 한다. 그러나 현대교회의 강단에서 죄에 대한 지적이 사라지고 있다"고 지적했다.

v. 종파별로 본 죄에 대한 이해

〈Table-20〉 종파별, 죄에 대한 이해

1 로마 가톨릭 The Roman Catholic	죄를 구체적인 하나님 규율의 위반으로 보고 그에 대한 목회상담은 모든 도덕적인 죄의 구체적인 내역을 자백하게 하고 신부가 마지막으로 죄의 사함을 선포함으로 마음의 평안을 얻게 했다.
2 경건주의 루터교 The Lutheran Pietists	루터는 죄에 대해 믿음이 없는, 자기중심적이고 이기적 속성으로 정의했다. 교만하며, 행위로 자랑삼거나 하나님보다 피조물을 더 사랑하는 마음을 죄라 했다. 경건주의 루터교는 이런 루터의 죄의 정의에 윤리적 이기주의와 영적인 메마름을 첨가했다. 그리고 이러한 죄의 문제를 해결하기 위한 상담 방법으로는 개인적 공개적인 죄의 자백을 촉구했다. 죄를 고백시 죄성을 인식하고 애통해 하는 과정을 중요시했다. 특히 성찬식에서 죄를 기억하고 애통하는 과정을 갖게 했다.
3 성공회 The Anglicans	기본적으로 창조주로부터의 분리된 상태를 죄라고 보았다. 실제적 적용에서 신앙과 생활의 무질서가 죄의 상태라고 했다. 그에 대한 목회상담적인 대응은 모든일을 질서를 유지하도록 하는 것이다. 사적인 생활이나 공적인 생활에서 모든 일을 질서 있게 하도록 지도했다.
4 개혁주의 전통 Reformed Tradition	하나님에 대한 불순종이 죄의 근원으로 본 것은, 칼빈의 영향을 받았기 때문이다. 청교도들에 의해서 불순종의 다른 표현으로 우상숭배가 중심 주제가 되었다. 특히 William Perkins는 우상숭배가 모든 불순종의 근원적인 문제로 인정했다.

1. 목회상담에서 죄의 관념을 적용

이미 종파별에서 죄의 관념을 살펴본 대로, 로마 가톨릭은 죄를 하나님의 규칙위반으로 보았다. 경건주의(루터교)는 죄를 믿음이 없어서 자기중심적으로 발생한다고 했다. 성공회는 창조주 하나님으로부터 분리된 그 자체를 죄라 했다. 그러나 청교도는 죄의 관념을 적용한다.

2. 청교도적 개혁주의 입장은 성경에 의존한 상담 적용

개혁주의(전통적)의 입장은 하나님께 불순종하는, 즉 말씀에 따르지 않는 것을 죄라고 정의했다. 목회상담은 심리적인 원리나 일반적 상담 방법에 의존하지 않고 순전한 성경에 의존하여 상담기법을 사용하여 내담자를 인도한다. 그리스도인이 말씀에 순종하지 않는다면 세상의 가치를 더 중요하게 여기고 그 영향을 받는다. 그리고 세속사회의 가치를 우선 추구하여 의로운 길이 아닌, 다른 길로 인도하므로 말씀에 순종하는 것을 절대화했다. 목회상담은 죄의 관념을 부각시키고 상담을 받는 대상에게 확실한 믿음의 길로 인도함을 목적으로 한다.

vi. 제이 아담스의 상담 핵심사상

1. 하나님이 모든 상담의 중심이 된다.

제이 아담스(Jay E. Adams)는177) 성경을 통해서 자신을 계시하신 하나님에 대한 철저한 믿음 위에 모든 상담의 원리들을 세웠다. 이로써 상담의 도구를 사용해 하나님 나라 확장을 꾀했다.

A. 공기 없이 사는 것은 하나님 없이 사는 것

공기 없이 살 수 없는 것은 하나님 없이는 인간의 존재 가치가 없다는 말이다. 아담스는 상담을 통해서 하나님을 의식하고 하나님 안에서 현실을 직시할 것을 강조하였다.

B. 모든 만물을 통치하는 하나님

이 세상에 우연은 없다. 하나님이 지으셨고 또한 다스리신다. 하나님은 실수가 없으시다. 인생의 모든 문제와 고난을 하나님의 섭리 속에서 이해하고 의미를 찾도록 하였다.

C. 모든 것을 전지(全知)하신 하나님

상담은 우리의 앉고 서신 것을 아시고 우리의 생각과 마음속의 깊은 것을 아시는 하나님 앞에서 살도록 인도하는 것이다.

D. 계시로 말씀하시는 하나님

권면적 상담의 권위는 오늘도 성경을 통해서 우리 각인(各人)에게 말씀하시는 하나님을 확신하는 믿음에서 나온다.

E. 응답하시는 하나님

하나님을 찾는 자를 만나 주시고 믿는 자에게 역사하시는 분이다. 아담스의 상담 세계는 죽은 하나님이 아니라 지금도 확실하게 말씀하시고 역사하시는 하나님을 인정하는 토대 위에 세워졌다.

2. 죄가 문제이다

제이 아담스의 성경적 상담은 인간 문제의 원인이 죄에 있음을 가정(假定)한다. 그는 모든 문제가 죄의 문제라고 하지 않는다. 그러나 죄는 삶의 문제들의 종합적이고 구체적인 진단이다. 잘못된 행위, 바르지 못한 생각, 나쁜 사고들은 의식적이든 무의식적이든 자신의 욕심을 위해서 살아가려는 인간의 죄에 그 뿌리를 두고 있다.

A. 죄로 뿌리내린 죄된 습관에 관심

아담스는 죄의 문제를 다루면서 죄로 인하여 뿌리내린 죄악 된 습관에 많은 관심을 가졌다. 그리고 죄악된 습관을 좋은 습관으로 바꾸는데 진력(盡力)하였다. 에덴동산에서부터 시작되었던 죄를 오늘 우리 그리스도인의 현장까지 끌어다 그 죄성을 입어 습관적인 체질화를 벗어나는 일이 무엇보다 시급한 일이라고 아담스는 깨달았던 것이다.

> "옛 사람을 벗어버리고 새 사람을 입으라"(엡4:22-24).

소개한 말씀은 권면적 상담의 핵심적인 성경구절이다. 죄악된 성품, 습관들이 신자의 생각과 생활양식 속에 프로그램되어있다. 인간은 죄악 된 생각과 말과 행동을 하고 싶은 욕망이 있고 하는 것이 자연스럽다. 왜냐하면 인간은 프로그램된 대로 움직이려는 경향이 있고 또한 그것이 자연스러워졌다. 아담스는 성경 말씀과 성령의 역사 하심으로 우리의 마음이 새롭게 프로그램되고 그 결과로 우리의 생각과 말과 행동이 변화된다는 확신이 있었다.

B. 잘못된 인식과 확신을 죄 됨으로 봄

아담스는 또한 잘못된 인식과 확신(믿음)을 죄악된 것으로 보았다. 하나님, 자신이 처한 환경에 대한 왜곡된 이해가 말을 통해서 고백되어지고 이것이 본인의 생각과 행동을 지배한다고 보았다. 말을 바꾸면 생각과 행동이 바뀔 수 있다고 보았다는 의미이다.

C. 닥친 고난에 죄된 반응 보이는 것이 문제라는 지적

하나님의 절대적인 주권을 믿는 신자로서 우리가 경험하는 모든 어려움에는 의미가 있다. 고난은 우리를 시험해서 변화되어야 하는 부분들을 노출하게 한다. 결국, 고난은 우리의 인격과 신앙을 성숙시켜서 예수 그리스도를 닮아가게 한다.

3. 죄에 대한 회개의 과정 통해 변화 체험 가능

A. 아담스는 회개와 성화의 잘못된 2가지를 지적함

A.1 성화가 순간적으로 이루어진다는 견해이다.
(성화는 중생의 순간에서 시작하여 삶이 마칠 때 까지 진행).
A.2 성화를 종교적인 행위를 많이 하는 것으로 이해하는 것이다.
(성화의 행위는 충만한 의의 능력의 삶을 살므로 종교적 행위가 아니라 능동적인 믿음의 행위를 하게 됨).

아담스는 그리스도인이 죄를 회개한 후에 변화된 삶을 살기로 수없이 작정하면서도 어떻게 구체적으로 변화된 삶을 살아야 하는지를 모르기 때문에 실제적 삶의 현장에서 변화하지 못하는 경우를 많이 봤다.

B. 성화 후에 변화에 맞는 삶의 행동지침이 필요함

피상담자(내담자)에게 절실하게 요구되는 믿음의 삶은 교리적으로 도덕적으로 다짐해서 나오는 것이 아니다. 믿음의 덕목에 관한 많은 주제들(기도, 성경일기, 선행, 헌신, 희생 등)은 구체적인 행동지침이며 반복되는 노력에 의해 신앙의 열매를 맺을 수 있다. 그러기 위해 목회상담적으로 최적화된 선생(지도자)이 권면하고 돌봄의 사역으로 집중할 때, 내담자나 개인(그리스도인)의 변화가 가능하다. 하나님의 참다운 능력은 잘못된 것을 고치기 위해서 애쓰고 노력하고 또 반복되는 훈련 속에서 비로소 결실을 맺는다는 것이다.

제 16 장

효과적 치유를 위한 목회상담학 -세번째

Pastoral Counseling for Effective Healing-3

vii. 아담스의 권면적 상담

(nouthesis counseling, 勸勉的相談)

1. 권면적 상담 개념

제이 아담스가[178] 「Competent to Counsel」(1970)에서 주장한 '기독교 상담 이론'으로, 1970년대에 상담 신학자로서 창설한 기독교상담의 접근방법으로, 내담자의 상황에 맞는 성경의 원리를 적용할 수 있도록 격려하는 기독교 상담기법이다. 사랑과 깊은 믿음에서 나온 관심으로서 동기를 가진 상담자가 삶에서 죄 때문에 고통받는 내담자를 선하게 바로 세우기 위하여, 궁극적으로 창조주 하나님께 영광을 돌리면서 그의 말씀을 통하

여 효과적인 상담을 하기 위해 권면하고 회복시키려는 상담기법이다.[179]

즉 권면적 상담은 내담자의 입장을 고려하면서 상담을 적용하는 현장 중심의 기법이면서 이론을 중심하는 기법은 아니라는 것을 볼 수 있었다.

2. 권면적(νουθεσίς-nouthesis) 의미[180]

성경에 이 단어가 표기된 구절은 여러 부분이지만, 다음 한 구절을 소개하여 권면적 의미를 찾아본다.

> "내 형제들아 너희가 스스로 선함이 가득하고 모든 지식이 차서 서로 **'권하는'**(νουθετείν)[181] 자임을 나도 확신하노라"(롬15:14).

νουθετεω(noutheteo) '경고하다', '마음에 두다', '훈계하다', '타이르다'의 원형 동사에서 유래되었다. νουθεσία(nouthesia) '경고', '책망', '훈계' '가르침'은 명사이다. νουθετείν(nouthetein, 롬15:14)은 '경고하는', '훈계하는', '가르치는'의 의미는 현재 진행 동사이다.

3. 권면적 상담의 방법-3가지 요소

A. **교육**-선한 결과를 위해 교육하는(권면) 목회상담

'권면'(권고)은 가르침과 함께 병행하는 상담기법이다. 잘못한 것, 문제, 어려움이 깨달아지도록 내담자(피상담자)를 각성하도록 돕는다. 이와 동일한 의미이지만, 또 다른 의미의 '권고'는 잘못된 일을 책망하고 그 사람을 한편으로 위로하면서 그의 행동이 변화되어 회복하게 하는 선한 행위를 말하고 있다(눅1:68, 7:16). 또 '감독', 혹은 '감찰'의 기능으로 지도하는 감독과 같은 스승의 가르침을 잘 받은 후, 변화를 가져오게 하는 뜻을 가지고 있다.

"찬송하리로다 주 이스라엘의 하나님이여 그 백성을 **'돌보사'** (ἐπεσκέψατ)[182] 속량하시며"(눅1:68).

권면적 상담에서 '돌봄'의 의미로 사용된 용어는 위의 말씀(눅7:16)에서 '돌보사' ἐπεσκέψατο(Epeskephato)로[183] 기록되어 있다.

B. **언어**-교훈적 의미의 언어로 권면하는 목회상담

"예언하는 자는 사람에게 말하여 덕을 세우며 **'권면'**(παράκλησιν)[184]하며 위로하는 것이요"(고전14:3).

위의 말씀(고전14:3)에서 '권면'은 παράκλησιν(paraklesin, '격려')의 의미를 담고 있다. 이 헬라어 단어는 παράκαλεω(parakaleo)의 명사형에서 온 것으로, 낙심된 내담자 옆에서 계속하여 진심을 담아 그를 조언해 주는데, 용기를 갖도록 격려해주는 것을 말한다.[185] 이 상태에서 감정적으로 조언해 주는 것 보다 지적(이성적)인 면으로 돕는 것을 말하고 있다.

C. **권고**-내담자를 중심한 권면(권고)적 목회상담

"네 형제가 죄를 범하거든 가서 너와 그 사람과만 상대하여 **'권고'**

(ἔλεγξον)[186]하라 만일 들으면 네가 네 형제를 얻은 것이요"(마18:15)

권면(권고)적 상담의 개념은 ἔλεγξον(elengkson)은 피상담자를 중심한 상담을 적용하면서 피상담자를 사랑으로 이끄는 권면적 상담을 말한다. 여기서 말하는 권고의 뜻이 담긴 권면적 상담은 "너는 가서 오직 너와 그의 사이에서만 그를 꾸짖으라"는 해석을 할 수 있다. 이것은 책망 자체가 목적이 아니라 잘못된 피상담자를 바르게 치유하고 올바른 상태로 회복하도록 돕는 것이다.[187] 즉 '죄를 입증하여 다시는 범죄하지 않도록 하라'는 상담으로 하나님 앞에서 사랑으로 온전하게 세워지기를 바라는 말씀이다.

4. 권면적 상담 방법-4가지(성경이 기록된 목적)

디모데후서 3:16에서 성경의 4가지 사역을 '교훈', '책망', '바르게 함', '의로 교육'이라고 밝히고 있다. 아담스 교수가 4가지 주제로 권면적 목회상담에 대한 말씀사역을 적용한 것을 다음과 같이 제시한다

〈Table-21〉 목회상담-권면적 상담의 말씀사역의 분석

목회상담-권면적 상담의 말씀사역의 분석	
권면적 상담 본문(text)	"모든 성경은 하나님의 감동으로 된 것으로 〈교훈과 책망과 바르게 함과 의로 교육하기에〉 유익하니"(딤후3:16).
권면적 상담 핵심(key)	〈for teaching, rebuking, correcting and training in righteousness〉
권면적 상담 번역(trans)	〈1.의를 가르치고, 2.꾸짖고, 3.고치고, 4.훈련시키고〉

5. 권면적 상담의 목회상담 차원의 분석

성경이 쓰여진 목적 중 하나가 되는 말씀으로, 제이 아담스 교수의 목회상담적인 입장에서 권면적 상담을 분석을 구체적으로 나열한다.

A. 권면적 상담의 교육 내용-성경 본문

권면적 상담을 위한 본문(text)에서 사도 바울은 제자 디모데에게 하나님 말씀인 성경을 본문으로 선택하여 목회상담의 노하우를 전수시키고 있음을 보고 있다. 성경에 관한 기록이 예사롭지 못하다는 것과 그 말씀은 일반적인 저자들이 책을 집필하는 것과 근본적으로 차별을 두고 한 말이다.

> "모든 성경은 하나님의 감동으로 된 것으로…"(딤후3:16).

바울이 디모데를 훈련하는 교재는 '하나님 성령의 감동'(the inspiration of the Holy Spirit of God)으로 기록된 '성경'이라고 강조하고 있다. 여기서 감동을 말하면서 '하나님의 감동'이라고 하다. 일반적 사상, 학문, 그리고 감동은 일시적이며 감정을 수반(隨伴)한다. 그러나 하나님의 감동은 영원하며 생명을 부여하고 그 자체가 구원을 공급하는 것으로서 영원한 형벌의 죽음에서 영원한 축복의 생명을 가리키고 있다.

B. 목회상담의 적절한 주제 4가지

말씀 안에는 교육의 내용을 구체적으로 4가지로 나열하고 있다. 즉 교육의 핵심부분을 가르치면서 그 내용으로 교육의 대상에게 훈련하면 하나님이 원하는 사람이 된다고 하면서, '교훈'(teaching), '책망'(rebuking), '바르게 함'(correcting), '의로 교육'(training by righteousness) 이상 4가지를 말하고 있다. 이 교육의 내용은 사람을 대상으로 목회상담하는 교육을 하기에 매우 적절한 내용이 된다. 불완전한 인간을 하나님의 의(義)로 교육하면 이보다 더 온전해질 수 있을까?를 반문해 본다.

C. 목회상담의 강점(强占)-의(義)로 교육함

아담스 교수는 목회상담의 방법으로 선교하거나 목회했던 사도 바울을 자신의 사역을 하는데 롤모델로 인정하고 나갔다. 아담스의 말씀사역은 오랜 기간 상담사역과 교수사역에서 목회상담 면에서 설교했던 자료를 크게 2가지로 구분하면 다음의 결론을 분석해 볼 수 있다.

C.1 설교를 통한 말씀선포로 목회상담을 적용했다.

그의 설교의 중심은 인간의 심리학적인 면을 깊게 파고 들어가는 듯하며, 그 내용에 있어서 성경 말씀을 중심하고 있다. 본문(text)을 증거하는 서론이나 본론 부분에서 예수 그리스도의 죽음과 부활을 많이 다루었으며 결론 부분에서 설교의 핵심을 강하게 다진다. 대체로 목회상담 측면의 윤리적, 치유적 설교가 많았으며 이에 대한 결단을 촉구했다. 전체적으로 예수 그리스도 중심적이며 성령의 인도하심을 구하는 목회상담 형식의 설교 내용이다.[188]

C.2 제이 아담스의 목회상담 설교방법 분석

아담스의 목회상담 방법에 준하여 설교한 분석 몇 가지 정도를 선별하여 상담설교의 틀에서 분석해 보았다.

첫째, 전달하고자 하는 주제를 상담의 틀에서 설교

아담스는 전달하고자 하는 주제를 상담의 틀에서 설교한다. 다양한 청중(성도)에게 상담의 목표를 이루려고 노력하는 그의 설교는 어떤 현장에서 누가 들어도 상담방법과 동떨어지지 않는 설교이다.

둘째, 확신에 찬 어조로 설교함

'설교자가 확신에 차야 청중(성도)이 반이라도 믿는다'는 신조처럼, 아담스의 목회상담적 설교는 힘을 가할 때와 강조할 때를 알고 적용했다. 성도(청중)의 눈과 눈을 맞추면서(eye Contect) 증거하는 아담스의 설교의 스킬은 쌍방 대화(two way comunication)의 형태로 상담을 염두에 둔 것으로서 듣는이의 집중력을 높여 준다.

셋째, 예언자적 설교를 강조함

사회의 부패성과 그 안에서의 그리스도인의 삶의 길을 적절하게 제시할 것을 간파했다. 청중의 삶과 형편을 고려하여 거기에 참여하는 설교는 목회상담적인 설교를 적용하고 있다. 그러나 윤리적인 면이 강한 반면, 케리그마적 요소가 다소 약한 경우가 있지만, 사람의 부패하고 죄성이 많은 마음을 거룩한 말씀으로 사로잡아 변화로 이끌어 간 것은 사실이다. 예언자적인 설교는 듣는 청중의 마음을 사로잡아 믿음과 신앙을 일치시키며 변화와 치유로 회복을 추구하는 설교를 강조할 것을 말했다.

C.3 목회상담의 말씀으로 권면함

아담스는 개인과 소그룹(모임의 단위), 그리고 나아가서 전체적으로 교회 공동체를 건강한 하나님의 백성으로, 굳건한 하나님의 나라로 세워갔다.

<Table-22> 아담스의 목회상담의 논리

아담스의 목회상담의 논리-바울과 같이 하나님 백성 세우기	
ı 건강한 하나님 나라 Healthy People of God	바울은 세계선교의 확장을 목회상담 방법으로 해결해 나갔다
ı 굳건한 하나님 나라 Strong kingdom of God	

viii. 아담스의 권면적상담 목표와 방법

A. 성령의 사역을 돕는 말씀의 감동

제이 아담스는 상담과정에서 성령의 역할을 중요시하며, 성령은 믿는 자의 참된 변화를 가져오게 하는 근원이라고 하였다. 성령의 사역을 돕기 위해 상담자는 상담과정에서 다른 무엇보다 성경의 말씀에 전적으로 의지하여 내담자를 도와야 한다고 주장하면서, 상담과정을 통해 성경 말씀을 사용하여 내담자의 죄를 지적하면서, 하나님이 인간을 창조한 "본래의 모습으로 돌아가는 성화(거룩함의 근본 존재)의 과정을 이루도록 도와야 한다"(It helps us achieve the process of Sanctification returning to their original form)고 말하였다.

권면적 상담은 어느 상담기법 보다 성령의 조력을 필요로 하는 원칙

이 있으며 그에 따른 말씀이 감동하여 성화를 이루게 하고 창조의 근본적인 모습으로 회복되게 하는 것이다.

> "오직 성령이 너희에게 임하시면 너희가 권능을 받고 예루살렘과 온 유대와 사마리아와 땅 끝까지 이르러 내 증인이 되리라 하시니라"(행1:8).

그러므로 죄성(罪性)이 강한 지배를 받게 마련인 우리 그리스도인을 성령께서는 항상 영적인 감동으로 이끄시길 원하신다. 성령의 강한 역사는 자신의 존재를 앞세우는 자존심 강한 자에게 여간해서 나타나지 않는다. 오히려 우둔하고 못났다고 고백하는 존재들을 탁월하게 이끄셔서 창조주 하나님의 역사를 이뤄가는 주역으로 사용하신다.

B. 권면적 상담의 목표

〈Table-23〉 아담스의 권면적 상담 방법

권면적 상담 방법	요점
첫째, 내 버릴 습관의 유형을 인식한다	구습 유형 인식
둘째, 성경적 대안을 준비한다	말씀 대안 준비
셋째, 변화 위한 구조화로 바꾼다	변화 구조 바꿈
넷째, 죄의 연결 고리를 깨트린다	죄성 고리 파괴
다섯째, 믿음의 동료의 도움을 얻는다	믿음 동료 도움
여섯째, 그리스도와 전인적 관계 맺는다	전인 관계 맺음
일곱째, 새로운 유형을 연습한다.	새로 유형 연습

권면적 상담의 목표는 7가지로 세분하여 설정하여 제시하므로 이 상담기법은 더욱 설득력을 얻게 하고 있다. 내담자가 자신의 죄를 깨닫고, 하나님의 말씀에 귀를 기울이고, 순종하여 죄를 돌이킴으로써 옛 습관을 벗어 버리고, 새로운 습관을 입은 새로운 사람으로 거듭나게 한다. 이러한 내담자의 변화를 위한 권면적 상담과정의 7단계를 다음의 설명을 통해서 본 상담의 목표를 효과적으로 이루어 나가야 한다.

C. 권면적 상담 과정의 7단계

C.1 벗어야 할 습관의 유형을 인식하게 한다.

상담 초기에 내담자가 이미 습관이 되어 버린 자신의 죄악된 행동에 대해 인식해야 하는 필요성을 알려주고 버리게 한다.

C.2 성경적 대안을 발견하여 준비한다.

내담자의 죄악된 습관에 대해 인식되면, 상담자는 특수한 상황에 적용할 수 있는 성경의 원리를 제시한다. 상담자가 내담자의 독특한 삶에 적절히 적용하도록 성경 원리를 찾아 준비하고 훈련한다.

C.3 변화를 위한 전체적 상황의 구조화를 이룬다.

내담자는 죄악 된 습관을 고치고, 하나님이 원하는 삶의 다양한 부분: 환경, 친구 등 새로운 생활에 방해되는 사항을 정리하고 구조화하도록 지속적인 훈련으로 바꾸게 한다.

C.4 죄의 나선형에 연결되어 있는 고리를 끊는 것이다.

내담자의 죄악된 습관은 반복하여 고리처럼 연결되므로 다른 행동과 생각에 따라 발전되었다. 그 연결고리를 끊도록 습관은 새롭게 한다.

C.5 믿음의 동료의 도움을 얻는다.

죄악된 유형의 습관의 반응이 하나님을 기쁘게 하는 성경적 반응으로 대치시키도록 격려가 필요하다. 이를 위해 가족이나 주위 사람의 도움을 요청하고, 권면적 상담 목표를 위한 계획과 실천을 하게 한다.

C.6 그리스도와의 전인적 관계를 맺게 한다.

내담자는 변화에 초점을 맞추어 모든 변화가 하나님을 기쁘게 하고 성자(聖者) 예수 그리스도를 영화롭게 하는 기본적 삶을 기억하여, 내담자의 삶 전부가 하나님이 기뻐하시도록 변화하고 확장시킨다.

C.7 새로운 유형을 연습하게 한다.

습관적인 유형은 한 순간에 고쳐지는 것이 아니므로 끊임없는 연습을 반복하여 내담자 삶의 일부분이 되도록 한다.[189]

〈Table-24〉 위에서 본 그림[190]

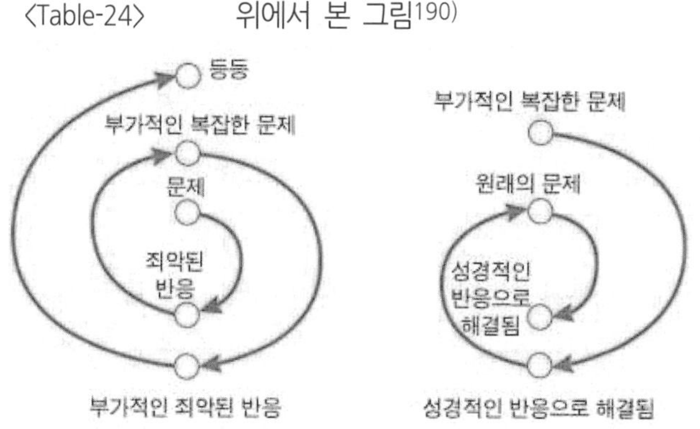

〈Table-25〉 옆에서 본 그림

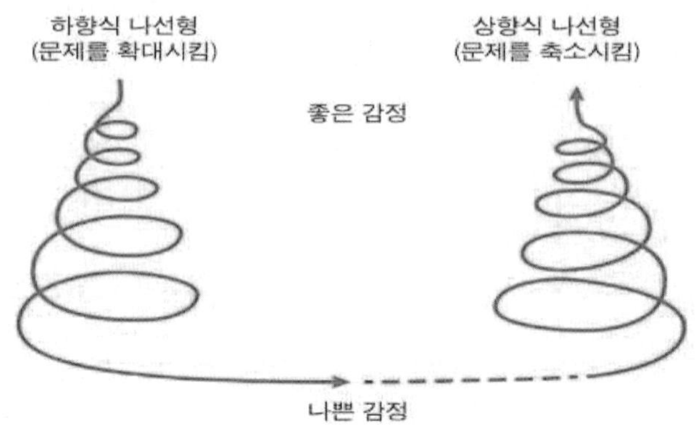

ix. 제이 아담스 결론과 로렌스 크렙의 시작

지금까지 아담스 교수의 성경적 상담의 원리와 방법, 그리고 특성 등을 배웠다. 전체 상담학계에서 특출한 상담학자가 많으나, 극히 성경적, 보수적 경향의 상담자를 다음 2인의 상담학자를 선별하여 본다. 본서에서 '상처 치유를 위한 효과적 목회상담적 차원의 상담 학자로는 제이 아담스와 로렌스 크렙(Lawrence Crabb)을 말하고 싶다.

제이 아담스는 권면적 상담에서 상담자가 내담자의 다양한 문제를 성경의 원리에 비추어 보고, 올바른 길을 제시해 주는 역할을 한다고 했다. 한편, 상담과정에서 성경의 원리를 더욱 긍정적으로 적용한 상담자는 로렌스 크렙이다. 그러나 로렌스는 실제적으로 상담의 기법을 적용할 때는 일반 심리학의 방법을 현장에서 사용하면서 따랐다. 이것이 아담스와 크렙의 차이점이면서도 크렙은 성경의 원리에서 떠나지 않으려고 노력했다.

x. 로렌스 크렙의 성경적 상담

1. 그의 제안-성경적 상담 4가지 요소

〈Table-26〉 로렌스 크렙-성경적 상담의 원리

「Basic principles of Biblical Counseling」(성경적 상담의 원리)	
성경적 상담-**목표**	하나님을 더욱더 경배하고 섬기도록 상담함
성경적 상담-**과정**	예수 그리스도를 닮아 가도록 이끌어감
성경적 상담-**적용**	성경적 상담의 원리가 상담에 적용되게 함
성경적 상담-**결실**	그리스도인의 삶에 실천으로 결실하게 함

로렌스 크렙의 성경적 상담의 방법, 4가지를 위와 같이 제시해 본다. 그는 1975년 「Basic principles of Biblical Counseling」을 저술하면서 성경의 원리를 바탕으로 하는 상담을 제안하였다. 성경적 상담의 목표가 사람들이 하나님을 더욱더 경배하고 섬길 수 있도록 하며, 이런 원리가 상담과정에 적용되어 그리스도인 삶에서 결실로 나타나야 한다.

2. 성경적상담 특징 비교-로렌스 크렙과 제이 아담스

〈Table-27〉 두 상담자의 비교-성경경 상담의 원리

제이 아담스	차이	로렌스 크렙
원리-성경적 권위	인정	원리-성경적 권위
방법-성경적 권위	따름	방법-성경적 권위
일반심리학-원리,방법,과정 상담으로 적용을 거부	적용	일반심리학-원리,방법,과정 상담으로 적용을 거부하지 않음
두 상담자의 일반심리학을 인정하는 차이는 반대 견해/일반 원리는 동일		

로렌스 크렙은 심리학을 기독교상담으로 적용하는 것을 절대적으로 거부했던 제이 아담스와는 달리, 상담의 방법과 과정, 그리고 원리 등은 일반 심리학적 원리를 따랐다. 중요한 것은 성경적 상담에서는 성경의 권위를 인정하고 성경의 입장에서 인간의 모든 문제에 대해 접근하여 해결책을 찾고 있는 등 성경의 권위와 그 역할을 강조했다는 특징을 가진다.191)

따라서 일반적으로 성경적 상담이라고 하면 로렌스 크렙의 성경적 상담만 가리키기도 한다. 아담스는 일반적 원리의 핵심인 상담기법으로 적용하는 것을 본질적으로 거부했으며, 클렙은 일반적 원리를 적용하므로 두 사람의 차이는 확연하게 차이가 난다.

3. 성경적 상담-로렌스 크랩의 7단계 모델
(seven-stage model of Lawrence Crabb)

목회상담 차원의 성경적 상담을 주장한 로렌스 크렙이 제시한 7단계의 상담모델이다. 성경적 상담을 적용하여 내담자의 문제해결이 이루어지는 과정을 설명한 상담모델이다. 다음의 7단계는 주제들만 가져와서192) 본서에 맞게 어렌지하여 '주제 모델'과 '내용(7단계) 해석'를 나름대로 제시하여 본다.

A. 주제-7단계 모델

〈Table-28〉 로렌스 크렙의 7단계 모델

1	2	3
문제 감정 확인 ➡	문제 행동 확인 ➡	문제 사고 확인 ➡

4	5	6	7
성경 사고 전환 ➡	안전 형태 결단 ➡	이전 단계 다짐 ➡	영적 감정 조절

B. 내용-7단계 모델 해석

B.1 첫째 단계-문제의 감정 확인

로렌스 크렙의 성경적 상담의 7단계 과정 첫 단계로서, 문제 감정을 확인(identify problem feeling)해야 한다고 말한다. 대부분의 내담자는 상담을 시작하면서 자신의 감정이나 외적인 환경 혹은 문제 행동에 대해 말한다. 이때 상담자는 내담자의 문제의 감정(problem emotion)이 무엇인지 정확하게 파악해야 한다. 즉, 내담자에게 문제되는 감정이 불안, 원망, 죄책감, 절망 혹은 막연한 공허감 중 어떤 것인지 알게 한다.

B.2 둘째 단계-문제의 행동 확인

둘째 단계는 목표를 향한 문제행동을 확인하는(identify goal-oriented problem behavior) 것이다. 이것은 문제의 감정을 돌발했을 때, 내담자가 어떤 행동을 하고 있는지에 대해 질문을 하면서 현재 내담자의 삶에서 문제가 되는 목표행동의 근원을 찾으려는 것이므로 필수적으로 확인해야 한다.

B.3 셋째 단계-문제의 사고 확인

셋째 단계는 문제의 사고를 확인하는(identify problem thinking) 것이다. 크랩은 특별히 기존의 상담학자들과 권면적 상담을 주장한 제이 아담스(Jay Adams)는 인간의 행동에 초점을 맞추고 이를 변화시키는 데 과도한 관심을 집중시킨다고 지적하면서, 내담자의 문제적 행동을 일으키는 인간 내면의 태도와 신념에 관심을 가지고 그쪽으로 상담기법을 적용하게 해주는 것을 알 수 있다.

B.4 넷째 단계-성경적 사고 전환

넷째 단계는 성경적 사고로 전환(Change to Biblical thinking)하는 것이다. 이것은 내담자의 문제의 사고를 성경적인 올바른, 사고로 전환시키는 과정을 말한다. 성경의 원리에 내담자의 문제적 사고를 비춰 보게 함으로써 내담자 스스로 옛 사고의 오류를 인정하고 성경적 생각으로 변화되게 한다.

B.5 다섯째 단계-안전한 형태로 결단

다섯째 단계는 안전한 형태로의 결단(decision in a safe form)이다. 이 단계에서는 전 단계에서 새롭게 학습한 성경적 사고를 안전한 행동의 형태로 실천에 옮긴다. 이는 내담자가 새롭고 올바른 사고에 부합(符合)하는 행동을 하도록 스스로 결단하도록 지원하는 과정이다. 이때 내담자는 자신의 잘못된 행동을 고백하고, 이런 일이 잘못된 사고의 결과로 형성되었음을 시인하고 결단하여 내담자가 실천하게 지도한다.

B.6 여섯째 단계-이전 단계 다짐

여섯째 단계는 이전 단계 과정을 더욱 단단하게 다진다(firmness up). 상담자는 내담자가 변화된 생각대로 새로운 행동을 잘 실천할 수 있도록 여러 가지 계획을 세우도록 지원한다. 이때 세우는 계획들은 성경적인 원리에 따른 행동 계획이어야 한다.

B.7 일곱째 단계-영적 감정 조절

일곱째 단계는 영적인 감정을 조절(controlling spiritual emotions) 하게 한다. 상담자의 역할은 변화된 내담자의 삶 속에서 고요함, 함께함, 그리고 평화로움과 같은 성령의 사역(spirit's work)의 증거를 찾을 수 있도록 도와주고, 그를 통해서 삶의 즐거움을 누릴 수 있도록 지원해준다.[193]

xi. 권면적 상담과 성경적 상담을 통한 그리스도인의 삶

1. 성숙한 그리스도인 요구

’권면적 상담‘과 ’성경적 상담‘을 상담자로부터 받은 것을 의미한다. 이것은 목회상담적인 상담의 기법을 갖춘 상담자에게 내담자는 다음의 8가지의 삶의 결실을 나타내도록 돌봄(caring)을 받았다는 것이다. 우리는 그리스도를 믿음으로 구원을 받고 하나님의 자녀로 살아야 함에도 그렇지 못하고 정 반대의 삶으로 살고 있든지 별볼일 없는 삶, 더 나아가 소극적, 부정적 삶에서 벗어나지 못하고 있었는데, 목회상담 기법을 통해 그와 반대인 능동적(dynamic)인 삶의 형태인 말씀의 결실로 맺어져야 함을 깨닫고 성경이 요구하는 소리를 듣게 되었다. 이렇게 그리스도인의 성숙을 요구하는 전제(前提)의 말씀을 소개한다.

> “또 형제들아 너희를 권면하노니 게으른 자들을 [권계]하며, 마음이 약한 자들을 [격려]하고 힘이 없는 자들을 [붙들어주며] 모든 사람에게 [대하여] 오래 참으라”(살전5:14).

2. 목회 상담적(성경상담적) 교훈

'권계'(νουθετεíτε)-(noutheteite)는 '엄하게 경고하며', '권하다' 의미,
'격려'(παραμυθειθε)-(paramuideide)는 '위로하며', '용기북돋우다' 의미,
'붙들며'(ἀντεχεσθε)-(antekeste)는 '단단히 붙잡다'의 의미가 3단에 각각 담겨 있으며.[194] 이 의미와 함께 교훈적 가치를 담고 있다.

이상의 말씀에서 3가지의 단어의 의미의 교훈은, '게으른 자'와 마음이 약한 자, 그리고 '망가지고 힘 없는 자'를 돌봄의 상담 방법으로서 다시 세우도록 치유하고 회복하여 완전함을 가져다주는 것을 말한다. 그 생활의 결과를 8가지로 요구하면서 능동적 삶을 교훈하고 있다.

3. 그리스도인의 8가지 능동적 삶 요구

데살로니가전서 5:15-22에서 각 주제별로 나타나는 삶의 능동적인 결실은 부정적이거나 보통의 믿음의 삶을 가지고는 좀처럼 맺어지기 힘든 것들이다. 8가지의 주제별로 결실을 맺기까지 어떤 헌신이 필요한가를 생각해 보는 것이다. 내담자의 희생과 결단이 없는데, 상담만 받았다 해서 자연적으로 이런 삶의 주제들이 나타나지 않는다.

4. 8가지 능동적 삶을 형성하기 위한 몸부림

A. '따르고' '기뻐하고' 내면적 보다는 외면적 성격이 강하다 이렇게 하고 나면 다음에 따라오는 주제는 '기도'와 '감사'이다.

B. 기도와 감사하는 삶은 시냇가에 심은 나무처럼 '성령충만으로' 가능하다. 이 결과는 한 사람의 몫이 아니라 열사람, 백사람 이상을

뜻하고 있으므로 그리스도인(치유상담자, 피상담자)은 성령충만의 덕목을 위해 베스트 삶을 힘쓰며 건강하게 능력있게 그 길을 가야 한다.

〈Table-29〉[195] 그리스도인의 8가지 능동적 삶

종류	주 제	요구 사항	근거
1	Follow_ 선을 따르라	누구에게든지 악으로 갚지 말고 모든 사람을 대할 때, 항상 선을 따르라	살전 5:15
2	Joyful_ 항상 기뻐하라	언제든지 어떤 상황 속에서도 기뻐하기를 주저하지 말라	살전 5:16
3	Praying_ 계속기도하라	하나님께 드리는 기도를 쉴 사이 없이 기도하라	살전 5:17
4	Thankful_ 범사에 감사하라	범사에 감사하는 것이 그리스도 안에서 너희를 향한 하나님 뜻이다	살전 5:18
5	Fill_ 성령충만 유지하라	성령님을 소멸하지 말고 그 충만을 유지하라	살전 5:19
6	Value_ 예언을 중히여기라	말씀의 예언을 멸시하지 말고 중요하게 여기라	살전 5:20
7	Thoughtful_ 사려 깊게 행동하라	모든 일에 사려깊은 생각을 하며, 좋은 것을 선택하라	살전 5:21
8	Throw_ 악한 형상 버리라	악한 것은 어떤 모양이라도 버리고 그 생각 자체를 버리라	살전 5:22

C. 예언에 대하여 선견지명[196]을 갖는다는 것은, 먼저 말씀을 멸시(간과,간과)하[197]지 말고 보물을 다루듯 말씀에 대하여 흥미를 느껴야 한다는 주문이다.

D. 모든 일에 사려 깊게 행동할 수 있는 것은, 거룩하지 못한 것, 선한 영향력을 주지 않는 것 등을 구별하고 긍정적인 마인드를 가지고 처세(處世)해 나가야 한다.

E. 오직 생각 자체를 주변의 상황, 형편, 그리고 시간대와는 반(反)하는 자세로 살아가야 할 것을 요구하고 있다.

각주(미주)

| 제1부_서론 |

1) 영적(靈的, spiritually) 이슈-'하나님이 보시기에 합당한'(롬12:1), '육체에 상응하는 영혼에 관계된 것'(롬15:27), '성령 하나님의 역사를 통해 이뤄지는 신령적인 것'(고전2:13; 14:12), '거룩하고 신령한 관점에서'(계11:18)란 뜻이며, 이 바탕 위에서 해당되는 주제를 문제 삼아 연구하겠다는 것을 말한다[교회용어사전: 영적].

2) 이선화, 현대 그리스도인의 성품 변화모색, 서울: 러빙터치, 2019, p.104.

그리스도인의 구원의 여정(旅程)은 보통 9과정으로 보고 있는 신학적 견해가 우세하다. 그러나 본서에서는 크게 3과정으로 분류하여 생각해도 본서를 작성해 가는데 문제 될 요소가 별로 없을 것이라 사료 된다. 예수 믿는 순간, '중생'(justification)과 '의인'(거룩한 성도)의 칭호를 얻으며, 그리스도인의 삶이라는 '성화'(sanctification)는 일생 동안 살아간다. 종국에는 '영화'(glorification)의 단계에서 홀연히 변화되어 영원한 천국으로 입성하게 된다.

3) [교회용어사전, inner healing].

4) S.Y.Pae, 내적치유 사역(The Inner Healing Ministry), 서울: 러빙터치 2007, pp.28-35.

5) 데이빗 씨멘즈, 상한 감정의 치유(Healing for Damaged Emotions), 송헌복 역, 서울: 두란노, Colorado Springs: Victor Books, CO, 1981, pp.36-37.

6) 데이빗 씨멘즈, 같은 책, pp.34-35.

데이빗 씨멘즈(David Seamands)는 본 저서, [상한 감정의 치유]는 명료한 성경적 신학과 심리학의 튼튼한 기초 위에서 실제적인 일반 상식이 어우러진 책이다. 또 본서는 설교를 통해 치유되지 못하거나 헌신, 봉사, 성경 연구, 성례전, 기도, 성령 충만을 통해서도 해결되지 못한 그리스도인들의 상처나 감정 손상, 낮은 자존감 등을 본질적으로 치유하는 교재로서 그 가치를 더하고 있다.

7) 콜린 우르크 하르트, 치유함을 받으라(Receive Your Healing), 이광호 역, 서울: 기독교문서선교회, 1988, pp.12-20.

8) 데이빗 씨멘즈, 같은 책, pp.37-38.

9) 콜린 우르크하르트, 치유를 받으라, 이광호역, 서울:기독교문서선교회,pp.26-27.

10) 콜린 우르크하르트, 같은 책, pp.28-29.

11) S.Y.Pae, 교회갱신 성경교재(지도자용)-작은자 공동체 이루기, 서울: 도서출판 이레아트, 1994, p.93.

12) S.Y.Pae, 같은 책, p.96.

13) S.Y.Pae, 같은 책, pp.95-97.

14) 마이크 플린과 그레그, 내적치유와 영적 성장(Helping Your self & Others II), 서울: 한국 IVP, 1993. pp.20-27.

마이크 플린(Mike Flynn)은 유명한 설교가요 교사로서, 캘리포니아 버뱅크에 소재한 [성유다감리교회]의 담임목사로 사역하고 있다. Holy Vulnerability 저서가 있으며 미국서 발행되는 여러 매거진의 치유에 관한 아티클을 집필하고 있다.

더그 그레그(Doug Gregg)는 캘리포니아 하이랜드파크에 소재한 [신앙연합장로교회] 협동목사로 사역하면서 미국 IVF에서 가르침과 훈련 전문가로 사역에 열정하고 있다. 또한 Fuller Theological Seminary의 부교수로 재직하고 있다.

15) [두산백과, 감정(feeling, 感情).

16) 감성은 수동성을 내포하며 인간의 한 유한성을 나타내는 반면, 인간과 세계를 잇는 원초적 유대로서 인간 생활의 기본적 영역을 열어 주는 역할을 한다. 오히려 감성을 인간의 생의 포괄적인 영위(營爲)에 있어 가장 기본적인 한 국면으로 고찰하는 것이 일반적인 경향이다[두산백과, 감성(sensibility, 感性).

17) 내적치유 사역의 영적 방향은 수 세기에 걸쳐 기독교 전통을 따르고 있다. 적용방법은 1950년 후반부터 본격적으로 발견되고 개선되고 전수되어왔다.

18) 찰스 H. 크래프트, 사악한 영을 대적하라(Defeating Dark Angels), Ann Arbor, Mich: Servant, 1992.

이 책은 마귀가 그리스도인의 삶에서 어떤 역사를 하며, 이에 대항하는 방법과 축귀(逐鬼)하는 구체적인 사례를 들고 있으며, 치유 사역을 담당하는 사역자들에게 치유사역에 대한 도움을 주는 실천적인 지침서가 되고 있다.

19) 찰스 H. 크래프트 교수는 10년 이상 미국에서 치유 사역을 담당하고 있으며, 미국 풀러 신학교 인류학과(Intercultural Communication) 과목을 가르치고 있으며 그 학교의 부총장이다. 그의 저서로는 [깊은 상처를 치유하시는 하나님](Deep Wounds, Deep Healing), [능력의 기독교](Christianity with Power), [내면의 치유를 위한 고등전술 전략](Behind Enemy Lines) 등이 있다.

20) 찰스 H. 크래프트, 사악한 영을 대적하라, 같은 책, pp.69-73.

21) 찰스 H. 크래프트, 같은 책, pp.84-92.

22) 당시 스토아 철학에서는 인간의 삶을 즐길 수 있는 모든 원천이 자신에게 있다고 여기고 스스로 만족하기를 추구했다. 그러나 바울은 인간의 삶이 어떤 상황에서도 평정을 유지하는 힘이 하나님으로 부터 나온다고 고백한다.

23) 활동하고 있지만 자각(自覺)되지 않는 의식. [국어표준사전, 국립국어연구원, 1999].

24) 박윤선, 박윤선 구약주석-신명기 29장 18절(독초와 쑥),

"이것은 비유적 표현이다. 독초와 쑥은 독이 들어있고 맛이 쓴 식물로서 불경건한 자들의 강퍅한 마음(또는 강퍅한 마음을 품은 자)을 상징한다. 그들은 악한 마음으로 하나님의 말씀을 고의적으로 반역하였다"고 주경 신학자 박윤선은 주석한다.

25) [교회용어사전: 쓴뿌리]

26) 역시, 같은 사이트에서는 쓴뿌리의 속성을 세밀하게 제시하면서 그에 대한 개념을 밝히고 있다.

27) 이선화, 같은 책, p.72.

<표 13> 내적 치유의 요인들과 성격 치료 사항들.

28) 한국자살예방협회나 자살방지협의회 등의 통계와 조사가 이를 뒷받침 해주고 있다. 특히 매스컴의 보도도 극단적 선택을 알리고 있는데, 이는 유명인이나 사회 지도층의 자살을 말하고 있다.

29) 이선화, 같은 책, pp.104-105.

30) 이선화, 같은 책, pp.107-108.

31) 이선화, 같은 책, pp.110-112.

32) 찰스 H. 크라프트, 신자가 소유한 놀라운 권세, 이윤호역, 서울: 베다니출판사, 2000. p.47.

33) 박민진, 열등감 다스리기, 서울: PLATORS'출판사, 2013, pp.45-49.

34) [두산백과: 질투, jealousy, 嫉妬].

35) [교육학용어사전: 죄책감(罪責感, guilt feeling].

36) 찰스 H. 크라프트, 깊은 상처를 치유하시는 하나님, 같은 책, 2002, p.85.

37) 콜린 우르크하루트, 같은 책, pp.74-84.

38) http://cafe.daum.net/cgsbong/.Joyful.

39) S.Y.Pae, 영성 지도력 계발(Enlightenment for Mission to The Spirituality Ministry), 서울: 도서출판 예루살렘, 2004. pp.27-29.

40) 신주(神主)와 단지[甕]의 합성어이며, 신주는 조상 신을 의미하고 단지는 조상 신을 상징하는 신체(神體)로서, 곧 조상단지를 뜻한다[한국민속신앙사전: 가정신앙 편].

41) 신명기 6:5, 이 말씀은 모세가 선포하고자 하는 모든 율법의 근원이자, 상대적 단일성으로서 신앙의 대상인 여호와 하나님의 속성에 대한 서술이며, 하나님의 절대적인 유일성(唯一性)을 지칭하는 근본적인 지침이다.

42) 박윤선, 박윤석 박사 구약주석-신명기, 서울: 영음사, 1995, p.107.

43) 여기서 두 가지로 살필 수 있다. 하나님과의 관계를 먼저 가져야 한다. 다음, 하나님과의 관계에서 실패하면 다른 그 외의 관계는 어렵게 된다.

44) 성경사전편찬위원회, 아가페 성경사전, 서울: 아가페출판사, 1991, p.432.

45) 성경사전편찬위원회, 같은 책, p.1788.

46) 성경사전편찬위원회, 같은 책, p.317-318.

47) 샬롬 김, 비전의 서: 비전 있어?, 대전: 비전멘토링코리아, 2020, p.135.

48) 류춘배, 자립능력 갖추는 교회 개척론, 서울: 도서출판 러빙터치, 2018, pp.136-138.

| 제2부_치유 사역과 원리 |

49) 데이빗 A. 아우그스버그David, 문화를 초월하는 목회상담(Pastoral Counseling Across Cultures), 서울: 그리심, 1975, pp.111-143.

본서의 저자는 미국 LA 복쪽 Pasadena의 Fuller Theological Seminary 목회상담학 교수로서 1990년 이후부터 이 학교에서 강의사역을 하고 있다. 그는 20여 권의 상담 관련 책을 집필했다.

콜린 우르크하루트, 같은 책, Christian Counseling, ch.9. "Guilt", 1988, pp.152-163(Spiritual Formation: 그리스도 안에서 우리는 누구인가?).

50) [국어표준사전, 국립국어연구원, 1999].

51) Burness, Moore, Bernard, & Fine, Nathanson, 1987, 이재훈 옮김, 2002.

52) Burness, Moore, Bernard, & Fine, 같은 책.

53) 남기숙, 수치심과 죄책감, 2003년도 한국 임상심리학회 추계 학술대회(2003. 11.8).

54) [위키백과-죄책감].

55) [국어표준사전, 국립국어연구원. 1999].

56) Burness, Moore, Bernard, & Fine, 같은 책.

57) [정신분석용어사전, 미국정신분석학회 이재훈]

58) 남기숙, 수치심과 죄책감, 같은 책, '교안 서론'.

59) 프로이트(S. Freud)는 자아(ego)와 자아상을 비슷한 의미로 사용하기도 한다. 자아는 주로 현실을 파악하고 충동을 조절하는 기능적인 면을 의미하는 반면, 자아상은 자기 자신에 대한 느낌이나 생각이라는 측면에서 자아와 구별된다 [특수교육학 용어사전] 자아상 [自我像, self-image].

60) Lewis, 1992; Tangney & Fischer, 1995.

61) 남기숙, 수치심과 죄책감, 같은 책, '교안 서론'.

62) 남기숙, 수치심과 죄책감, 같은 책, '존재(being)대 행위(doing) 중심의 구분'에서.

63) 동병-상련(同病相憐)), 같은 병을 앓는 환자끼리 서로 가엾게 여긴다는 뜻으로, 어려운 처지에 있는 사람끼리 서로 동정하고 도움을 뜻한다[국어표준사전, 국립국어연구원 1999].

64) Gary Collins, Innovative Approches to Counseling, Waco, Tex.: Word, 1986, p.117.

65) Jacoby, 1991.

66) Gary Collins, 같은 책, p.118.

67) blog.naver.com/me467700

68) Colin Urquhart, Recieve Your Healing, 같은 책, p.118.

69) 콜린 우르크하르트, 같은 책, pp.119-122.

70) 본 장은, 찰스 H. 크래프트, 사악한 영을 대적하라, 장경옥(요약), 서울: 도서출판 은성, 1992. 요약본./마귀론에 대한 각 신학자의 정통적인 견해를 발췌하여 편집했다. 그리고 S.Y.Pae, 내적치유사역, 서울: 러빙터치, 2007, pp.55-76을 기본 텍스트로 하여 그 이해의 폭을 넓혔다. 이유는 귀신론은 보다 신중하게

취급하면서 소개해야 하기 때문이다.

71) St. Augustine, Library of Christian Classics of The Confessions of St. Augustine, Westminster, 1964, pp.96-98.

어거스틴은 여기서 죄의 기원을 고백하고, 그 죄에 고통받는 자신과 인간의 참상을 고백하는 탄식을 토한다.

72) 기독교에서 '선악과'에 대하여 문법식으로 이해하면, "the fruit of the Tree of Knowledge of Good and Evil'로 해석할 수 있다.

73) 마귀에 대한 사탄의 정체를 밝혀가는 이 책에서 '마귀'(사탄)을 '사탄'(마귀, 혹 귀신)으로 그 용어를 병행하여 사용할 것임을 밝힌다.

74) 끔찍하고 비참한 상태[국어표준사전, 국립국어연구원, 1999].

75) Neil T. Anderson, Victory over The Darkness, Regal Books, CA: Ventura, 1990, pp.88-89.

76) 예영수, 귀신의 기원에 대한 제학설 비교연구-한국교회 신학자들이 본 마귀론 이해, 서울: 도서출판 은성, 1998(전문 요약에서 발췌).

77) 이 가설은 데이빗 프리드릭 스트라우스(David Friedrich Strauss)와 신화학파들이 발전시켰다.

78) '귀신들린다'는 말이 분명히 '미친다'는 말과 동일하게 사용되는 경우(요 7:20; 8:48; 10:20)에 나타난다. 예수님과 제자들은 그 당시 일반적인 신앙에 맞춰 단순히 귀신들렸다고 표현했다.

79) 메릴 F. 엉거는 예수님께서 그 당시 무리들에게 말씀하지 않고제자들에게 별도로 말씀할 때, 귀신 쫓는 이야기를 말씀했다는 사실을 예증으로 조정이론이 잘못되었음을 강조하고 있다(마17:19-21).

80) 귀신들린 사람은, 인간의 의식이 억압당하고, 이성이 작용하지 못하는 상황에서 상상으로 만들어진 귀신이라는 인격체의 모습으로 말한다(막5:7).

81) Merrill F. Unger, Biblical Demonology, Grand Rapids, MI: Kregel Pub., 1974. pp.56-59.

82) 이 주장에 대해 엉거(Merrill F. Unger), 디카슨(C. Fred Dickason), 쉐이퍼(Lewis Sperry Chafer) 등이 지지한다, 그리고 우리나라에서도 대부분 보수신학자들이 지지한다.

83) 메릴 F. 엉거 박사: 달라스(Dallas)신학교교수, 1909-1980는, [성경적 마

귀론(Biblical Demonology), Grand Rapids, MI: Kregel Publications, 1974]을 저술한 매우 복음적인 신학자이다.

84) 여기서 귀신 들림이란, 하나(one)나 혹은 귀신들이 인간의 몸에 거주하면서 자유자재로 그 희생자를 완전히 지배하고 조종하는 상태를 말한다.

85) 사단의 왕국의 통치 하에 있는 감금되지 아니한 사악한 영들은 사단의 사자요 신하들로서(마12:26), 그들의 수가 너무 많아서 사단의 세력을 실제적으로 어디에나 뻗칠 수 있는데, 이들이 바로 귀신들로 추정하고 있다.

86) "또 자기 지위를 지키지 아니하고 자기 처소를 떠난 천사들을 큰 날의 심판까지 영원한 결박으로 흑암에 가두셨으며"(유1:6).

87) C. Fred Dickason, Demon Possession & the Christian, Wheaton, Illinois:Crossway Books, 1987, pp.51-129.

프레드 디카슨 박사는 박사는 달라스 무디(Moody) 성서 신학원 교수이며 매우 복음적인 신학자이다. 메릴 F. 엉거와 같은 신학적 입장을 말하고 있다.

88) 천사들이 "영들"(히1:14)이라고 불리는 것처럼 귀신들도 "영들"(마8:16; 눅10:17, 20)이라고 지칭되는 것을 보아 타락한 천사가 귀신이란 것이다. 그리고 마치 귀신들이 사람들 속에 들어가서 지배하려 하는 것은(마17:14-18; 눅11:14-15), 사단이 유다 속에 들어가서 지배한 것과(눅22:3; 요13:27) 같다는 것이다. 예를 마태복음 12:22-29, 누가복음 13:10-16, 요한계시록 12:4-17과 13:1에서 말해주고 있다.

89) Ed Murphy, The Handbook for Spiritual Warfare, Nashville, Atlanta, London, Vancouver: Thomas Nelson Publishers, 1992. pp.135-198.

90) 에드 머피 박사는 캘리포니아 산호세(San Jose)에 위치한 크리스천 대학의 교수이며 국제 해외선교회 부회장이다.

91) 그래서, 귀신들린 사람은 자신의 의식과 귀신이 주입시킨 생각을 혼동하고 있다는 것이다. 귀신들린 사람은 귀신의 조종을 받아 유대인처럼 말하고 행동한다고 한다. 그 예로서, 귀신들린 자가 낮에는 외진 곳에, 그리고 밤에는 무덤 사이에 거한다면, 귀신들이 그러한 거처를 좋아해서 선택한 것이 아니고 귀신들이 귀신들린 유대인의 현존하는 의식을 이용하여 행동하게 한다고 말한다. 인도의 어떤 지방에서는 심하게 귀신들린 자는 무덤 사이에서 최근에 장사지낸 시체의 살을 뜯어 먹는다고 밝힌다.

92) 게리 킨나만 목사는, 풀러신학교에서 M.A., 피닉스의 웨스턴신학교에서 D.Min. 과정을 마쳤다.

93) Ann Arbor, Michigan: Servant Publications, 1994.

94) 이 설을 비판한 자는 베니 힌(Benny Hinn)이다. 그는 '성령님 안녕하세요!'의 저자이며 세계적 치유사역자라고 불린다. 그는 그의 저서 [War in the Heavenlies(Dallas, Texas: Heritage Printers and Publishers, 1984)에서 타락한 천사는 귀신이 아니라고 주장한다. 조우 비임(Joe Beam)은 Family Dynamics의 회장이며 20년간 목회한 그는 저작물을 통해 [Seeing the Unseen(West Monroe, Louisiana, Howard Publishing Co., 1994)에서, 타락한 천사들은 결코 귀신이 아니라 주장한다.

95) 창세기 1장 1절의 태초에 하나님이 천지를 창조하신 원초적인 땅에서 "기름 부음을 받은 그룹"(겔28:14)의 상태였던 타락 전의 루시퍼의 통치하에 사람들이 살았다고 생각한다. 그런데 루시퍼 곧 사단이 하나님께 반란을 일으켜(사14:12-14), 우주에 죄가 물들여질 때 땅이 혼돈하고 공허하게 되고 흑암이 깊이 찾아드는 대변동이 일어나게 되었다고 한다(창1:2). 그 때, 사람들은 어떤 모양으로든지 하나님께 대한 반란에 가담했다가, 혼돈과 흑암 속에서 하나님의 심판을 받아 육신이 해체되어 버렸는데, 이들의 영이 바로 귀신이라고 주장한다.

96) 메릴 F. 엉거 같은 책에서.

97) 귀신들을 아담의 타락 이전으로 보는 것은 그리스 신화의 영향이다. 주전 800년경 희랍의 시인 헤시오드(Hesiod)에 의하면, 제우스 이전에 하늘을 지배했던 제우스의 아버지 크로노스(Cronos) 때에 신들에 의해 창조된 황금시대의 인종은, 타락 이전의 루시퍼가 지배했던 아담 이전 시대의 인종에 해당한다는 것이다. 이 황금시대 사람들의 평화와 번영과 순수한 기쁨은 타락하기 전의 아담 이전의 사람들의 기쁨의 상태를 기억나게 한다. 제우스가 크로노스를 추방하고 황금시대의 사람들을 귀신으로 변화시켜 버린 것과 사단이 타락하여 아담 이전의 사람들의 몸을 해체하여 귀신으로 만들었다는 것을 비교하는 것은 무리가 있다고 한다. 그래서 희랍 신화의 영향으로 귀신들을 아담의 타락 이전의 사람들로 보는 것은 무리가 있다.

98) C. Fred Dickason, Angels: Elect & Evil, Chicago:Moody Press, 1995.

그는 계속해서 천사와 영들을 엄격하게 구별하는 자체가 문제라는 것이다. 왜냐하면, 천사를 영이라고 하고(히 1:4), 때로는 사람의 영을 대신해서 '천사'란 말을 사용하기도 한다(마18:10; 행12:15). 그리고 귀신은 영들과 같은 맥락으로 언급되고 있다(마8:16; 눅10:17-20).

99) 예수 그리스도께서 귀신들을 영들(spirits)로 취급하였으므로(마8:16; 눅10:20), 귀신이 사람의 몸을 갖고 싶어 하는 욕망은 귀신들이 인간 속에 들어가 그들의 파괴적이고 기만적인 목적을 달성하려는 수단에 지나지 않는다. 귀신들이 인간의 몸에 들어가려는 것은 인간의 감각을 사용함으로써 육욕적인 쾌락을 얻으려는 것이지, 옛날에 가졌던 육체에 대한 희망 때문은 아니라고 한다. 귀신들이 돼지 속에 들어가려는 욕망은 무저갱으로 가기보다는 절망적인 선택방법으로 돼지 떼에 들어가기를 선택했다는 사실을 말한다.

100) 창세기 6장 1,2,4절을 증거로 삼고 있다. "사람이 땅 위에 번성하기 시작할 때에 그들에게서 딸들이 나니 하나님의 아들들이 사람의 딸들의 아름다움을 보고 자기들의 좋아하는 모든 자로 아내를 삼는지라. 당시에 땅에 네피림이 있었고 그 후에도 하나님의 아들들이 사람의 딸들을 취하여 자식을 낳았으니 그들이 용사라 고대에 유명한 사람이었더라."

101) Richard DeHaan, Satan, Satanism, and Witchcraft, Grand Rapids, Michigan:Zond-ervan Corporation, 1972, pp.231-236.

타락한 천사들이 인간과의 관계에서 혼혈족을 만들어내는 괴상한 짓을 한 것 자체가 이상할 뿐 아니라 영적인 존재가 육체를 가진 사람을 통하여 인간을 창조하려는 행위는 하나님에게만 속한 창조의 행위를 모독하는 범죄라는 것이다.

102) 메릴 F.엉거, 같은 책, 1974. pp.234-235.

성경의 천사는 영적 존재이며 성별구별이 없다. 귀신은 영적 존재이다(시104:4; 히1:14). 귀신은 더러운 영(마10:1; 막1:23; 눅4:33), 악한 영(눅7:21), 거짓말하는 영(왕상22:21-23), 미혹케 하는 영(딤전4:1) 등으로 묘사되므로 영체는 육신이 없어서 생식능력이 없다고 말한다. 다만 천사는 남성 답기도 하고(살후1:7) 여성 답기도 하나(창19:5) 본질상 영이기에 성 구별이 없다.

103) Guy Duffield & Nathaniel Van Cleave, The Foundation of Pentacostal Theology, Los Angeles: L.I.F.E. Bible College, 1983, p.481.

창세기의 "하나님의 아들들"은 셋의 아들들이 될 수 없다 주장한 이론을 소개하고 있다.

104) 알렉산더 캠벨 목사[(1788-1866)는 아이렌드 장로교도로서 미국으로 이주, 미국의 그리스도의 교회(Disciples of Christ)의 창설자]는, 이교신앙, 유대교, 기독교의 귀신들이란 죽은 사람의 혼령들이라고 주장한다. 그에 의하면, 호머(Homer)보다 100년이나 앞선 희랍의 음유시인인 헤시오드(Hesiod)는 귀신에 관한 고대 전통에 대하여 "인간의 영은 지상의 육체와 분리될 때 귀신이 된다"라고 말했다.

105) 이 견해는 마태복음 25장 41절, 요한계시록 12장 7절, 마태복음 12장 24절을 바탕으로 하고 있다. 이 성경 구절에서 "바알세불"이 "마귀"와 "용"과 동일한 사단이라면 "그의 사자들"이 "귀신의 왕 바알세불"의 "귀신"(demons)과 추리적인 이론으로 동일하다.

106) 서구 신학의 경향은, 귀신론의 이론적 측면 뿐아니라, 그것보다 귀신을 내어쫓는 실천적 측면이 더 중요함을 강조하고 있다. 마가복음 3장 14-15절에 예수 그리스도는 제자들을 세운 목적을 "이에 열 둘을 세우셨으니 이는 자기와 함께 있게 하시고 또 보내사 전도도 하며 귀신을 내어 쫓는 권세도 있게 하려 하심이러라"고 하셨다.

107) '축귀'(逐鬼)는 귀신(잡귀)을 몰아내는 '축사 사역' 중 핵심을 말한다.

108) 귀신이나 요사스러운 기운을 물리쳐 내쫓음[국어표준사전, 1999].

109) 캔 블루, 교회에서 상처받은 영혼의 치유, 노용찬 역, 서울: 도서출판 하늘기획, 2005, pp.113-116.

110) 캔 블루, 같은 책, p.113.

111) 찰스 H. 크래프트, 사악한 영을 대적하라, 서울: 은성, 1992, pp.52-53.

112) 캔 블루, 같은 책, p.135.

113) 캔 블루, 같은 책, p.136.

114) 찰스 H. 크래프트, 같은 책, p.52.

115) 찰스 H. 크래프트, 같은 책, p.53.

116) 콜린 우르크하르트, 같은 책, pp.242-243.

117) 콜린 우르크하르트, 같은 책, p.243.

118) 콜린 우르크하르트, 같은 책, p.244.

119) 찰스 H. 크래프트, 같은 책, pp.67-69.

120) [한국행정연구원-KISS]은 복합갈등의 중요한 특징으로 계층, 지역, 세대 등의 갈등요인과 이념 갈등의 결합을 지적한다.

121) kiss.kstudy.com.: 'thesis'.
사회갈등지수와 갈등비용 추정 < 한국행정연구원 < KISS-한국학술정보.

122) english-book-garden.tistory.com/22 Ellie.

123) blog.naver.com.: 'drryuhk'.

124) 잠재적 갈등 순위는 32위 → 30위 → 34위로 악화/ 갈등관리역량은 32위를 유지하고 있으나/ 정치행정역량은 2005년 25위에서 2015년 28위로 하락한 수치를 보인다.

125) '우리나라의 사회갈등지수 악화' (작성자 MOT Consultant).

126) 지중해 세계를 제패한 고대 로마 지배 밑에서의 평화의 시대 및 그 상태로, 흔히 원음대로 '팍스 로마나'라고 한다. 시대적으로 넓게는 아우구스투스의 천하 평정 뒤인 1~2세기, 좁게는 오현제 시대를 가리킨다. 대외 전쟁이 전혀 없었던 것은 아니지만, 상업 무역이 번창하였고 균질의 문화가 지배 영역에도 골고루 미쳐, 수도 로마의 주민이나 속주민 모두 태평 시대를 누렸다[세계사 용어사전: 로마의 평화, Paxromana].

127) 2018.1.3(수) 10시 KBS방영 "한국사회갈등 어떻게 극복할 것인가?"

128) 윤평중(한신대 철학과 교수).http://dataindata.net/60096684321.

129) 서양 시민사회 천년/ 한국 100년 역사, (손봉호, 고신대 석좌교수).

130) 저작권자(c) 연합뉴스(2020/11/19). dylee@yna.co.kr.

131) 직통전화(핫라인) (1577-0199)을 통해 '정신건강자가검진', '마음프로그램', '마성의 토닥토닥' 등 모바일 응용프로그램(앱)을 통해서도 쉽고 간편하게 자신의 마음 건강 상태를 확인하여 정보를 얻을 수 있다.
webmaster@healthinnews.co.kr

132) S.Y.Pae, 밀레니엄 시대의 컬럼, 서울: 베드로서원, 2001, pp.121-123.

133) 백현, 학위논문(석사), 총신대학교 |2014년.

134) [질병백과-정의: 우울증의 원인과 증상].

135) 주요우울증(심한 우울증)의 미국정신의학회 진단기준/심한 우울증의 진단

기준.

136) 이런 청소년의 경우, 상담하면 우울하다고 하지 않고 짜증이 많이 난다고 한다.

137) 산후우울증은 출산 후 일 년 동안 주로 발생하며, 보통 우울한 기분을 넘어 심각하며, 2주 이상 지속되는 주요우울증의 증상을 나타낸다. 산모의 5%에서 25%까지 발생할 수 있다.

138) https://biblehub.com,hebrew,2547,נגע, 나가, Strong's Greek and Hebrew.

139) blog.naver.com›cay012.

140) cafe.daum.net/kjejfather/oeMJ/385.

141) Benner, 1998, pp.138-42.

142) 백현, 학위논문(석사), 총신대학교, 2014년. 서론에서.

143) blog.naver.com/jxlovekjb/222171982076, 우울증환자의 자살 충동 이유

144) 데이빗 A. 씨맨즈, 상한 감정의 치유, 송헌복 역, 서울: 두란노, 1986, p.189.

145) 닐 앤더슨, 내가 누구인지 이제 알았습니다, 유화자 역, 서울: 조이선교회, 1993, pp.242-243.

146)ttps://www.joycemeyer.org/articles/ea.aspx?article=overcoming_depression

147) 찰스 H. 크라프트, 깊은 상처를 치유하라, 같은 책, pp.162-164.

Spiritual Formation: 마6:14-15. 용서를 받고자 하면 용서하라.

148) S.Y.Pae, 내적치유, 서울: 도서출판 러빙터치, pp.162-163.

149) S.Y.Pae, 같은 책, pp.165-165.

150) https://firforest.tistory.com/455, 마티 T. 로링, 감정 학대 -Emotional Abuse, p.98).

151) www.aspire7.net›dark_27_1.

152) David A. Seamands, 같은 책, p.142.

153) John Sandford and Paula, Healing the Wounded Spirit, Tulsa, Okia.:Victory House, 1985. pp.138-146.

154) 여기서 '피조물'에 해당하는 헬라어 '크티시스'는 창조행위를 나타내는

날이다(롬1:20).

155) Peter, Pay, The Mentor of My Life-이중언어 설교집, 파주: 도서출판 솔라피데, 2014, p.161.

156) S.Y.Pae, 21세기 리더십에세이, 서울: 베드로서원, p.141.

157) S.Y.Pae, 같은 책, p.104.

158) 데이빗 씨맨즈, 어린아이의 일을 버리라(David A. Seamands, Putting Away Childish), 같은 책, p.11.

159) S.Y.Pae, 내적 치유 사역, 같은 책, pp.181-183.

160) 전신갑주가 하나님에게서 오는 것임을 나타낸다(Lincoln). 한편 에베소 교인들의 영적 싸움의 대상은 '마귀의 궤계'이다. '마귀'의 헬라어 '디아볼루'(*)는 단수로서 적대 세력의 우두머리를 의미한다(Wood).

161) 찰스 H. 크래프트, 깊은 상처를 치유하시는 하나님, 같은 책, pp.113-119.

162) S.Y.Pae, 같은 책, pp.184-185.

163) S.Y.Pae, 같은 책, pp.186-187.

164) 콜린 우르크하르트, 같은 책, pp.114-115.

165) 콜린 우르크하르트, 같은 책, p.115.

| 제4부_치유 사역과 목회상담 |

166) [국어표준사전, 국립국어연구원, 1999].

167) www.liberty.edu›online: Definition of Pastoral Counseling.

168) [줌 지식백과-신학용어백과].

169) [국어표준사전, 국립국어연구원 1999].

170) [학문명백과: 인문학].

171) [학문명백과: 인문학].

172) [표준국어사전, 국어연구원 1999].

173) 제임스 헤론, 청교도 역사, 박영호역, 서울: 기독교문서선교회, 2015, pp.131-134.

174) 제임스 헤론 같은 책, p.138.

175) https://lewisnoh.tistory.com/1889 [Post Tenebras Lux].

176) https://lewisnoh.tistory.com/1889 [Post Tenebras Lux].

177) 제이 E. 아담스는 볼티모어(Baltimore)에서 태어났다. 존스홉킨스(Johns Hopkins) 대학교에서 헬라어를 전공하고, 개혁 신학교(Reformed Episcopal Theological Seminary)에서 신학을 전공했으며, 템플 실천신학부(Temple University)에서 신학으로 석사학위를 취득한 뒤, 미주리(Missouri)대학교에서 설교학(preaching)으로 박사학위를 받았다. 이후 목사가 된 동시에 웨스트민스터 신학부(Westminster Theological Seminary)의 신학교수가 되었다. 그는 100여 권의 저서와 설교문을 발표하였다. 상담분야에서의 정규 교육과 훈련은 거의 받지 않았지만 독학으로 상담 관련 공부를 하고, 이를 바탕으로 정신건강과 상담에 관심을 갖게 되었다[상담학 사전: Jay Edward Adams].

178) 아담스(Jay Edward Adams), 권면적 상담이란? 비기독교적 전제를 바탕으로 하는 상담이론 및 심리학적 방법론이 주류를 이루던 60-70년대 성경적 상담이론[상담학 사전].

179) Jay E. Adams, 상담학 개론, 정정숙 역. 서울: 베다니, 1992,[상담학사전, 김춘경, 이수연, 이윤주, 정종진, 최웅용].

180) https://biblehub.com,greek,νουθετεω,htm.

181) The Greek New Testament, Kurt Aland, Matthew Black & Allen Wikgren, Third Edition(Corrected), United Bible Societies, 1983, Πρὸς Ρωμαίου, 15:14.

182) The Greek New Testament, Ibid, KATA Λουκαν 1:68.

183) https://biblehub.com,greek,ἐπεσκέψατο(epeskephato),htm.

184) The Greek New Testament, Ibid, Πρὸς Κορινθίους α 14:3.

185) https://biblehub.com,greek,παράκαλεω(parakaleo),htm.

186) The Greek New Testament, Ibid, KATA Μαθθαιον 18:15.

187) https://biblehub.com,greek,ἔλεγξον(elengkson),,htm.

188) 아담스는 설교, 기독교상담, 성경연구 등을 가르쳤다[상담학 사전, 2016. 01. 15].

189) J.E.Adams, 상담학개론. 정정숙 역, 서울: 베다니, 1992[상담학 사전: 권면적 상담, nouthesis counseling, 勸勉的相談],

190) J..E.Adams, 상담학개론, 정정숙 역. 서울: 베다니, 1992.
위에서 본 그림과 아래서 본 그림 모두 포함된다.
191) [상담학 사전, 로렌스 크렙 7단계 모델].
192) [상담학 사전, 로렌스 크렙 7단계 모델].
193) [상담학 사전, 로렌스 크랩 7단계 모델].
194) The Greek New Testament, 같은 책, Πρὸς Θεσσαλονικεις α 5:14.
195) Table-28은 개역개정 데살로니가전서 5:15-22을 추출하여 작성했다.
196) 어떤 일이 일어나기 전에 미리 앞을 내다보고 대비하는 지혜.
197) 깊이 유의하지 않고 예사로 내버려 두거나 방치하는 것이다.

참고 문헌

| 국내 서적 |

김명혁,「어떻게 살 것인가?」, 서울: 성광문화사, 2002.
김명혁, 미 쉐퍼드대학교 신학대학원 오프라인 강의안/2017.4.25.), "나의 삶과 사역을 축복하신 하나님의 은혜", 서울: 러빙터치, 2017.
남기숙, 수치심과 죄책감, 2003년도 한국 임상심리학회 추계 학술대회 교안, (2003.11.8).
박민진, 열등감 다스리기, 서울: PLATORS'출판사, 2013.
박성연, 백지숙 공저, 인간 발달, 서울 파워북, 2011.
박윤선, 박윤석 신명기, 서울: 영음사, 1995.
방선욱, 심리학의 이해, 서울: 교육과학사, 2003.
성경사전편찬위원회, 아가페 성경사전, 서울: 아가페출판사, 1991.
샬롬 김, 비전의 서: 비전 있어?, 대전: 비전멘토링코리아, 2020.
손경구, 기질과 영적 성숙, 서울: 두란노, 2003.
이부영, 의학 개론 1-의학의 개념과 역사, 서울: 서울대학교출판부, 2006.
이선화, 현대 그리스도인의 성품 변화모색, 서울: 러빙터치, 2019,
이윤호, 가계에 흐르는 저주를 이렇게 끊어라, 서울: 베다니출판사, 1999.
예영수, 귀신의 기원에 대한 제학설 비교연구-한국교회 신학자들이 본 마귀론 이해, 서울: 도서출판 은성, 1998.
Peter, Pay, The Mentor of My Life-이중언어 설교집, 파주: 도서출판 솔라피데, 2014,
S.Y.Pae, 교회갱신 성경교재(지도자용)-작은자 공동체 이루기, 서울: 도서출판 이레아트, 1994.
S.Y.Pae, 내적치유 사역(The Inner Healing Ministry), 서울: 러빙터치, 2007.
S.Y.Pae, 21세기 리더십에세이, 서울: 베드로서원, 2002.
S.Y.Pae, Enlightenment for Mission to The Spirituality Ministry (영성 지도력 계발), 서울: 도서출판 예루살렘, 2004.

| 번역 서적 |

맥가 로버트, 내 안의 위대한 나, 홍종락 역, 서울: 두란노, 2005.

무어, 버니스, Fine, Nathanson, 이재훈 외 역, 서울: 두란노, 2002.

라헤이, 팀, New! 성령과 기질, 홍종락 역, 서울: 생명의말씀사, 1992.

리델보스, 헤르만, 바울 신학(Paul, An Outline of His Theology), 박영희 역, 서울: 개혁주의신행협회, 1985.

워렌, 릭, 목적이 이끄는 삶, 고성삼 역, 2002.

벌콥, 루이스, 기독교 신학개론-인간론(개역판), 신복윤 역, 서울: 은성문화사, 1992.

블루, 캔, 교회에서 상처받은 영혼의 치유, 노용찬 역, 서울: 도서출판 하늘기획, 2005.

아담스, 제이 E. 상담학개론, 정정숙 역. 서울: 베다니, 1992

아우구스브르그, 데이빗, 문화를 초월하는 목회상담, 서울: 그리심, 1975.

앤더슨 닐, 내가 누구인지 이제 알았습니다, 유화자 역, 서울: 죠이선교회, 1990.

크래프트, 찰스 H., 깊은 상처를 치유하사는 하나님, 이윤호 역, 서울 도서출판 은성, 2016.

크래프트, 찰스 H., 사악한 영을 대적하라, 이윤호 역, 서울 도서출판 은성, 2018.

크라프트, 찰스 H., 신자가 소유한 놀라운 권세, 이윤호 역, 서울: 베다니 출판사, 2000.

씨멘즈, 데이빗, 상한 감정의 치유(Healing for Damaged Emotions), 송헌복 역, 서울: 두란노, 1981.

씨멘즈, 데이빗, 어린아이의 일을 버리라(David A. Seamands, Putting Away Childish), 1982.

씨멘즈, 데이빗, 치유하시는 은혜(Healing Grace), 윤종석 역, 서울: 두란노, 1988.

파울러, 리처드 A., 세상을 거꾸러 사는 지혜, 김숙종 역, 서울: 예찬사, 1986.
플린, 마이크 & 그레그, 더그, 내적치유와 영적성숙, 서울: 한국 IVP, 1993.
하르트, 콜린 우르크, 치유함을 받으라, 이광호 역, 서울: 기독교문서선교회, 1988.
헤론, 제임스, 청교도 역사, 박영호 역, 서울: 기독교문서선교회, 2015.

| 국외 서적 |

C. Fred Dickason, Angels: Elect & Evil, Chicago:Moody Press, 1995.
C. Fred Dickason, Demon Possession & the Christian, Wheaton, Illinois:Crossway Books, 1987.
Ed Murphy, The Handbook for Spiritual Warfare, Nashville, Atlanta, London, Vancouver:Thomas Nelson Publishers, 1992.
Gary Collins, Innovative Approches to Counseling, Waco, Tex.: Word, 1986.
Guy Duffield & Nathaniel Van Cleave, The Foundation of Pentacostal Theology, Los Angeles: L.I.F.E. Bible College, 1983,
John Sandford and Paula, Healing the Wounded Spirit, Tulsa, Okia.:Victory House, 1985.
Merrill F. Unger, Biblical Demonology, Grand Rapids, MI: Kregel Publications, 1974.
Neil T. Anderson, Victory over The Darkness, Regal Books, CA: Ventura, 1990.
Richard DeHaan, Satan, Satanism, and Witchcraft, Grand Rapids, Michigan: Zondervan Corporation, 1972,

St. Augustine, Library of Christian Classics of The Confessions of St. Augustine, Westminster, 1964.
The Greek New Testament, Kurt Aland, Matthew Black & Allen Wikgren, Third Edition(Corrected), United Bible Societies, 1983.

| 인터넷 사이트-사전, 기타 |

대한성서공회 "개역성경".
"교육학용어사전".
"교회신학사전".
"교회용어사전".
"국어표준사전", 국립국어연구원, 1999.
"두산백과사전".
"특수교육학사전".
"상담학사전".
"아가페 성경사전", 서울: 아가페출판사.
"정신분석용어사전".
"질백과사전"
"학문명백과사전"
"한국민속신앙시전".
https://firforest.tistory.com
https://cafe.daum.net/cgsbong
https://lewisnoh.tistory.com
https://biblehub.com.
www.aspire7.net›dark_27_1
www.liberty.edu›online
blog.naver.com/me467700

부 록 - 미국 쉐퍼드대학교 신학대학원

Doctor of Ministry-D.Min 수업, 학위식 및 엘범(in Los Angeles)

LA 포스퀘어교회 오전예배 후 현지교인들 함께(저자 이선화, 우측)

오르티즈 박사(로보트슐러 오렌지카운티 수정교회 수석부목사)강의 후, Dr. 오르티즈 교수 옆 (저자 이선화 목사 우측)

미 쉐퍼드대학교 신학대학원 Doctor of Ministry 학위 졸업식 Dr. 오르티즈 교수와 함께(이선화 박사, 중앙).

Dr. 찰스 크래프트 교수 수업 후, 쉐퍼드대학교 LA 캠프에서 함께했다

LA 포스퀘어교회 (오순절) 오전 예배 참가 후, Doctor of Ministry 학위팀과 함께 (우측서 두 번째 이선화 목사/인도: Dr. 배수영 교수, 우측)

쉐퍼드대학교
신학대학원 본교(LA)
Doctor of Ministry
수업 중
Dr. 샬롬 김 교수

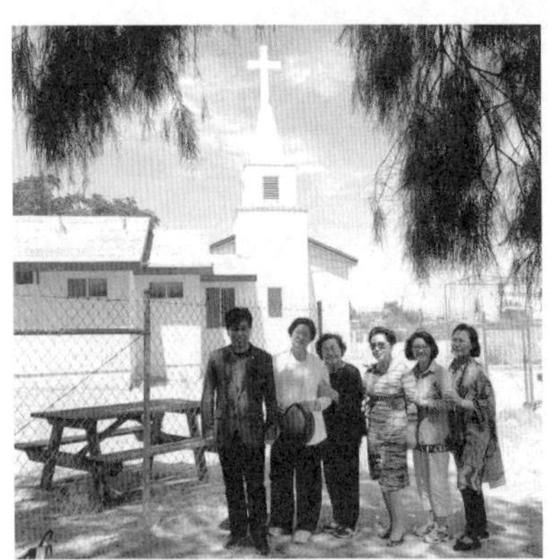

인디언교회 선교차 방문, LA 쉐퍼드캠프에서
D.Min. 인텐시브 수업 중, 8시간을 달려 도착

인디언 원주민과 미국인들과 함께 Doctor of Ministry 팀이 영어예배 후 함께 했다(인도: Dr. 배수영 교수).

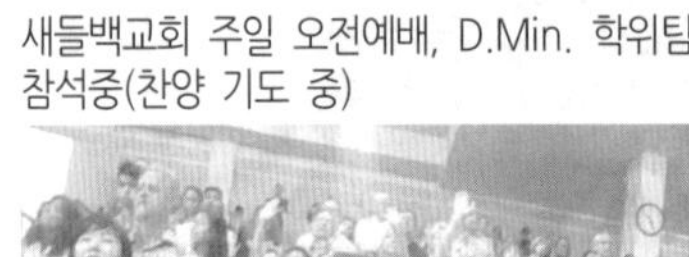

새들백교회 주일 오전예배, D.Min. 학위팀
참석중(찬양 기도 중)

새들백교회(담임 릭 워렌 목사) 입구에서 Doctor of Ministry 학위팀과 함께 했다

Dr. 김명혁 교수
(한국복음주의협의회장)
쉐퍼드 Doctor of
Ministry 코스
강의 후 함께
(가운데 이선화 목사)

한국칼빈주의연구원(원장 정성구 박사)에서 수업 중

Dr. 정성구 교수 Doctor of Ministry코스 강의 후
(우측에서 두번째 저자 이선화 목사)

Dr. 정성구 교수
쉐퍼드 Doctor
of Ministry 코스
강의 중

LA 쉐퍼드대학교
캠퍼스에서
Dr. 이정근 박사
강의 후
(쉐퍼드 Doctor
of Ministry 학위팀)
전체 함께 했다

십자가의 고통

이 세상을 살아가는 사람 중에 고통에 전혀 상관없이 사는 사람 단 한 사람이라도 존재할까? **학생**에게는 늘 입시(入試)와 성적 향상이라는 부담이 압박을 가한다. **사회인**은 직장에서 책임과 능력을 인정받기 위해 동료와의 치열한 경쟁의 고통에 시달린다. **비즈니스 맨**은 벌여놓은 사업의 확장과 성공을 위해 늘 고심하게 마련이다.

> "십자가의 도는 멸망하는 자에게 미련한 것이다.
> 구원 얻는 우리에게 하나님의 능력이라"(고전1:18)

스포츠 맨은 오직 우승이라는 목표를 정하고 피와 땀을 쏟는 훈련의 고통에 얽매어 있다. **교수**는 연구업적의 금자탑을 쌓는 고통에, **지도자는** 책임 있는 지도력을 위해 늘상 고통에 시달리며 살아간다. 가정의 **가장**은 가족생계의 책임에 대한 고통에 시달리며, 심지어 **목회자**에게도 성도들의 영적 책임을 지고 리더하는 고통에는 결코 예외가 될 수 없다. 왜 그래야만 할까? 본질적 죄의 문제에 시달리는 인생은 세상이 가져다주는 고통의 그늘에 씌움 받고 살기 때문이다.

누구나 자신의 고통을 인정하지 않을 수 없다는 데서 고통에 대한 돌파구를 찾게 된다. 그러나 어쩌랴, 이런 고통에 아무도 예외가 없기에 그 고통을 피하거나 극복하려 노력한다. **오직 이런 고통을 해결하는 길은, 십자가를 바라보며 그 고통에 동참할 때,** 비로소 저급한 세상의 고통에서 해방되고 초월할 수 있게 된다.

The Pain of The Cross

그리스도인으로 살아가는 우리는 어쩌다 고통을 친구삼아 그와 벗하고 살아가는지 자신에게 묻지 않을 수 없다. 과연 이런 형편에 처한 조건으로 계속 존재해 가야 하는지를 생각하면서, 이래선 안 된다고 거부하며 그에 반(反)하는 길을 가야 하겠다고 다짐해 본다. 그래야 믿음이 원하는 길로 나갈 수 있지 않을까?

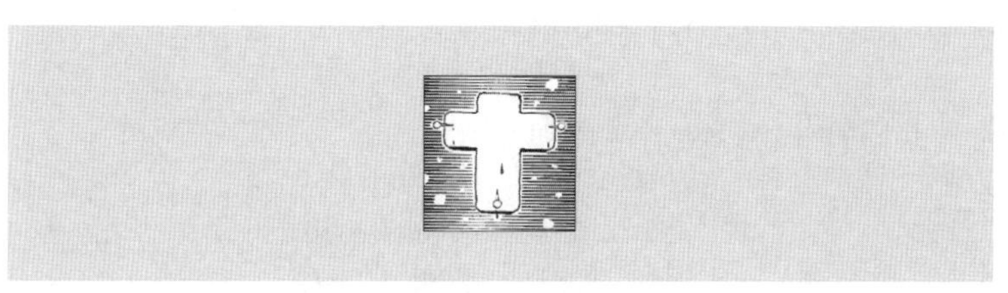

그러기 위해 그리스도인은 내면에 자리 잡고 있는 상처를 떨쳐버리고 치유와 회복의 단계를 지나 밝고 환한 광명의 길로 들어서야 한다. 하나님의 백성은 결코 어둠의 길을 갈 수가 없다. 하나님의 절대적인 주권을 믿는 신자로서 우리가 경험하는 모든 어려움에는 의미가 있다. 고난이 우리를 시험하지만 거기서 극복하여 변화되어 하나님의 친 백성처럼 살아가야 한다. 상처의 쓰라림을 벗어나 회복의 자유를 맛보면서 우리 그리스도인의 인격과 신앙을 성숙시켜서 예수 그리스도를 닮아가면서 천국까지 당도해야 하겠다.

십자가의 능력은 이천 여년 전 바울의 가슴을 치고 외면으로 큰 외침을 선포하도록 하는 메시지이다. 본서는 이 사명을 본래적(本來的)으로 감당하기 위해 베스트로 사명(Best Mission)을 다할 것이다.

상처 + 힐링 & 그리스도 + 만남

For the Wound to Heal & Encounters Jesus

첫 번째 찍은 날-2021.2.25
첫 번째 펴낸 날-2021.3.5

저　자-이선화 Lee, Seon-Hwa, D.Min.
발행인-배수영 Pae, Soo-Young, D.G.Miss., D.D.Thel.
만든곳-도서출판 러빙터치 Jesus Loving Touch
펴낸곳-도서출판 러빙터치 Jesus Loving Touch

등록/제25100-2016-000073(2014.2.25)
서울 도봉구 덕릉로 66길 17, 주공 1709동 203호
010-3088-0191
E-mail : pjesson02@naver.com

저자 연락처 : 광주광역시 북구 우치로 287-1)
Cell phone : 010-7779-3799
교회 사이트 : Cafe.daum.net 광주 에벤에셀교회